리더의 신기술

불확실성 시대의 대응 전략

ERA OF UNCERTAINTY
리더의 신기술
불확실성 시대의 대응 전략

토머스 맬나이트 | 지음　추해민 | 옮김

누군가 만들어 놓은 길을 따라가는 것은 쉽다. 하지만 스스로 길을 만들어 내야 한다면, 이는 따라가는 것과는 완전히 다른 차원의 어려운 문제가 된다. 이 점이 진정한 글로벌 기업으로 부상하기 위해 노력하는 많은 기업들이 실제 처한 상황이다. 이제까지는 앞서 길을 개척한 선진 기업들을 따라가는 팔로워였다면 지금부터는 이 한 권에 담긴 비법으로 직접 길을 만들어 가는 선도적 리더로 바뀌기를 진심으로 바란다.

_앤더슨 쿠퍼(CNN 앵커)

험난한 변화의 현실을 대비하고 헤쳐 나갈 지혜로운 전략은 리더에겐 필요한 힘이다. 차세대 경영자들은 이 책에 주목하라! 다가올 미래의 새로운 경영 전략들이 매우 유익하다.

_에반 윌리엄스(트위터 창업자)

조직의 리더는 일을 구체화 할 때 그 일이 구성원들에게 가져다 줄 성취감에 대해 생각해야 한다. 그리고 어떤 선물이 될지도 상상해야 한다. 차츰 눈앞의 수많은 걸림돌이 자연스럽게 작아져 보일 것이다.

_맨프레드 케츠 드 브리스(《리더는 어떻게 성장하는가》의 저자)

이 책에 담긴 통찰력은 기업 비즈니스의 숨겨진 진실을 보여 준다. 그리고 리더의 삶의 최고치와 최저치를 예로 들며 인생의 주도권이 결국 우리 자신에게 있음을 상기시킨다. 이 책을 통해 얻을 지혜의 기회를 잃지 마라.

_뉴욕타임스(Book Review)

자신을 먼저 아는 것이 리더의 삶을 성장시키는 중요한 역할임을 이 책을 통해 다시 깨닫게 되었다. 마음을 움직여 관계를 성공적으로 이끄는 소통의 노하우를 엿보라.

_모에 헤네시(루이비통 LVMH 회장)

훌륭한 사고를 지향하며 미래로 향하고 싶은 사람이라면 이 책이 가는 길에 평탄함을 제공해 줄 것이다. 그러나 그 평탄함은 어려움이 수반된다. 그렇더라도 위대한 리더의 인재에 대한 생각은 늘 변함없다는 사실을 이 책을 통해 깨닫게 될 것이다.

_블레이크 챈들리(페이스북 부사장)

20세기에 늘 하던 대로 일하는 관리자는 점점 도태되고, 변화를 이끌어 낼 수 있는 사람이 간절히 필요한 시대가 되었다. 조직의 리더라면 이 책을 필독서로 삼으라.

_인드라 누이(펩시코 최고경영자·회장)

세계를 움직이는 최고경영자들은 어떻게 공감을 얻는가? 실제 사례들의 원칙을 익히면서 내면에 자리한 족쇄를 풀고 경영의 혜안을 얻을 수 있는, 젊은 리더들을 위한 소중한 수업이 될 것이다.

_하랄드 크루거(BMW 그룹 최고경영자·회장)

꿈이 있는 자는 실패를 두려워한다. 이 책에 담긴 성공한 이들의 전략을 통해 실패를 다시 배울 수 있을 것이다. 실패의 눈물을 경험하지 못한 사람은 진정한 리더가 될 수 없다.

_피터 브라벡-레트마테(네슬레 회장)

조직에서 리더와 구성원 간의 관계는 미래를 좌우한다. 조직의 수평적인 조직체계 정립, 긴밀한 상호작용, 의사결정 권한의 하부 위양 등 조직 운영방식의 성공 여부는 리더의 관리와 관계 노력에 달렸다. 그러나 이런 중요성에도 불구하고 기업 문화, 리더십 같은 문제를 포함해 갈등 관리와 관계 노력은 여전히 미스터리로 남아 있다. 이 책은 21세기 리더의 기업 경영, 기업 의사 결정의 방향성을 중요하게 다룬다.

_볼티모어 선(Someone in the news)

세상은 사람에 의해 변하며, 미래의 결정 역시 사람이 주도할 것이다. 조직에서 '인간의 관계성'을 높이면 자연스럽게 리더라는 자리를 만들어 낼 수 있다.

_디온 주니어(워싱턴포스트 최고논평위원)

나는 지금까지 살면서 힘들게 깨달은 리더의 중요한 교훈을 이렇게 한 권 안에 담아낸 것을 본 적이 없다. 역시 토머스 맬나이트 교수는 세계적인 천재 학자다.

_존 맥스웰(세계적 경영 리더십 전문가, 미국 베스트셀러 작가)

현대 리더십에 관한 책을 찾는 중이라면 서점에서 '토머스 맬나이트'를 꼭 찾아보라고 권하고 싶다. 그의 저서 가운데 내가 가장 최고로 꼽는 책이 있다면, 바로 이 책이 아닐까 싶다. 나는 지혜를 찾기 위해 책을 읽는다. 지혜를 찾고자 하는 사람이라면 꼭 한 번 읽기를 권한다.

_마이클 샌델(《정의란 무엇인가》의 저자)

리더는 태어나는 것이 아니라 만들어지는 것이다. '리더를 키우는 리더'로 유명한 토머스 맬나이트는 최고의 리더가 될 수 있는 구체적인 방법을 제시한다. 이 법칙들은 특별한 사람만이 할 수 있는 것이 아닌, 비교적 단순하고 쉬운 것들이다. 다만 이 법칙들을 몸에 익히기 위해서는 꾸준한 노력이 필요하다. 씨앗이 싹을 틔우고, 병아리가 껍질을 깨기 위해서 안간힘을 쓰듯 좋은 리더가 되기 위해서는 그만큼 노력을 해야 한다. 이 책은 그러한 노력의 좋은 나침반이 될 것이다.

토머스 맬나이트는 결코 설교 따위는 하지 않는다. 다만 독자들을 자연스럽게 이끄는 리더십을 아는 리더이다. 세상의 모든 경영자들은 그에게 들을 이야기가 아직 너무 많다.

지난 5년 동안 대중적인 경제 경영서들 사이에 팽배했던 손쉬운 작품들과는 전적으로 다르다. 놀라울 정도로 쉽고, 통찰로 가득 찬 이 책은 진정한 리더가 되고자 하는 젊은 경영자들의 필독서로 오래 남을 것이다.

사람을 최우선으로 생각하고, 조직 구성원을 인정하고 칭찬하며 조직을 단련시키는 차세대 리더들에게 최고 전략서가 될 것이며, 실제로 놀라운 성취를 만들어 낼 것이다.

시대의 최첨단을 달리는 기업의 리더는 자신의 생각과 의견을 제대로 전달하는 능력이 필요하다. 이 책을 통해 섬세하면서도 실용적인 경영 전략에 대한 도움을 받을 수 있을 것이다.

불확실성 시대를 맞아

세계 인류는 지금 변화의 물결이 매우 거센 시대를 살아가고 있
다. 여전히 경제 불황을 타결하지 못한 채 테러, 자연환경 파괴, 빠
른 산업 트렌드의 변화로 끊임없이 심한 몸살을 앓고 있는 것이
다.

2018년 제47회 스위스 다보스 포럼(세계경제포럼 WEF)은 전 세
계 경제 석학들과 미래 전문가들까지 참여하여 불확실성의 균열
된 시대에서 공동의 미래창조를 주제로 심도 있는 회의를 이어 나
갔다. 세계 경제가 직면한 어려운 현안과 즉시 해결해야 할 문제
들, 그리고 미래 사회로 가는 기술의 융합, 디지털 플랫폼 같은 향
후 산업에 대한 전망을 내다보는 자리였다.

다행히 앞으로 몇 년간은 경제 오름세의 긍정적 측면과 높은 효
율성들이 나타날 것으로 예측되었지만, 향후 미래 사회 현실은 변
화의 소용돌이 그 자체일 것 같다는 전망이다. 인류는 점점 더 경
쟁구도의 과열에 시달리고, 세계 경제 변동성도 상당히 약화될 거

라는 의견들도 있었다.

개인적으로도 인류의 마음을 달래 주는 미래 신산업 연구 자료들과 경제 전반의 장기 불황을 깰 수 있는 혁명적 기반의 재구축 사례들이 집약된 세계 지도자들의 희망적 메시지들이 헤드라인 기사로 더 많이 발표되기를 바란다.

최근 아시아는 경제 사회 정세를 책임질 미래 지도자들을 발굴하는 리더십의 원칙들을 경제 화두로 내세우고 있다. 점점 어려워지는 지구촌 곳곳에서 강하고 결이 고운 리더들이 더욱 필요해지고 있고, 그에 관한 저서들만도 5년 치 기준으로 2만 여 권에 이를 정도다. 아시아를 넘어 전 세계가 그토록 진정으로 원하고 바라는 21세기 리더의 모습은 무엇일까? 또 리더가 갖추어야 할 바른 원칙과 자세는 무엇일까?

경영학자로서 솔직히 말한다면, 이미 세상에 나와 파생된 수많은 내용들을 일반인이 숙지하거나 따라 하는 것은 분명 버거운 일이다. 시대적 배경과 국가별 문화적 차이로 모든 리더들에게 같은 바람과 원칙을 기대할 순 없다. 다만 충분한 차이가 있음을 인정하고 시대에 따라 역행하지 않는 공통의 원칙과 자세를 찾는 것은 의미가 있다.

최근 서로 본질이 부딪히는 리더십 관련 전략과, 검증이 더 필요한 원칙들이 경영서로 포장되어 시장에 쏟아져 나오고 있다. 아무리 "다름의 경영 철학"이 있다 해도, 미래지향적이고 21세기적인 시각과 동 떨어진 해묵은 무용담이나 개인적 경험에 의한 주관적 생각과 관찰에 근거를 둔 내용들이 너무 많다. 특히 특정 국가나 기업의 한정 자료에 기반을 두다 보니 다양한 조직 문화를 바탕으로 한 산업공동체 및 공공단체 같은 곳에 적용시킬 리더의 원칙들은 이야기해 주지 못하는 듯하여 학자로서 안타까움이 깊어졌다. 더불어 좀 더 쉽고 미래를 앞서가는 신성장 원칙으로 통용되는 내용들을 다루어 보고 싶어졌다.

나는 23년 동안 기업에서 일하다가 현재는 대학에서 학생들을 가르치고 있다. 세계 기업 현장의 생생한 분위기를 전하면서 '21세기 세계를 뒤흔드는 대표 리더'들의 특별한 리더십을 소개하며 미래의 비전 방향을 제시하려 애썼다. 이번 책은 와튼 스쿨과 하버드에서 출간했던 책에 담긴 리더십의 원칙들을 새로 담은 것이다.

실제로 당신은 이미 리더십 이론을 충분히 알고 있을 것이다. 하지만 조직 내에서 실제로 쓰이는 팩트 체크와 숨어 있는 비결에 대해서는 알고 있는가? 내가 이 책에서 소개하는 리더의 전략과 실천 방안들은 기존에 내가 해온 강연의 사례들과 다르며, 여러 국가 조직 문화와 실제 기업 리더의 중요한 경영 전략을 충실히 담았다.

인간은 사회적 동물이며, 누구든지 현재보다는 더 나은 미래를 원할 것이다. 그러므로 조직 안에서의 승진, 성공, 명성, 재력, 권력을 얻는 것과 전혀 무관하지 않으며, 앞으로 점점 윗사람이 되어 갈 수밖에 없다. 물론 사회적으로 이런 것들을 추구하지 않는 예외적인 사람도 있지만 말이다. 삶이 본래 이렇게 흘러가는 것이라면, 탁월한 윗사람, 즉 우리가 말하는 훌륭한 리더가 되기 위해 노력해야 하는 것은 누구에게나 주어진 숙명이다. 물론 조직이라는 사회적 울타리에서 리더가 발휘하는 영향력이나 책임의 범위에 차이는 있겠지만 아마도 이 책을 읽는 독자라면, 분명 보통 사람들보다 상상 욕구가 강하고 더 나은 미래를 위해 계획적으로 노력하는 사람일 것이다.

간혹 타고날 때부터 타인을 이끄는 재능을 가진 사람을 만날 때가 있다. 그런 부류의 사람은 뛰어난 친화력과 카리스마로 타인의 성공을 지원하고, 그것을 자기 일처럼 기뻐한다. 우리는 이런 사람들을 '리더의 재목'이라고 말한다. 마치 언어 재능이나 음악 재능과 같은 특정 재능을 타고난 사람처럼, 자신을 따르는 사람과 함께 공동의 목표를 추구하는 데 발군의 실력을 발휘하는 리더는 따로 있음을 부인할 수가 없다.

그러나 여전히 리더의 미덕과 가치와 기준은 사람마다 다르고, 그렇기 때문에 리더의 조건으로 미화되거나 정형화된 이론들이 수천수만 가지에 이른다. 이런 현실을 보며, 나는 누구나 하는 입바른 소리나 뻔하고 딱딱한 커뮤니케이션 이론으로 이 책을 채우고 싶지 않다는 마음이 들었다. 하여 이 글을 새로 개정하는 데 정말 오래 걸렸고 고민도 상당히 많았던 것이 사실이다. 특히 평범한 자기계발서가 아닌, 21세기를 사는 조직의 일원을 위해 새로운 리더의 조건과 미덕을 알려주고, 좀 더 관계학적으로 사회 조직의 원칙을 풀어나갈 수 있는 팁을 주고 싶은 마음이다.

어느새 20년간 지속된 나의 수많은 강연과 연설문 속에는 많은 사람들이 공감해 온 에피소드들이 꽤 있다. 다시 기억을 더듬어 정리한 에피소드들이 지금 당장 도움이 필요한 사람들에게 유익할 거라 믿는다. 이 책을 읽고 적어도 10년 이상 앞선 자로 변화되고, 남들과 다른 커뮤니케이션 해법을 갖추어 나가기를 기대한다. 나는 실제로 경험한 조직 문화 이야기와 글로벌한 기업의 리더를 만난 경험, 그들로부터 들은 이야기 등을 솔직하게 들려줄 것이며, 이 책을 함께 쓴 젊은 챔피언 맥클레인이 만난 세계의 덕장들의 이야기까지 함께 담겨질 것이다.

당신이 가정에서, 혹은 직장에서 바른 리더로 세워질 수 있도록, 또 행복한 조직생활을 할 수 있도록 이 책이 도움이 되기를 바라며, 작은 일에서 시작하여 최고의 리더로 발돋음할 때까지 당신을 응원할 것이다.

지금 이 시대는 엄청나게 빠른 속도로 변화하고 있다. 최근 글로벌 기업 내 20~30대가 치열한 조직생활을 하며 하루아침에 임원으로 승진하는 사례를 수없이 보았다. 불과 5년 전만 해도 글로벌 기업에서 임원으로 올라서는 건 최소 15년 이상 근속해야 가능한 일이었는데, 이제 그 원칙들이 깨지고 있는 것이다.

살펴보면 각 조직 내 문화들은 조금씩 다르다. 그러면서도 비슷하게 공감하는 경우들도 존재한다. 강의를 할 때 청중들이 이런 질문을 자주 한다. "조직생활에서 리더로서 꼭 갖춰야 할 덕이 있지 않을까요?" 내 대답은 당연히 "그렇다"이다. 시대가 변해도 조직이라는 문화는 유지되며 동료나 선배, 리더로 서기 위한 미덕은 존재한다. 지금 말하는 미덕은 조직 내 당신의 승진과 무관하지 않다. 승진을 하기 위해서라도 조직 내 인재는 조직의 룰(rule)을 지키면서 상황에 따른 덕의 기술과 커뮤니케이션을 갖추어야 한다. 또한 자주 나오는 질문 중에 하나가 더 있는데, 그것은 "조직 구성원들은 왜 윗사람을 어려워하고, 같이 있는 걸 부담스러워할까?"이다. 이 점도 각자 처한 상황에 따라 다르겠지만, 지위나 권한이 다르므로 당연히 생기는 결과라 할 수 있다.

하루아침에 대리가 부장이 되는 건 놀라운 일이나, 자연스럽게 사람들의 부러움과 함께 시기, 질투로 괴로움을 당할 것이다. 이제 당신이 챙겨야 할 부분이 있다면, 그것은 바로 '유능함'이다. 유능함이라는 무기를 갖춘다면 다소 불편한 조직의 생태와 분위기도 스스로 먼저 바꿔 나갈 수 있게 된다. 여기서 말하는 유능함이란 일을 잘하는 것과는 또 다른 이야기다. 업무 관련한 지식도 잘 갖추어야 하겠지만, 사람을 잘 상대하고 '정확한 업무처리'와 '관리능력'이 꼭 들어가 있어야 한다. 그 유능함을 오랫동안 유지하고자 할 때 또 하나 반드시 수반해야 할 것이 인간적인 됨됨이다.

21세기 리더는 기본적으로 이 두 가지의 덕을 융합할 줄 아는 유능함을 지녀야 한다. 그것을 알게 된다면 바로 프로의 길에 들어서는 것이다. 현재 이 세상은 프로만이 진정한 리더가 될 수 있다. 이것이 유능함의 본질이며, 21세기 리더의 본질론 중 가장 기본이 되는 원칙이다. 이 원칙이 이루어진 다음부터는 유능함에 중요한 방법적 기술들을 더해 가면 된다.

앞으로 당신에게 이런 말을 자주 던질 것이다.

"타인에게는 관대하지만 자신을 평가할 때는 냉혹한 프로가 되라!"

객관적으로 지금의 자신을 먼저 생각해 보고 스스로 냉정히 평가할 줄 알아야 한다. 그리고 이 책에서 언급되는 리더의 뜻은 흔히 당신이 알고 있는 조직 내의 선배, 상사, 사장 등 윗사람이라는 의미에 국한되지 않음을 밝힌다. 진정한 리더란 자리를 뛰어넘어 구성원들과 조직을 감동시킬 줄 알고 반드시 비전을 제시하며 키워 주는 리더십을 갖춘 21세기형 리더임을 거듭 말한다.

2019년 6월

토머스 맬나이트

한국 독자 여러분께

한국에서 외환 위기가 발생한 지도 어느새 만 20년이 지났다. 또다시 그런 아픈 경험을 반복하지 않기 위해 2018년에도 한국 경제의 재도약은 계속 이어질 것이다. 최근 다행스럽게도 국내 경기가 조금씩 회복세를 보이고 있지만, '불확실성의 시대'The Age of Uncertainty라는 말이 유행하는 것처럼 사회 전반에 걸친 리스크의 존재를 무시할 수 없는 상황이다.

지난해 미국에 이어 한국, 중국, 일본 등 중앙은행 총재들 임기가 올해 초 만료됨에 따라 새로운 인물들로 교체될 전망이며, 그에 따른 국가별 환율 금리 주가 변동성 역시 커질 것으로 보인다. 이와 같이 국내 정세는 저성장 고착화 수렁에 아직도 깊숙이 빠져 있다.

한국의 2018년 국가 예상 성장률은 지난해 예상치보다도 낮은 3%대로 낮추어 잡았고, 국책, 민간 경제연구기관들을 다 합치면 이보다 못한 2% 미만 대 성장으로 예견해 볼 수 있다. 여기에 2년 연속 감소세를 보인 수출과 기업의 설비투자는 다소 회복될 수 있다는 예측이 나오고 있지만, 여전히 상승폭은 미미해서 노동시장의 청년 일자리 문제도 크게 나아지지 않을 듯하다. 그래도 한국은 꿋꿋이 내수 경제 발전을 이룩하며 그에 따른 위기와 리스크 관리를 통한 민생 안정과 미래 대비에 모든 역량을 쏟아 왔다.

어려운 일이라도 꾸준히 노력하면 이룰 수 있다는 '마부작침'(磨斧作針, 도끼를 갈아 바늘을 만든다)이라는 말을 아는가? 나는 늘 위기 속에 기회가 존재한다고 믿는다. 그래서 세계 여러 나라를 다니며 성장 가능성이 높은 기업의 리더들을 만나 인터뷰를 했고, 그들이 문제를 적극적으로 해결하며 결단력과 주도성을 발휘하는 모습들에 감명을 받았다. 이니셔티브한 그들의 삶의 자세를 배우고 느끼는 3년 동안 나는 그것이 나에게 큰 자산이 됨을 실감했다.

그 무렵 영국 케임브리지 대학에서 만난 토머스 맬나이트 교수님은 나에게 한국의 인재들에게 필요한 책을 함께 만들어 보자는 제안을 해주셨다. 그는 한국 사회를 누구보다 잘 이해하고, 한국의 미래 발전을 누구보다 바라는 사람이다. 그리고 한국이 아시아를 넘어 한 단계 도약하여 성장할 것임을 확신하는 세계적인 경영학자이자 기업 비즈니스 부문 컨설턴트 전문가다. 나는 떨리는 마음으로 교수님의 제안을 수락하였고, 한국 실정에 맞게 리더의 역량을 키울 수 있는 원리들을 책에 담고자 애썼다. 이 책에는 글로벌 대기업 및 중견, 중소, 벤처기업의 임원과 대표들에게서 들은 시장의 흐름, 트렌드 이슈, 투자 전략, 가치적 희망의 기회와 해법들이 담겨 있다. 이 책을 통해 기업의 콘셉트와 전략, 리더십의 법칙과 변화의 발상들이 생기고, 기업의 자생 능력을 기르는 데 필요한 밑거름이 되기를 바란다.

특별히 나를 공동 저자로 선택해 준 맬나이트 교수님께 다시 한 번 깊은 감사를 드리며, 영국 콤마프레스대표, 한국 젤리판다 관계자들에게도 감사의 마음을 전한다. 마지막으로 불확실성 시대를 사는 모든 이들에게 이니셔티브의 영감이 되살아나기를 기대하며, 실패가 성공으로 가는 과정이기에 실패를 두려워하지 말고 한 걸음 더 내딛기를 응원한다.

2019년 6월

크레이그 맥클레인

목차

1장

미래 시대의
프로 스태프

ERA OF UNCERTAINTY

21세기 프로의식을 가진 자라면
조직에서 평준화된 사람으로 자신의 이미지를 만들어
편하게 동료들과 어울릴 줄 안다.
그것이 1% 더 노력하는 진정한 '프로 스태프'이다.

나는 20년 동안 교수, 강연자, 경영 자문가, 애널리스트, 작가로 활동했다. 내 인생의 최종 목표는 학자로서 프로의식을 갖추는 것이다. 이를 위해 오랜 기간 동안 한 분야에서 성공한 최고의 사람들을 만나면서 그들이 자신의 분야에서 어떻게 프로페셔널한 존재가 되었는지를 배워 나갔다. 새로운 디지털 시대에 권위를 내려놓고 1%의 스태프라는 마음가짐으로 탄력적인 경제 시대의 전략과 마케팅을 구사하는 그들을 만나 보지 않겠는가? 세계적으로 영향력 있는 비즈니스 구루Guru[1]들의 경영 철학을 들을 수 있는 좋은 기회가 될 것이다.

프로 스태프로 일하는
대통령

프랑스 대통령 에마뉘엘 마크롱Emmanuel Macron은 프랑스 역대 최연소 대통령이자 세계 국가 수반 중 가장 어리고 젊은 리더다. 그는 당선 후 AP통신과의 인터뷰에서 "30대의 나이에 어떻게 이런 성공을 얻을 수 있었는가?"라는 기자의 질문에 이렇게 답했다.

"성공의 정의를 어떻게 내리느냐에 따라 여러 가지 답을 할 수 있겠지만, 나는 이번 당선을 성공이라고 생각하지 않는다. 물론 당선 결과를 감사하게 생각하지 않는 건 아니다. 다만 나와 우리 프랑스 국민들은 아직 전진해야 할 목표가 있고 꿈이 남아 있다. 이제 겨우 시작이다. 프랑스는 가야 할 곳에 아직 도달하지 못했다. 현재 나는 당선 후 누리는 모든 것에 감사한다. 하지만 마냥 그 향기에 취해 있지 않겠다. 성공의 의의를 당선에 국한시키지 말아주길 바란다."

그러고는 국민들에게 인상적인 한마디를 남겼다.

"국민 여러분! 지금까지의 지지를 진정 감사하게 생각하고 앞으로도 저는 지금 현재에 만족하지 않겠습니다. 이 순간부터 저는 프랑스를 대표하여 우리 미래에 더욱 역동적이고 희망찬 삶이 펼쳐질 수 있도록 내 나라를 위해 최선을 다하겠습니다."

그는 젊지만 훌륭한 리더이다. 안주하지 않는 마음이 강했고 그를 지지한 국민들 편에서 그는 1% 프로 마인드를 가진 스태프로 소임을 다하기를 자청했다. 국가는 늘 위기가 있기 마련이다. 그럴 때마다 그는 자신을 지지해 준 국민의 왼쪽 심장을 또다시 뛰게 할 것이다. 에마뉘엘 마크롱, 사실 그의 출발점은 결코 다른 사람보다 유리하지는 못했다. 대선 공약 때 그가 한 말 중 이런 말이 뉴욕타임스New york Times에 실린 적이 있다.

"대통령은 국가의 리더지만 그 자리를 특별하게 여기기보다는 국민이 선택한 자로 생각해야 한다. 대통령은 프로의식을 가진 스태프이다."

마크롱은 고등학교 시절 연극배우가 되는 게 꿈이었다고 한다. 그런 그의 꿈과 열정에 날개를 달아준 이가 다름 아닌 연극반 교사이자 지금의 아내인 브리지트 트로뉴Brigitte Trogneux[2]였다. 마크롱의 연기가 어색해도 트로뉴는 그를 전혀 나무라지 않았다. 오히려 그의 열정을 칭찬하고 남아서 함께 대본 연습을 해주며 지도교사이자 연출가로서 그를 지지해 주었다. 시간이 흐르면서 둘은 자연스럽게 사랑하는 사이가 되었고 주위의 따가운 시선과 편견에 맞서며 사랑과 신뢰를 지켜나갔다. 무려 25살이라는 나이 차이를 극복하면서 말이다.

한때 마크롱의 부모는 둘을 떼어 놓고자 아들을 파리로 전학시켰는데, 마크롱은 파리로 떠나면서 트로뉴에게 "지금은 떠날 수밖에 없지만 이후 다시는 당신과 헤어지지 않기 위해 힘을 키울 것이고 꼭 돌아와서 당신을 지켜 주고 결혼하겠다"라고 말했다. 어리지만 강단 있는 그의 말에 트로뉴는 진심으로 그의 약속을 받아들였고 기꺼이 그의 여인이 되어 주었다. 트로뉴는 어느 인터뷰에서 아마 내가 그를 믿지 못했다면 나는 평생 후회할 인생을 놓칠 뻔했다고 털어놓은 적이 있다. 그들은 누구도 하기 힘든 운명으로 서로를 선택했고, 후에 그 선택은 자신들을 프랑스의 리더로 만들었다. 그들을 지켜본 전 세계 사람들은 '마크롱과 브리지트 트로뉴'를 통해 진정한 사랑과 불가능을 가능하게 하는 열정을 깨달았다. 최근 AP통신은 논평에서 마크롱과 트로뉴를 이렇게 표현했다.

"두 사람은 늘 선택을 늦추지 않으며 자신과의 싸움을 즐기는 21세기형 프로이다."

새로운 시대의
프로 스태프가 될 당신

혹시 당신의 연봉은 지금 어느 정도인가? 2016년 한국에서 연봉 1억 원 이상을 받는 사람은 약 3만 명, 3억 원 이상은 5천 명이라는 통계를 본 적이 있다. 한국 인구 중 상위 5천 명 안에 든다는 건 분명 기분 좋고 의미 있는 일일 것이다. 그렇다고 고액 연봉, 좋은 집, 고급 승용차가 인생의 전부는 아니며, 성공의 척도로 내 꿈이 완성되는 것은 더더욱 아닐 것이다. 다만 사회 전문가나 직장인으로 당신이 이루어야 할 목표 중 한 가지로 자신과의 싸움에서 지지 않고 노력하여 받게 되는 1억이라면, 그것은 진정 가치가 있는 것이다.

당신이 지금 꼭 기억해야 할 것이 있다. 바로 어려운 시절이 있어야 자긍심이란 것이 생긴다는 것이다. 무조건 열심히 달린다고 일등이 되는 것은 아니지만, 자신을 이기고 치밀하게 실전에 임하는 자긍심이야말로 진정한 목표를 이루고 성공의 트로피를 거머쥘 수 있게 만든다.

당신은 앞으로 자신이 프로라는 긍정의 마음을 늘 가져야 한다. 이를 위해서는 자신을 반드시 이겨 내야 하고, 멀리 내다보는 시각을 가져야 한다. 수많은 자기계발서가 저마다 목소리를 내며 갖가지 인생 해법을 제시하지만 정작 중요한 건 하나다. '결정하면 실행하고 한 우물을 파되 남들보다 1퍼센트의 노력을 더한다는 마음을 갖는 것이다.'

똑같이 출발해도 탁월한 실력을 발휘하거나, 갑자기 눈에 띄는 사람이 있기 마련이지만, 대다수의 사람들은 하나씩 단계를 밟아 목표에 도달한다. 하루아침에 기술을 연마할 수는 없고 어느 날 괴력처럼 능력이 생기는 것은 더더욱 불가능하다. 그저 방법은 하나다. 초지일관 한 우물을 파고 밀고 나가야 고지가 보인다. 조직에 헌신하고 희생하는 사람을 오히려 꺼림칙하게 여기는 시선은 전 세계 어디나 동일하다. 그래서 심리학자들 중 어떤 이들은 성공을 부정이나 반칙과 연관이 있다고 말하기도 한다.

경영 관련 서적을 보면 스태프Staff란 용어가 자주 나온다. 이 용어는 '도움과 헌신'을 의미하나, 잘못된 인식 탓에 목표를 세우고 노력하여 성취한 사람을 깎아 내리려는 의미가 팽배해 있다. 이는 진정한 스태프의 뜻과 거리가 멀다. 21세기 프로의식을 가진 자라면 조직에서 평준화된 사람으로 자신의 이미지를 만들어 편하게 동료들과 어울릴 줄 안다. 그것이 1% 더 노력하는 진정한 '프로 스태프'이다.

그동안 당신이 자존심과 윗사람이라는 인식 때문에 스태프 마인드를 가지지 못했다면 이제는 자신이 잘하는 것에 몰입하고 동료와 타인들에게 작은 도움이 되겠다는 헌신의 자세를 가졌으면 한다. 그러면 서서히 진정한 리더로 변해 갈 것이다. 앞으로도 복잡한 인생살이에 명확한 해답은 있을 수 없다. 다만 성공한 사람들을 보면서 나는 어떻게 할 것인지 끝없이 고민해야 한다. 내가 만난 최고의 리더로 성공한 자들은 남보다 1% 더 노력하여 값진 결실을 얻은 사람들이었다. 당신도 이후 분명히 그러한 사람이 될 수 있다. 리더란 유능해야 하며 프로의식을 반드시 가져야 한다. 여기에 한 가지를 더 얹는다면, 바로 '용기'이다. 당신이 조직에서 윗사람이나 상사로 용기를 발휘하는 것이 결코 쉽지 않고 큰 부담으로 다가오는 것은 당연하다. 하지만 강한 자신감과 인내로 부담감을 이겨 내고, 자신의 결정에 대한 불안감을 용기로 극복해야 한다. 그만큼 21세기 리더에게는 '용기'가 필수이다.

프랑스의 젊은 정치인 마크롱의 결단력처럼 용기 있게 인생의 우물을 파지 않는다면 성공이라는 물을 퍼 올리기가 쉽지 않을 것이다. 확신이 있다면, 또 인생을 걸어야 할 일이라면, 지금부터 선택해야 하며 이 길 아니면 안 된다는 각오로 달려야 한다. 뜻하든 뜻하지 않든 선택의 기회가 주어졌을 때 불안하더라도 기꺼이 우물을 팔 각오를 해보라! 결국 그 결단이 없으면 가지고 있는 재능을 발휘할 기회의 장을 만들지 못한다. 조직의 리더라는 자리도 마찬가지다. 누군가에 의해 만들어지는 것보다는 스스로 만드는 것이어야 한다. 결국 선택할 수 있는 용기와 노력이 곧 재능이며, 자기 관리와 자기 확신 또한 재능인 것이다.

"저에게 재능은 별로 없어요. 그저 부단히 노력할 뿐입니다."

이 발언이 성공한 자의 말이라면 새겨들어야 한다. 결코 겸손이 아닐 것이기 때문이다. 어느 순간 결단하고 부단히 노력하는 것, 한 우물을 팔 각오를 하는 것만으로도 조직 사회를 이끌 리더의 중요 요건이 될 것이다.

구성원들을 행복하게 하는
관리 능력

맥클레인이 나의 소개로 구글의 CEO인 래리 페이지Larry Page를 처음 만났을 때 자신을 소개하면서 했던 말이 꽤 인상적이었다. 바로 '운열기열運+技+'이라는 말이었다. 운도 10, 노력도 10이라는 뜻이다. 세상은 노력과 결과가 제대로 비례하지 않는다고 말하지만, 용기로 준비된 사람에게는 언젠가 행운이 찾아오는 것 같다. 정확히 그의 말은 '불변의 진리'다. 기회를 만들기 위해 노력하지 않고 기회가 오더라도 잡지 않는 일, 해보지 않고 푸념만 하는 일 따위는 속된 말로 복권도 사지 않고 당첨을 기다리는 것이나 다름 없다. 기회는 무릇 준비된 자에게 온다는 사실을 잊지 말아야 한

다. 리더가 될 기회는 누구에게나 찾아온다. 리더로서 앞장서야
한다면 당당함을 잃지 않으면서도 눈에 잘 보이지 않는 상황을 꼼
꼼히 체크하라! 국가 원수도 국민의 실정법 위에 존재하는 것처
럼, 조직의 리더도 구성원들의 존경과 신뢰 위에 존재한다. 구성
원을 무시하거나 소홀히 하면 그는 오랫동안 리더의 위치를 유지
하기 힘들 것이다.

나를 찾아왔던 수많은 경영 리더들에게 한동안 신시아 샤피로
Cynthia Shapiro[3]의 《회사가 당신에게 알려주지 않는 50가지 비밀》이라
는 책을 추천했다. 이 책을 보면 리더가 생각하는 조직생활 기준
과 구성원들이 생각하는 조직생활 기준 사이에 큰 차이가 있음을
알 수 있다. 그 점을 계층 간의 관점 형식으로 잘 짚었기에 많은 리
더들이 관심을 보였다.

미국 내 GM 같은 유명 기업에서는 일찍부터 임원과 실무진들
사이에 보이지 않는 차이가 있음을 깨닫고 충분히 소통할 수 있는
집단 지성 프로그램이나 사내 직급과 상관없이 자신의 생각을 익
명으로 그룹 회장에게 보낼 수 있는 자유로운 창구를 만들기도 했
다. 최근에는 이를 전담하는 전문가를 그룹 내에 배치하며, 직원
들의 역량이나 인성, 적성을 평가하는 일에도 수십억 달러를 들이
고 있다. 이는 사내 구성원들의 생각과 회사의 문제들을 여과 없
이 파악할 수 있는 자체 진단 시스템이라 할 수 있으며, 그룹 인사
프로그램 관리 범주에 필수 사항으로 자리매김하였다. 올바른 조
직의 리더로 나아가려면 큰 장애를 피할 의견 수렴이 반드시 필

요하다. 당신도 경력이 쌓이고 리더의 자리에 오를 때 조직 내 상황을 관심 있게 바라보고 조직의 변화를 주도해 나가야 한다. 공평성과 올바른 소통의 화합을 무너트릴 수 있는 위험한 상황을 없애는 게 진정한 리더가 해야 할 일이다. 세계 재벌 100대 기업의 CEO들은 93%가 조직 내 계파 양성이나 계승, 학연, 지연, 혈연 같은 구태 관습을 타파하는 것을 조직 리더가 갖춰야 할 공정 조직 전략 방안 1순위로 꼽는다. 이는 혹시 모를 '보이지 않는 상황'에 대한 철저한 예방 인식이며, 조직이 클수록 조직을 안정화하는 데 걸림돌이 되는 점들을 제거하기 위한 노력이라 할 수 있다.

구성원들이 조직의 CEO나 리더에 대해 갖는 기대는 다르다. 불합리한 상황들을 해결해 주는 것이 인정받는 올바른 리더가 되는 지름길이다. 조직의 리더로 생활하면서 기본적인 규칙과 계층 간 인식을 잘 이해하지 못해 자신도 모르는 사이에 외로워지거나 불이익을 당하는 사례를 없애라는 말이다. 일반 직장인이라면 출근 시간을 엄수하는 것이 당연하다. 그러나 점점 시간이 지나면서 이 점이 사소한 문제로 인식될 수 있다. 구성원 중 출근 시간을 지키기 어려운 사람이 분명 있을 것이다. 바로 아이를 키우는 워킹맘들이 그 대표적인 예다. 아이를 키우면서 직장을 다니는 건 거의 초인적인 힘이 필요하다. 리더 입장에서 조직원의 근무 태도를 판정하는 중요한 지표로 출퇴근을 삼는 것은 당연하다. 다만 리더로서 간과하지 말아야 할 것은 조직에서 오랜 불편으로 남아 있는 것을 파악해 해결하라는 것이다. 이를 무시하고 자신의 역할을 대수

2017년 하버드 비즈니스 리뷰 학회 발표

대상	프로그램명	주요 역량 내용	교육방법	교육시간
신입사원 (2년차 내)	7Habit Maximum Time	• 지속적인 조직력 고취 함양 • 원칙 중심의 실천/리더십 배양	국가지원	7주
중간 관리인과 관리원	Fundamental (law)	• 시간관리/플래너 사용하기 • 시장성 발견/계획/실행	Breakthrough Contagious Special	8주
	Invest Maximum Time	• 시간관리 • 시간낭비를 가져오는 원인	전문기관	12주
임원 및 CEO	Organization management	• 조직 관리의 특수성/실천 역량 • 효율적인 업무와 수익 생산성 향상 전략 기법	웹 기반학습	12개월
	소중한 것 체크	• 시간 낭비/계획/목표 작성/실행 • 시간 낭비 극복/성과 측정	전문기관	24개월
	Distinguish 7Habit	• 주도적이 되라/단계별 목표 확립 • 스태프 마인드/상호이익 모색 • 경청 후 이해시키기/시너지 활용 • 심신단련	웹 강좌 이용	8주

직급간 직무기본역량 교육계획 세부내용 *유럽 EU 기준

롭지 않게 여긴다면 어느 순간 이것이 위기로 닥쳐올지 모른다.

이렇듯 구성원의 불편함과 어려움이 계속되지 않도록 국가의 인재를 키우는 중요한 임무를 띤 워킹맘들을 위해 탄력 근무제Flexible Time를 도입한다든지 조직 내 성향과 소속 직급에 맞추어 불편한 점들을 개선시켜 주고, 직원의 입장에서 생각할 수 있는 배려의 노력이 필요하다.

세계적 기업들이 왜 구성원들 관리에 주목하는지 관심을 가져야 한다. 그저 생산성에 도움이 되기 때문만은 아니다. 앞으로 기업 조직은 미래 산업을 위한 경영체계관리 분야를 리모델링해야 한다.

지금까지도 세계 경영인들에게 각광 받았던 마이클 해머의 BPRBusiness Process Reengineering[4] 역시 바로 이런 개선에 초점을 둔 경영 혁신기법이었다. 인사조직 분야에서 직원의 역량을 평가할 때 업무능력을 중요한 요소로 보는 것은 어느 회사나 같다. 그러나 리더가 기초직업능력표준치처럼 기계적으로 일하는 분위기를 조성해 나가서는 안 된다. 반드시 '자기계발 관리 능력' 향상을 중요시해야 한다.

라일 M. 스펜서와 시그네 M. 스펜서의 직무역량을 다룬 책 Competence at work을 보면 직무기본역량을 크게 3단계 20개 세부 역량으로 구분하고, 그중 '목표지향성Achievement Orientation'을 근무 시간과 묶어 직원의 제1의 성장 동력 지표로 설명하고 있다. 미국의 하버드 경영학회 세미나 자료를 보면 리더의 능력 중 가장 중요한 요소로 구성원들을 행복하게 하는 관리 능력, 즉 '공정조직' 전략을 우선적으로 꼽고 있다.

'열린 귀'를 통해 배려하는
서포트 정신

당신은 조직에서 현재 누군가의 서포트를 받고 누군가를 서포트하는 중간 관리자나 리더로 인생을 살고 있는가? 가정에서 부모로 살고 있다 해도 같은 맥락이겠지만, 고객이나 직원 또는 남편이나 아내, 자식 등 우리 삶에서 서포트 정신은 너무도 중요하다. 국내 삼성, 현대, 한화나 해외 코카콜라, BMW, GM, HP와 같은 글로벌 기업에서 서포트 문화에 대한 공통적 견해나 사례들은 무엇이 있을까?

몇 년 전 삼성경제연구원이 발표한 국내 그룹 사장단 출신에 대한 발표 자료를 보면 국내 글로벌 기업 그룹 계열사 대표 149명 중약 49%인 73명이 그룹 비서실 출신으로 밝혀졌다. 리더로서의 자질과 역량의 판단 기준은 많으나 이 수치로 판단할 수 있는 근거는 서포트를 잘하는 사람이 조직의 리더가 될 확률이 높다는 것이다. 물론 수치와 달리 비서 출신들이 대체로 실무 경험이 적어 조직의 CEO로서의 자질이나 업무 감각이 떨어진다는 비판적 의견도 있다. 그러나 회장이나 총수를 서포트하면서 열린 귀로 수십 차례 직간접적인 의사 결정 관련 경험이 풍부하고 CEO로서 필요한 마인드적인 중요 감각을 자연스럽게 익혔기 때문에 다른 분야 전문인 출신의 CEO보다 타의 추종을 불허할 정도로 어렵고 중요한 결정들에 강하고 사업 변수에 대한 대비 노하우까지 갖추고 있어 기업 내 고속 승진하는 인재들로 인정받았다.

여비서 출신으로 세계적 기업인 HP의 CEO가 된 칼튼 피오리나 Carleton Fiorina[5]도 총수 회장의 결단력과 추진력을 지켜본 것이 이후 기업 경영에 매우 큰 도움이 되었다고 밝혔다. 국내 현대그룹이나 삼성그룹에 비서 출신 CEO가 상당히 많으며, 조직이나 기업 규모가 클수록 비서들의 역할은 매우 컸다.

지금은 공식적으로 해체한 삼성 미래전략실 역시 한때 그룹 계열사 최고경영자를 배출하는 관문으로 잘 알려져 있었다. 첫 출발인 삼성 비서실은 고 이병철 창업주가 그룹 경영을 위해 전략적 참모 조직으로 활용하던 조직으로 막강한 힘을 자랑했고, 이후 이건희 회장이 경영 전반에 나서며 구조 조정 본부로 새롭게 태어나 2010년부터는 그룹의 미래전략실로 이름이 바뀌었다. 삼성그룹에서 이부진 호텔신라 사장과 외국인 대표를 제외한 59개 삼성 계열사의 CEO는 61명으로 이중 미래전략실 출신의 CEO가 무려 16.4%를 차지한다. 삼성에서 출세하려면 비서실을 거쳐야 한다는 이야기가 있을 정도였다. 조용히 회장을 모시며 서포트 정신을 통해 배운 원리를 비서 출신 CEO들이 기업 운영에 매우 까다롭게 반영했다는 것이다. 창업주나 오너 회장의 성격과 말투, 경영 스타일까지 닮은 부분도 많아 회사를 이끄는 리더로 자주 추대받곤 했다.

지금은 와해된 대우그룹의 김우중 전 회장도 유능한 미혼의 신입사원들에게 수행 비서를 맡겼는데, 1년의 절반 이상을 해외에서 보낼 정도로 해외 출장이 많아 웬만한 사람이 아니면 체력적으로나 정신적으로 감당할 수 없어서였다는 내용을 자신의 회고록에 담기도 했다. 수행 비서는 그룹 총수를 가까이서 보좌하는 만큼 견제와 질시를 받지만, 하루 24시간 회장 곁에서 대기해야 하기 때문에 자신의 사생활은 대부분 포기해야 한다. 그래서인지 이를 이겨 내며 일을 배운 그들의 업무 서포트 능력과 노하우는 상상을 뛰어넘는다. 서포트 정신을 명제로 풀어 표현하자면 '귀가 열려 있는가, 닫혀 있는가?'이다. 이를 기준으로 단순 서포트 하는 비서로 끝 나느냐, 진정 성공하는 리더가 되느냐가 판가름 난다.

서포트 정신은 다른 사람들에게서 귀를 닫을 때부터 그 성장이 멈춘다. 대화를 할 때 다 안다는 식으로 팔짱을 끼고 앉아 흘려듣 는 사람, 자신이 나이가 많고 경험이 풍부하다는 식으로 밀어붙이 면서 상대방의 말을 자주 묵살하는 사람 등은 조직에서 결코 인정 받는 리더가 될 수 없다. 이런 노후된 관리자가 되기보다는 겉모 습이 세월을 맞이하여도 상대방의 나이가 적든 많든, 경험이 짧든 길든, 듣는 귀는 언제나 파릇파릇해야 한다. 그것이 리더의 기본 이며 자세이다. 대부분 머리로는 이런 사실을 알고 있는데 이것을 실천하는 일은 매우 어렵다. 지금부터 리더로 바로 서고 싶다면 이를 실천하는 노력과 열정이 필요하다.

머리가 좋지 못해도 남을 배려하고 아랫사람을 인격적으로 서포 트할 마음이 있다면 유능한 사람으로 성장할 수 있다.

_마거릿 대처(Margaret Thatcher)

머리만 좋다고 유능한 사람으로 성장하는 것은 결코 아니며, 오 히려 뛰어난 두뇌를 소유한 것이 인격적인 성숙을 방해하기도 한 다. 머리가 좋은 엘리트들은 어릴 때부터 칭찬을 듣고 대접을 받 으며 자라 자신보다 못한 사람들을 이해하거나 배려하는 자세를 제대로 익히지 못하는 경우가 흔히 있기 때문이다. 인격적으로 덜

된 사람이 머리만 좋은 것은 불행한 일이다. 아무리 좋은 직장에 들어가도 인간적인 요인들 때문에 조직 내 좋은 평가를 받지 못하는 일이 생기기 때문이다.

이상적인 리더란 머리가 좋으면서도 배려하는 마음을 소유한 인격자를 말한다. 이 책의 저자 맥클레인의 경우를 예로 들자면, 그는 어릴 때 똑똑하다는 이야기를 듣지는 못했다. 조직에 몸담았을 때 자신보다 훨씬 똑똑하고 두뇌가 명석한 사람들이 더 많았다. 그는 자신의 부족한 점을 인정하고, 상대방의 실력을 인정하며 스스로 더 나아지기 위해 노력했다. 결국 그런 노력이 결실을 맺어 영국에서 세계 최대 콘텐츠 계약을 이루어 내기도 했다. 모든 것이 부족한 그가 까다로운 업무 계약들을 할 수 있었던 것은 상대를 먼저 인정하고 듣는 자세를 취했기 때문이다. 상대보다 나를 낮추고 내가 먼저 움직이고 발로 뛰는 배려의 태도가 사람들의 마음을 움직인 것이다. 그가 해외에 있는 다국적 기업을 다니는 것은 말처럼 쉽지는 않았지만, 그는 이를 긍정적인 기회로 여기고 인맥을 넓히며 최선을 다해 일했다. 또 열정을 아낌없이 보여 주기 위해 "할 수 있다"를 수없이 외치며 버텼다.

상대방의 이야기를 들으며 거기서 배울 점을 찾는 것은 또 하나의 좋은 리더십 전략 기술이다. 그것은 결코 비굴한 것이 아니며, 겸손하면서도 당당한 자세이다. 누구든 처음부터 일이 잘 안 풀린다고 실망하지 않기를 바란다. 겸손하지만 주눅 들지 않고 당당한 자세로 일하다 보면 반드시 좋은 결과를 보게 될 것이다.

'열린 귀'를 갖기 위한 9가지 방법

1. 열정을 키우려고 노력하라. 도전하는 재미가 있는 부분부터 시작하라!

2. 남의 생각을 듣고 움직이는 모습을 보여라. 남의 생각을 최선을 다해 끝까지 듣는 게 매우 중요하다.

3. 피할 수 없다면 일의 압박감을 즐겨라. 압박감을 통제할 수 있도록 그 안에서 틈틈이 재미를 찾아라.

4. 듣는 것으로 끝내지 말고 행동력을 발휘하라.

5. 하던 일은 반드시 자신이 마무리하라.

6. 상대방을 향한 리액션과 감탄 모션을 키워라.

7. 늘 호기심을 가져라.

8. 항상 유머와 위트가 넘치도록 하라.

9. 지혜를 얻기 위해 독서량을 늘려라. 책을 통해 문제 해결 능력을 키울 수 있다.

그는 운 좋게 한 기업에서 10년 동안 초고속 승진을 했다. 입사 3년 만에 부장급, 7년째는 임원 자리에 올랐다. 해외 기업에 근무할 때 외국어 실력은 다소 떨어졌지만, 동양인의 핸디캡을 강조하기보다는 '열린 귀'가 되어 하루 4시간만 자면서 노력했다. 이런 악바리 근성은 빠른 시간 내 비즈니스 세계에서 강력한 힘으로 발휘되었다.

다른 사람을 배려하는 인품은 어느 조직에서든 높은 평가를 받을 수 있는 요소가 된다. 특히 남들 앞에 많이 나서야 되는 사람일수록 항상 낮은 자세로 상대의 이야기를 들어주는 열린 마음을 가져야 한다. 어느 날 갑자기 리더의 위치에 서게 되었다고 해서 그런 마음과 능력이 생기는 것은 아닐 것이다. 양보하고 세심히 잘 챙겨 주는 습관을 키움으로써 조직에서 인정받는 리더로 살아남아야 한다. 서포트 정신이 몸에 밸 때까지 노력하고 또 노력해야 하는 것이다.

상사와
리더의 차이

조직생활을 좌우하는 가장 중요한 변수 중 하나는 조직 내 상사이다. 포털 JOB 코리아에서 2017년 상반기에 회사를 옮긴 사람들을 대상으로 이직 관련 실태를 조사했는데, 직장을 옮긴 사람의 40%가 상사 때문에 그만두었다고 답했던 것으로 나왔다. 그렇다면 관리자인 상사와 리더의 차이는 과연 무엇일까? 조직에서 상사의 위치에 있다 하더라도 반드시 그를 리더라고 말할 수는 없다.

다음은 위트 있게 상사와 리더의 차이를 비유적으로 표현한 말들이다.

1. 상사는 카톡 지옥을 만들고, 리더는 토론 천국을 만든다.

2. 상사는 입이 열려 있고, 리더는 귀가 열려 있다. 즉, 상사는 자기 위주로 말하고, 리더는 상대방으로 하여금 말하게 한다.

3. 상사는 아침부터 저녁까지 집중하라는 메일로 도배하지만, 리더는 어떻게 하면 직원들과 자유롭게 이야기할 수 있을까를 항상 고민한다.

4. 상사는 직원들에게 서슴없이 "멍청하다, 싸가지 없다, 게으르다"고 표현한다. 회의할 때는 끝없이 자기 무용담을 쏟아내며, 직원들을 머리 숙이게 한다. 리더는 어떤 직원이든 한방을 갖고 있다고 생각한다. 직원이 즉시 답하지 않아도 크게 나무라거나 신경 쓰지 않는다. 그 시간에 무언가 새로운 것을 찾고 있다고 생각한다.

5. 상사는 단점을 극대화하고, 리더는 장점을 극대화한다. 사람의 단점만 보면 쓸 사람이 없고, 사람의 장점만 보면 버릴 사람이 없다.

6. 상사는 아첨하며 굽신거리는 사람을 높게 평가하고, 리더는 일 잘하는 사람을 높게 평가한다.

7. 노후되고 자질 없는 상사는 입안의 혀처럼 노는 사람에게 좋은 고과를 주지만, 리더는 호불호와 성과를 철저히 구분할 줄 안다.

8. 상사는 사람을 장악하려 하고, 리더는 상황을 장악하려 한다. 상사는 직원들이 모두 자기 사람이 되어야 하며, 자신을 좋아하고 믿고 따라야 한다고 생각한다.

9. 상사는 편을 만들고, 리더는 팀을 만든다. 리더는 모든 직원의 조

화를 중시하며 조직원의 화합을 목표로 한다.

10. 상사는 회식 때 본인이 먹고 싶은 걸 먹고, 리더는 맛집을 함께 찾는다.

11. 상사는 문제가 생겼을 때 책임을 피하고, 리더는 자신의 책임으로 자처한다.

12. 상사는 질문이 없고, 리더는 굽힘이 없다. 상사는 이득을 위해서라면 부당한 요구에도 기꺼이 응하지만 리더는 조직을 위해 부당한 요구를 수용하지 않으려 한다.

13. 상사는 늘 '어떻게'와 '언제'를 묻고, 리더는 '무엇'과 '왜'를 묻는다.

14. 상사는 최종 결과를 중시하고, 리더는 과정을 중시한다.

미국의 경영학자 피터 드러커Peter Ferdinand Drucker[6]는 이렇게 말했다.

"바른 리더는 인재를 볼 때 능력을 따질 뿐이다. 자신을 얼마나 잘 따르는지는 고려의 대상이 아니다."

상대와 대화를 잘 이끌어 가는 사람들을 관찰해 보면 재미있는 사실을 발견할 수 있다. 그것은 대화에 능한 사람일수록 말을 잘 하기보다는 말을 아끼며 조리 있게 하고 타인의 생각이나 말을 열심히 잘 듣는다는 것이다. 왜 남의 말을 잘 듣는 것일까? 그 이유는 상대가 무슨 말을 하고 싶어 하는지 파악하기 위해서이며, 이것이 소통의 기본 커뮤니케이션 작용을 가능하게 한다.

두 사람이 대화를 하는데 서로 상대의 말을 잘 듣지 않는다면 어떤 결과가 생길까? 아마도 의견 대립으로 싸움이 일어나고 그로 인해 상대방에 대해 좋지 않은 인상을 갖게 될 것이다. 결국 그 사람과는 다시는 일하고 싶지 않게 된다.

유능한 리더는 좋은 '커뮤니케이터communicator'이다. 늘 상대가 하는 말을 끝까지 진지하게 들으려 한다. 때로는 말하는 사람의 입장에서 본심과는 다르게 말이 나오는 경우도 있다. 물론 의도적인 경우도 있지만, 대부분 무의식중에 본심과 다른 말이 나오기 때문에 상대방의 마음을 읽는 세심한 배려가 필요하다. 상대방의 말투와 제스처도 살펴야 하는 것이다.

이만큼 제대로 된 커뮤니케이션은 어렵다. 미국의 심리학자 로렌스 콜버그Lawrence Kohlberg[7]는 사람에게 말을 전달할 때 얼마나 정확하게 전달되는지 조사하기 위해 5년간 성인 남녀 500명을 대상으로 임상 연구까지 진행해 그 결과를 학계에 발표한 적이 있다. 그 실험의 핵심은 한 사람이 같은 말을 해도 때와 장소, 대화의 참가자 수, 심리 상태, 목소리의 크기와 말투, 제스처에 따라 듣는 사람의 반응이 80% 이상 달라질 수 있다는 것이다. 듣는 이가 이야기를 잘 듣지 않으면 말하는 내용의 70% 정도를 이해하지 못한다는 결과도 나왔다.

나 역시 강연 현장에서 이런 비슷한 경험을 한 적이 여러 번 있다. 말하는 입장에서 청중의 본심을 읽고, 짧은 시간 내 이해하기란 무척 어렵다. 말을 전할 때 우선 성심성의껏 말하고 질문함으로써 빠른 시간 내에 대화 상대와 신뢰 관계를 구축하는 모습과 분위기를 만들어 나가야 한다. 청중들이 집중해서 한마디 한마디를 경청할 때 나의 마음도 더 힘이 나고 열리게 된다. 중요한 건 말뿐만 아니라 얼굴 표정, 눈이나 몸의 움직임 등을 주의 깊게 살펴봐야 한다는 것이다. 상대의 진심을 이해하고 대화에 참여할 수 있도록 유도하는 사람이 훌륭한 커뮤니케이터이며, 조직에서도 이러한 능력을 갖춘 사람이 유능한 리더로 인정받는다.

대부분 회사와 조직에는 자기주장만을 일방적으로 펼치는 사람들이 반드시 존재한다. 이러한 사람들은 대화를 자신의 이야기로 채워 나가기를 즐긴다. 이를 고치지 않고 자기 방식을 고집한다면 끝내는 무능한 상사, 노후된 관리자로 분류될 것이다.

커뮤니케이션 전략을 갖춘 유능한 리더가 되기 위해서는 지나치게 자기 말을 많이 하지 말아야 한다. 듣는 귀로 상대방의 본심을 읽고 본질을 포착하기 위해 노력하는 것이 요즘 인정받는 21세기 리더이다.

효율적 성과 배분이
만드는 자발성

2016년도에 발표된 마이크로소프트의 빌 게이츠Bill Gates가 작성한 기술고문서를 보면 공통적인 문장이 반복되는 걸 알 수 있다. 바로 '효율적 배분을 통해 자발성을 이끌어 내라'는 말이다. 21세기형 리더는 회사와 조직에서 구성원들의 주인의식을 끌어올려 주는 역할을 해야 한다. 다시 말해 '일의 보람'과 '성과 공유'를 구성원들이 잘 느끼도록 해주어야 한다는 것이다. 측정 가능한 보상이야말로 구성원의 업무 의욕과 보람을 높여준다.

리더는 회사와 조직에서 뛰어난 능력을 보이고 성과를 안겨 줄 인재를 찾아야 하며, 그들의 성과는 반드시 전체의 공으로 돌려 개인과 팀의 보람으로 이어지도록 해주어야 한다. 또한 고른 배분으로 가치적 성과 공유를 할 수 있어야 한다. 만약 리더가 이를 자신의 능력으로 포장한다거나 성과를 독차지한다면, 구성원들의 자발성과 적극적인 협조는 점점 기대하기 어려워질 것이다.

팀워크Team Work란 리더가 '팀의 자발적 동기 유발'을 저해시키는 요소들을 찾아 없애고 흐름의 완급을 조절해 줘야 한다는 의미이다. 업무 성과를 팀원들에게 돌리면, 분위기가 고조되고 조직의 발전과 더불어 리더에 대한 평가까지 동반 상승한다. 이 부분은 또한 인재를 길러 냈다는 인력 개발 능력 면에서 탁월한 점수를 받을 수 있다. 거듭 말하지만 효율적 배분이란 리더 개인의 능력보다는 구성원들이 더불어 함께한 결과로 만드는 것이다. 그렇게 하면 자발적으로 일하고 임무 완수의 속도도 훨씬 빨라진다. 개인의 공을 포기하는 대신 동료와 아랫사람의 마음을 얻는 걸 중요하게 여길 줄 알아야 진정한 리더 재목감이라 할 수 있다. 이것을 지켜

빌 게이츠의 '조직 내 리더가 선택해야 할 우선적 가치'

1. 책임감, 신뢰

2. 인성

3. 수익창출 전략과 합리적 배분

4. 원활한 조직 내 의사소통

5. 혁신

6. 공익과 사회 기여 및 책임

7. 차별화와 경쟁력

8. 효율적인 리더십

9. 높은 수준의 품질 개발과 유지 전략

10. 높은 이익률을 만드는 성과 전략

나간다면 누구든 어떤 임무를 하든지 함께할 소중한 조력자를 얻게 될 것이다.

경기 침체와 급변하는 변화의 환경 속에서 효율적 배분을 위한 실천과 행동들은 조직을 안정되게 만들어 주며, 조직 내에서 리더로서의 영향력을 키우게 될 것이다. 조직 내 균형 있는 전략과 계획을 세우고 업무에 참여한 대가로 소득을 나누는 과정을 이루기 위해서는 한 가지 선택을 해야 한다. 그것은 '지금부터 할 것인가? 아니면 다음으로 미룰까?'이다.

눈앞의 이익 때문에 미래 투자의 여유를 찾지 못한다면 더 큰 이익을 놓칠지 모른다. 유능한 인재가 되어 리더의 자리로 올라가기 위해 냉철한 이성으로 무장하고 소속된 조직의 창조적인 팀워크가 생기도록 끊임없이 노력하라! 다시 말하지만, 목표의 실행 가치를 다른 구성원들과 함께 나누며 그들이 신뢰의 공동체로 인식되도록 도와주는 역할이 가장 중요하다. 이것이 리더로서 갖춰야 할 진정한 프로 스태프의 중요 원칙이다.

그렇다고 무조건 물질적인 인센티브가 좋다는 건 아니다. 효율적 배분과 시기를 잘 조절해야 하고, 타 조직의 경쟁자를 누르고 싶다는 승부욕, 심리 조성과 소명감, 즐거움 등 비물질적인 요인들을 더해 함께 배합하는 블렌딩Blending 조직 전략으로 만들어 나가야 한다. 인센티브나 물질적 배분은 초기 단계에서 창조를 만들어 내는 요소로 작용하기도 한다. 창조에 소극적인 구성원들에게 뚜렷한 보상을 해줌으로써 동기부여를 일으키고, 지속적인 창조를 가능하게 할 수 있다. 인간의 본성 중 하나가 '대가를 바라는 존재'라는 사실을 간과하지 말고 적절히 이용하라. 성과를 최대한 정확하게 측정하고 그에 따라 이익을 나누는 '배분 보상제'를 실천하라는 것이다.

어느 조직이든 초기 단계에서는 구성원들 사이의 이해관계가 다르다. 시행 횟수를 더해 가며 문제점을 보완하고 정교함을 더하면서 최상의 보상 시스템을 구축하는 것도 리더의 역할이다. 그러면 조직은 시스템적인 창조 경영이 가능해지고, 성공 기반들이 서서히 조직 안에 마련될 것이다.

2장

워크 위너 밸런스

ERA OF UNCERTAINTY

오늘 배우지 않고 내일이 있다고 말하지 말며
올해 배우지 않고 내년이 있다고도 말하지 말라.
_주자

요즘 유행하는 말 중에 '워라밸'이라는 말이 있다. 워라밸은 '워크 앤 라이프 밸런스 Work and Life Balance'의 약자로, 개인의 일과 생활이 조화롭게 균형을 유지하는 것을 뜻한다. 리더에게도 균형 잡힌 삶은 매우 중요하다. 하지만 인간이 모든 점에서 균형점을 찾기란 매우 어렵다. 세계 역사 속에서 승리한 리더로 기록된 인물이라 해서 반드시 도덕적으로 깨끗하고 우월하다고 볼 수는 없다. 또한 그들의 능력이 압도적으로 뛰어나다고 단정 지어 평가할 수도 없다. 리더에게는 자신만의 스타일이 있으며, 어떤 리더는 일반인들이 보기에 지나치다 싶을 정도로 격의 없는 말과 행동으로 주위 사람들을 놀라게 할 때도 있다. 그런 언행은 파격적이어서 신선함을 느끼게 하고, 소위 사이다 발언으로 대중들의 인기를 끌기도 한다. 이런 부류의 사람은 자신의 언행을 꼭 정당화 한다. 마치 같은 편 친구라는 식으로 포장하는 것이다. 그러나 과연 친구 같은 리더가 존재할 수 있을까? 그리고 친구 같은 리더의 리더십이 사람들을 이끄는 데 도움이 될까?

대부분의 사람들이 궁금해 하는 것은 어떤 리더 스타일이 더 효과적일까라는 점이다. 기본적으로 우리가 생각하는 리더십은 사람들에게 비전을 제시하고, 자신을 먼저 앞세우기보다는 소속된 사람이나 주변 동료의 움츠러진 기를 활짝 펴주며, 긍정적인 영향력으로 많은 사람들을 움직이게 하는 것이다. 말보다는 행동으로 보여 주고, 말을 아낄 줄 알고, 자만하지 않고 겸허하며, 나보다는 남을 배려하는 사람이 진정한 리더라고 생각하는 것이다.

사람의 심성 깊숙한 곳에는 나름의 리더의 모습이 유형화되어 있는데, 과연 사람들은 리더에게 무엇을 기대할까? 누구든 리더의 위치에 서면 소속된 사람들과 어느 정도 거리를 유지하며 그 관계를 잘 유지해 나가는 것이 좋다고 생각한다. 리더의 위치에 있는 사람이 아무리 평등한 관계를 외친다 해도 아랫사람 입장에서는 상하관계의 위계질서가 관습처럼 자리 잡고 있기 때문이다. 그것은 인류 역사와 함께 자리 잡힌 것이기도 하다. 오랜 세월 동안 부락과 촌락의 질서가 생기고 외부로부터 침략을 당할 때 리더가 나서서 상황을 극복함으로써 생기기 시작한 유전적 요소라 할 수 있다. 전 인류가 공통적으로 생존의 방향으로 진화를 거듭해 온 점을 고려할 때 상하의 위계질서는 우리의 유전자 속에 이미 깊이 각인되어 있다.

종종 사람들은 서열도 없고 권력도 존재하지 않는 유토피아를 꿈꾸지만, 따지고 보면 이것은 위계질서가 필요 없다는 것과는 또 다른 차원의 것이다. 과거부터 권력을 악이라 생각하고, 야심을 경계하는 풍토가 있어 왔지만 결과적으로 사람들이 원하고 추구했던 건 현재보다 나은 미래였다. 더 나은 미래는 무엇을 의미할까? 요즘의 기준으로 말하면 아마도 승진, 성공, 명성, 권력 같은 물질적 풍요를 기반으로 한 정신적 안락일 것이다. 그러나 그것들을 얻기 위해서는 원하지 않아도 때론 불가피하게 '리더의 길'을 선택할 수밖에 없다.

리더의 모습은 조직의 스타일에 따라 다를 수 있다. 그러나 리더의 길이란 늘 약점과 한계를 갖고 있고 때로는 많이 외롭다. 선택과 집중, 완급을 조절할 줄 알아야 하고, 성공한 다른 리더들이 발휘했던 리더십보다 한 단계 더 나은 방향과 선택의 결과 치를 보여 줘야 한다. 고통스러운 한계와 약점을 극복해 나가면서 스스로 단련해야 비로소 존경받는 리더로 인정받게 되는 것이다.

영국 워터스톤즈Waterstone's나 미국 파웰즈 북스POWELL'S Books가 통계한 자료에 따르면 전 세계 리더에 관한 책들은 약 30만 권이 넘는다고 한다. 특히 영국, 멕시코, 캐나다, 미국, 한국, 홍콩에 출간 종수가 특히 많은데, 대부분 비범하며 긍정적 효과를 기대하는 리더의 무용담이나 리더십 관련 책들이 주를 이루는 것으로 조사되었다. 이처럼 대부분의 사람들은 설득력 있고 명료한 생각이 깃든 헌신적인 리더들의 교훈적 이야기를 기대한다. 그러나 이 책에서는 조금 다르게 현실적인 조직생활에서 리더로서 승리할 수 있는 비결, 즉 '워크 위너 밸런스Work Winner Balance'에 관해 이야기해 보겠다.

워위밸 제1원리 시스템 :
나침반의 방향이 사람을 향하게 하라

일본 기업에서 경영의 신信으로 불리는 마쓰시타 고노스케 Konosuke Matsushita는 일본 간사이 상공학교를 졸업하고 평생을 창의적 연구에 매진했다. 보통 '신'은 초인간적 위력을 가진 '神' 자를 뜻한다. 그런데 여기서는 그 의미가 아니라 '믿을 신信'을 뜻한다. 바로 사람을 믿는 마쓰시타 고노스케 회장을 일컫는 말이다. 그는 무에서 유를 창조한 강한 신념을 가진 사람으로 일본 리더의 대표적 인물이다. 자신이 세운 마쓰시타 전기를 세계적인 대기업으로 성장시켰으며 내셔널과 파나소닉 등의 상표와 브랜드를 세계화 시키는 데 성공했다. 그가 평생 동안 새로운 연구와 지식에 매달리며 남긴 신념의 어록은 많지만, 특히 그를 잘 아는 지인들이 뽑았던 최고의 한마디가 있다. 그것은 바로 "나는 어떤 지식보다도 사람이 중요함을 더 믿는다"이다.

최후의 순간에도 기업의 실리와 논리보다는 가장 낮은 자세로 직원들과 소통하는 것을 중시했으며, 생계를 위해 근무하는 수십 만 명의 직원들이 회사를 내 집처럼 여길 수 있는 환경을 만들기 위해 평생을 애썼다. 파나소닉의 전성기라 할 수 있는 1989년에 일본 산케이가 발표한 기업 자료 평가 사업 조례안을 보면 11년 동안 구성원 이직과 실업률이 3% 미만인 기업으로 파나소닉이 명기되어 있었다. 이는 일본 내 벤처와 중소기업을 통틀어 가장 낮은 수치로, 파나소닉 직원들은 회사를 내 집처럼 아끼며 위기 때는 늘 오너를 중심으로 똘똘 뭉쳤다. 1년 후면 창립 100주년(회계연도 기준 2019년 3월)이 되는 파나소닉은 현재 전 세계 474개 자회사와 94개의 계열사를 운영 중이며 세계가 인정하는 굴지의 글로벌 기업으로 성장했다.

마쓰시타 고노스케의 비즈니스의 동력은 사람들이었다. 사람이 곧 사업의 뜨거운 혈관이 됨을 그는 누구보다도 잘 알고 있었다. 감정을 지닌 사람들이 삶의 신념과 목적을 갖고 사회 구성원이 되어 가고, 기업은 그 사람들의 요구에 부응하기 위해 비즈니스를 만들어 유지시켜 나가야 한다는 것이 그의 기업 철학이었다. 이와 같은 마쓰시타 고노스케의 휴머니즘 경영 철학은 전 세계 경영 전문가들도 인정하는 기업 정신이며, 이는 이후에도 영원히 기억될 것이다. "규칙과 논리로 사람을 설득할 수는 있지만, 결코 사람의 마음을 움직일 수는 없다"라는 그의 명언처럼 사람의 마음과 감성에 호소할 줄 알아야 한다.

모든 일을 원리 원칙과 논리로만 끌고 가려 하지 마라. 솔직하게 말하고 마음으로 다가서라. 마음이 움직이게 된 사람들은 기꺼이 협조하고 도움을 줄 것이다. 21세기형 리더라면 문제가 있을 때 아랫사람에게 머리 숙임을 부끄럽게 여기지 않는다. 미래에는 더더욱 사람의 가치가 중요해진다. 워크 위너 밸런스 제1의 기본 시스템은 논리에 앞서 진실되게 사람을 중시하는 마음과 믿음을 바탕에 품고 가라는 것이다.

"리더의 비즈니스는 끊임없이 기적을 일으키며 나가는 것이다.

기적은 논리를 넘어 사람 중심의 감성에 호소할 때 생겨난다."

_헨리 포드(Henry Ford)

리더의 나침반이라 불리는 또 한 사람은 미국의 제35대 대통령인 존 F. 케네디John F. Kennedy이다. 그는 사람들로부터 어떻게 사랑을 받을 수 있는지, 어떻게 영향력을 행사해야 하는지 정확히 아는 리더였다. 1962년 그가 모교인 하버드 대학에서 졸업생들을 위한 축사를 마칠 즈음 한 졸업생이 갑자기 손을 들며 예정에 없던 질문을 던졌다.

"대통령님! 당당한 리더가 제일 중요하게 생각하는 것이 무엇일까요?"

그 질문에 케네디 대통령이 웃으며 되물었다.

"제가 당당한 리더입니까?"

순간 청중석은 웃음바다가 되었고, 케네디는 잠시 고개를 숙이고 생각을 하더니 다음과 같이 대답했다.

"질문하는 분과 제가 과연 다를 것이 무엇일까요? 유명인, 지위, 권력, 이런 범주를 말하는 것이 아닙니다. 미국의 대통령인 저도 사실 여러분처럼 정말 많은 고민을 하고 스스로에게 끊임없이 질문을 던집니다. 다만 그럴 때마다 한 가지 잊지 않는 것이 있는데, 바로 절제된 행동을 유지하기 위해 노력하자는 것입니다. 저는 사람들에게 모든 것을 속속들이 다 보여 줄 수 없는 입장이며, 어쩔 수 없이 가려져 있는 상태로 살 때가 많습니다. 국민들이 저에 대해 알고 싶더라도 저는 베일이 가려진 상태를 유지할 수밖에 없습니다. 그래서 제가 하는 최선의 노력 중 하나는 무엇을 하든 그 일을 행할 때 한 번 더 신중하게 나 자신에게 묻고 행동하려 합니다. 국가의 리더로서 많은 사람들과 균형을 유지하는 일은 결코 쉽지 않습니다. 피를 나눈 가족일지라도 예외는 없습니다. 이것의 균형이 깨지는 순간, 리더로서의 영향력은 급속히 줄어들게 됩니다. 리더라는 자리, 즉 지도자로 불리는 사람과 국민의 관계가 매우 중요한 만큼 적정한 거리 균형도 때로는 필요한 것 같습니다."

《케네디》의 작가 존 바네스John Vanesse[8]는 케네디 대통령을 다음과 같이 회고한다. 케네디 대통령은 자신의 가족들 외에도 수행하는 팀으로부터 커다란 애정과 충성을 받았다. 이는 시간이 지남에 따라 사라지기는커녕 오히려 더 강해졌는데 행정부 측근 멤버들 중에도 내부 사정을 폭로하거나 심지어 그를 조금이라도 적대적으로 이야기한 사람은 단 한 명도 없었다. 이 같은 그들의 의견은 케네디가 주변 사람들을 항상 따뜻하고 세심하게 챙긴 인물이며, 미국 국민이 존경하고 사랑했던 역대 최고의 리더로 꼽는 이유이기도 하다.

그는 주변 사람들과 늘 적절한 거리를 유지했으며 자신의 언행에 대해 각별히 신경을 썼다. 케네디 대통령은 내각의 정무 위원들과 이야기할 때면 자신의 감정을 속 시원하게 말하는 것이 보

누구나 알지만 지키지 못하는 리더의 원칙

1. 창의성을 갖추라.
2. 가능한 온 힘을 다해 행동과 표현이 늘 긍정적으로 보이게 하라.
3. 아랫사람에게 인간미가 있다는 평가를 받으라.
4. 반드시 말보다 행동으로 먼저 보여라.
5. 지키고 안주하는 삶보다는 모험을 즐기는 도전의 삶을 살기 위해 노력하라.

통 사람들에게는 당연한 것일지 모르지만 리더의 언행은 결코 가벼워서는 안 된다는 말을 자주 했다고 한다. 단기적이고 파격적인 언사로 인기를 얻을 수 있을지는 모르지만 중장기적으로는 조롱이나 경멸의 대상이 될 수 있음을 리더는 누구보다도 잘 알고 있어야 한다는 것이다. 이것만 보아도 그가 얼마나 리더로서 절제된 생활을 추구했는지 알 수 있다.

케네디의 삶은 우리에게도 마찬가지로 적용된다. 만일 리더로 남들 앞에 서야 한다면, 올바른 리더가 되기 위해 자신의 나침반의 방향이 늘 사람을 향하도록 해야 한다. 그리고 절제와 균형을 통해 스스로 마음을 다스려야 한다.

워위밸 제2원리 시스템 :
용기를 담은 심장을 주라

　　　　　조직의 관리자, 특히 회사의 상사는 일 잘하는 직원이 떠나는 것을 반가워하지 않는다. 좋은 인재가 그만두는 것만큼 업무적으로 큰 지장을 주는 것도 없기 때문이다. 그런데 아쉽게도 많은 관리자들은 구성원의 이직 원인을 엉뚱한 데서 찾는다. 대부분 직원들이 직장을 그만두고 조직을 떠나는 것은 다름 아닌 상사를 떠나는 것이다. 사실 이것은 노력에 따라 쉽게 해결될 수 있는 문제로 조직의 관리자들이 리더로서의 새로운 시각을 갖고 조금만 원칙과 시스템을 바꾸면 된다.

구성원들을 신경 쓰고 격려하는 것을 과소평가하면 안 된다. 의욕을 갖고 열정을 다해 일 잘하는 사람들의 경우 리더의 응원을 절대적으로 필요로 한다. 특히 천성적으로 온 힘을 바쳐 열심히 일하는 사람들은 더욱 공개적인 리더의 격려가 필요하다. 힘든 시기를 겪을 때 공감해 주고 함께 도전하는 상사가 진정 인재를 아낄 줄 아는 관리자가 될 수 있다. 업무 성과에만 열을 올리는 관리 상사와는 누구도 온 힘을 다해 함께 일하고 싶어 하지 않는 것이다.

'격려encouragement'라는 말은 라틴어 '심장cor'에서 나왔다. 단어 그대로 해석하면 '심장을 준다', 즉 뜨거운 심장을 주듯 마음 자체를 덥혀 준다는 뜻이다. '용기courage'라는 말도 같은 어원에서 나온 것으로 이 말은 리더에게 참으로 의미심장하다. 《격려의 힘》이라는 책에 등장하는 사업가 돈 베넷이란 인물은, 한쪽 다리를 잃

동양의 '기러기 리더십'

동양사에 길이 남아 있는 역사적 인물 중 하나인 중국 유방(한 고조)은 진나라가 혼란스러울 때 항우와 함께 진나라를 멸망시킨 영웅적 인물로 기억된다. 그는 후에 항우와도 오랜 싸움 끝에 결국 한漢나라를 세우는 업적을 이루지만, 유방은 사실 그렇게 뛰어난 영웅적 리더는 아니었다. 유방이 항우를 이길 수 있었던 것은 그의 옆에 명장 한신, 모사 장자방, 승상 소하와 같은 뛰어난 인물들이 함께 있었기 때문이다. 물론 이런 인물들을 거느릴 수 있었다는 것이 오늘날 그를 범상치 않은 인물로 평가하는 이유이기도 하다. 이렇듯 리더에게 있어서 사람을 얻는다는 것은 승리의 주요한 비밀 원칙이 된다.

계절에 따라 장소를 옮기며 사는 철새들 중에 무리를 지어 편대비행을 하는 기러기가 있다. 비행하는 모습을 보면 무리를 리드하는 향도 기러기가 맨 앞에 날고, 다른 기러기들은 그 뒤를 바짝 따르며 향도 기러기의 명령에 따라 행동을 취한다. 향도, 즉 리더 기러기가 방향을 못 잡고 엉뚱한 길로 들어서면 뒤따라오는 모든 기러기들이 길을 잃고 만다. 이렇듯 조직의 리더가 올바로 판단하지 못하고 흔들리면 전체가 방향성을 잃게 된다. 이 같은 기러기들의 행동 습성만 보더라도 이끌어 가는 리더와 이를 따라가는 조직원들의 행동이 하나가 될 때 본래의 목적을 달성할 수 있음을 알 수 있다.

고도 목발에 의지해 해발 4,392미터의 레이니어 산을 오른다. 가장 큰 고비는 빙원을 건너는 순간이었는데 일반 등반가들은 양쪽 발에 아이젠을 쓰면 되었지만, 발이 하나밖에 없는 그가 건널 수 있는 방법은 하나였다. 자기 몸을 얼음 위로 넘어뜨린 다음 최대한 끌어당겨 전진하는 것이었다. 그렇게 한 걸음 나간 뒤 또다시 일어서고, 또다시 넘어져야 했다. 말 그대로 넓디넓은 빙원을 온몸으로 건너야 했던 것이다. 이 특별한 등반에 함께한 사람이 있었다. 바로 그의 딸 캐시였다. 캐시는 팀의 리더가 얼음에 구멍을 뚫어 베넷이 눈 위로 넘어질 수 있도록 하는 긴 시간 동안 아버지의 곁을 지켰다. 그리고 그가 눈 위로 넘어질 때마다 이렇게 소리쳤다. "할 수 있어요, 아빠. 이 세상에서 가장 훌륭한 아빠, 아빠는 할 수 있어요!"

베넷은 딸의 목소리에 힘을 얻었고 사력을 다해 몸을 끌어당겼다. 그리고 결국 눈물겨운 노력 끝에 정상을 밟았다. 캐시가 가진 믿음과 격려의 외침이 아버지 베넷의 가슴에 결의와 용기를 북돋운 것이다.

격려는 소통의 통로가 된다. 격려는 특수한 상황에서만 존재하는 것이 아니다. 주변을 둘러보면 가족 관계에서도, 직장에서도 다 마찬가지다. 동료나 가족들을 감동시키는 격려야말로 훌륭한 리더가 반드시 갖춰야 할 조건이며 인간관계의 원동력이 된다는 사실을 몸소 깨달았다.

격려의 마력은 혼자만의 세계가 아닌, 더불어 사는 공동체의 영역에서 더욱 빛이 난다. 그것은 이제 막 사회생활을 시작하는 젊은이들이나 제법 노련해진 사회인, 중년 고개를 넘어 인생의 변곡점을 맞은 이들 모두에게 마찬가지다. 힘들어 하는 사람에게 진심 어린 격려의 말을 건네 보라. "지금도 잘하고 있어. 자넨 우리의 희망이야!" 뭘 해야 할지 몰라 쩔쩔매는 후배에게 당신이 먼저 따뜻한 말 한마디를 던져 보라. 아마도 미처 생각하지 못한 엄청난 결과들이 생겨날 것이다. 가정에서도 마찬가지다. "당신이 있어서 난 참 행복한 인생을 살고 있다!" 이 한마디에 아내와 남편 모두 엔도르핀이 솟아난다.

삶을 살다 보면 처음에는 눈치를 보다가, 점차 자기 내부의 시각으로 바깥세상을 재단하게 된다. 이럴 때 우리는 이분법적인 흑백 논리에 사로잡히게 된다. 나이가 들면서 가장 변하는 것이 있다면, 시야가 좁아진다는 것이다. 그런데 그 닫힌 벽에 창을 내고 소통의 문을 만들어 주는 통로가 있다. 그것이 바로 '격려하는 대화'이다. 격려의 힘은 시소와 닮았다. 받을 때와 줄 때 시소의 높낮이가 달라지듯이, 인간관계도 서로의 균형을 잡아 주고 함께 갈 때 힘이 솟는다. 우리 모두가 늘 격려를 필요로 하는 '결핍'의 주인이자, 누군가에게 격려를 해줄 수 있는 '배려'의 친구임을 잊지 말기를 바란다.

케네디의 수첩 속 메모

1. 자신의 책임을 다하라 : "자신보다는 타인을 우선시하라."

2. 끊임없이 단순화하라 : "리더는 가장 중요한 것이 무엇인지 명확히 알아야 한다."

3. 통찰력을 가지라 : "리더는 세상의 변화됨을 알아야 하고 간신들에게 휘둘리지 말아야 한다."

4. 시간 관리를 잘하라 : "늘 우선순위를 정하고, 결과를 평가할 줄 알아야 한다."

5. 끊임없이 배우고 어떻게 가르쳐야 하는지 익히라 : "리더가 해야 할 일 중에서 가장 중요한 것은 가르치는 일이다."

6. 자기 스타일을 가지라 : "리더는 자신을 잘 표현할 줄 알아야 한다."

7. 늘 배우는 자세로 조직을 꿰고 있으라 : "델(Dell) 회장 마이클 델은 선 적된 컴퓨터 대수 끝자리까지 알 정도로 일에 정통하다."

8. 모르는 척할 줄도 알라 : "리더는 해답을 알고 있더라도 가끔씩 조직원들이나 구성원들이 스스로 답을 찾도록 두어야 한다."

9. 사람을 좋아하라 : "사람들은 리더가 마음에 들지 않으면 일하지 않는다."

10. 원칙을 세우라 : "리더는 조직원에게 나름의 리더십 원칙을 제시할 줄 알아야 한다."

워위밸 제3원리 시스템 :
열정의 퀸티센스

'나는 도대체 어떤 리더십을 갖춘 사람일까?' 누구나 한 번쯤 이런 생각을 한 적이 있을 것이다. 하지만 그 누구도 완벽한 대답을 할 수 없다. 어쩌면 우리가 평생에 걸쳐 찾아야 할 답일 수도 있다.

지금의 나와 내일의 나는 달라질 수 있으므로 스스로 자기가 어떤 존재이기를 원하는지 깨우치는 것이 중요하다. 많은 관리자들이 조직 내에서 최고로 비춰지고 싶어 한다. 리더의 위치에서 열정을 발휘하면 긍정적인 힘이 생기고, 다른 누군가와 꿈을 찾고 이루면서 최고가 된다. 바로 21세기 성공한 리더들의 공통된 평가 결과이기도 하다. '열정'은 성공 비즈니스의 필수 요소이며, 조직에서 큰 성과를 만들어 내야 할 때 구성원들을 하나로 이끌 수 있는 마중물이 된다. 또 어떤 의미에서 일종의 투쟁 같은 것으로 하루하루를 살아가는 힘이 되어 준다. 리더로 살아간다는 것은 무척 힘들고 외로운 일이지만, 동시에 가슴을 뛰게 하는 즐거움이 함께 존재한다. 그 가슴을 뛰게 하는 것이 열정이며, 열정이 살아 있는 조직은 희망적으로 늘 협업하며 상생한다.

내 안의 열정을 꺼내 보자. 열정은 잠재적인 가능성으로, 누구에게나 존재한다. 자기감정에 솔직해지기만 한다면, 열정은 밖으로 뿜어져 나올 것이다. 스스로를 가둔 한계의 틀을 벗어나 자유로움을 만끽할 때 새로운 무언가를 시작할 수 있다. 열정은 날마다 위축되었던 우리의 마음을 풀어 주고, 깊게 심호흡을 하고, 새로운 꿈을 향해 나아갈 수 있는 '퀸티센스quintessence'(전형, 큰 선물)⁹가 된다.

워위밸 제4원리 시스템 :
정해진 룰에 의문을 던져 결정하라

　　　　　　　시대적 불황기에 어려움을 극복하고 일을 해결할 때 결국 최종 결정을 내리고 그 결과를 책임져야 하는 사람은 리더이다. 리더는 언제 어디서나 결정해야 할 업무, 지시하고 확인해야 할 업무가 꼬리에 꼬리를 물고 이어진다. 그렇기 때문에 우선순위를 정해 놓지 않으면 업무의 홍수 속에서 허우적대며 엄청난 스트레스가 쌓일 것이다. 뿐만 아니라 에너지를 집중해야 할 중요한 사안까지 놓치는 실수를 범하게 될 수 있다.

우선순위 결정 방법은 의외로 간단하다. 제일 먼저 끝내야 할 일과 쉽게 끝낼 수 있는 일을 정해서 먼저 처리한다. 그 후에 순서대로 언제 어떤 업무를 할 것인지 시간 배정을 하여 일처리를 한다. 홍수처럼 밀려오는 업무를 제대로 쳐내려면 촘촘한 계획이 필요하다.

2년 전 미국 의회에서 구글Google의 공동창업자이자 과학자이며, 현 알파벳 CEO인 래리 페이지를 만난 적이 있다. 2014년도 구글 최고경영자로 포브스가 선정한 세계 억만장자 19위를 기록할 정도의 자산가로도 유명한 그는 미래 산업혁명을 이끌 몇 안 되는 인물로 꼽히는 세계적인 리더다. 사실 내가 그를 처음 만난 건 훨씬 이전이었다.

맬나이트 교수님의 소개로 픽사Pixar의 이동열 박사와 함께 구글에서 그를 처음 만났는데 그의 인상은 정말 강렬했다. 나이는 나와 한 살 차이지만 은색 금발에 체크무늬 상의를 입은 모습은 매우 동안으로 세련된 모습이었다. 특히 로비로 내려오는 그의 첫 모습은 너무나 독특하고 재미있었다. 나는 글로벌 기업의 최고 경영자가 전용 엘리베이터를 타고 나타날 줄 알았는데, 그는 엉뚱하게도 로비 중앙 상층부와 연결된 빨간색 미끄럼틀을 타고 손을 흔들면서 등장했다. 그 모습에 나는 그만 박장대소를 하고 말았다.

더 놀라웠던 건 그와 함께하는 비서가 없었다는 것이다. 그는 자연스럽게 우리 앞으로 걸어와 악수를 청했다. 우리 두 사람 모두 그동안 동경하던 최고의 CEO 래리 페이지가 맞나 싶을 정도로 멍하니 쳐다보았다. 그를 통해 구글의 근황과 신사업 준비 일정에 대해 설명을 들으면서 '래리 페이지는 여유와 개성을 가진, 자신감 넘치는 리더이며, 그가 이끄는 구글이 다른 기업들과 다를 수밖에 없음'을 몸소 느꼈다.

30분쯤 지났을 때 그는 곧 출시될 제품에 대한 문서파일 하나를 건네주었다. 나의 동기에게 엔지니어로서의 사업적 의견을 물으며 자신이 이 제품을 출시하려는 목적과 오랜 기간 기획에 직접 참여하고 있다는 설명을 해주었다. 그때 나는 너무 놀라 "당신이 직접 기획까지 참여합니까?"라는 질문이 튀어나왔고, 그는 미소를 띠며 '아마도 맞을 걸?' 하는 표정을 지었다. 나 역시 새로 신제품을 출시할 때마다 시장조사를 하고 어려운 부분은 동료들과 함께 직접 협의해 나가는 걸 원칙으로 한다. 그 과정을 함께하다 보면 문제점과 혁신적인 해결 방법을 찾게 되고, 그로 인한 기쁨과 보람을 느낀다. 구글의 래리 페이지도 나와 같은 마음으로 회사를 이끌어 나가고 있다는 생각에 가슴이 뛰었다.

그는 그 자리에서 이번 신상품에 대해 다른 관점을 가진 전문가가 문제점을 제시할 경우 자신은 사업 진행 전반을 수정할 수 있다고 했다. 래리 페이지가 누구인가? 세계 최고의 경영자이며 과학자이다. 그런 그가 수백억 달러 프로젝트를 다른 사람의 의견 하나로 재고할 수 있다는 말에 순간 놀랐다. 하지만 책임자로서 다시 한 번 심사숙고하겠다는 그의 태도에서 무한 신뢰가 생겼다. 우리는 용기 있게 막바지 단계의 개발 프로그램 일정을 전면 수정하면 좋겠다는 의견을 전했고, 그는 열심히 메모한 후 재검토하겠다고 했다.

그가 한 말처럼 누군가의 말 한마디가 현 시점에서 방향을 바꾸는 게 맞다는 확신을 갖게 해 준다면 애초의 계획과는 다르더라도 그것에 얽매이지 않고 방향을 바꿀 수 있는 결단이 필요함을 절실히 느꼈다. 래리 페이지와의 첫 만남을 통해 나는 구글의 메인 검색 사이트 첫 화면에 적힌 문구 하나를 떠올리게 되었다. 왜 그런 문구가 있었는지 비로소 알 수 있었다. 그것은 단순하지만 가장 강력한 결정력으로 가장 중요한 것을 실현한다는 구글의 정신이 담긴 문구였다.

A Beautifully simple experience across Google

(구글이 보여 주는 아름다운 단순 원칙)

리더는 예측 불가능한 상황을 절대 피해 갈 수 없다. 문제가 있다고 판단될 때는 '어떻게 해야만 하는가?'라고 반사적으로 생각하고 바로 행동으로 옮기는 것이 필요하다. 리더는 이런 말을 자주 하고 자주 듣는다. "전례가 있으니 전례대로 하는 게 가장 안전한 방법이다." 그러나 구글의 래리 페이지처럼 생각해 보라. 리더라면 조직의 정해진 룰이나 전례를 따르는 것에 의문을 던질 수 있어야 한다. 또한 우선순위를 정할 때도 충분히 열려 있는 자세를 취해야 한다. 틀의 논리로만 문제를 해결하려 한다거나 균형 없이 한쪽으로 쏠린 방향일 때 사업은 99.9% 실패할 가능성이 높다. 문제가 다양하고 복잡할 때는 트렌드의 흐름과 차별화 전략을 중요시 여기고 천천히 각 단계마다 집중해야 성공할 수 있다. 당연한 말이지만 소비자의 기대를 뛰어넘는 기획이 매우 중요함을 잊으면 안 된다.

워위밸 제5원리 시스템 :
신뢰를 위해 말을 자주 바꾸지 말라

미국의 최고 심리학자 미셸 매쿼이드 Michelle Mcquaid는 ABC 방송에서 "말을 자주 바꾸는 리더를 고위직에 앉힌 기업이 입는 연간 손실액은 약 3,600억 달러(약 407조 1,600억 원)가 된다"고 밝혔다.

2016년 대한민국 서울시 직장인 1,154명을 대상으로 '좋은 리더와 나쁜 리더 유형'에 대해 조사한 설문 내용이 발표된 적이 있었다. 조사에 참여한 직장인이 뽑은 나쁜 리더의 유형 1위는 '말을 자주 바꾸는 리더'였다. 일반적으로 어느 조직에서나 말 바꾸는 리더들은 흔히 볼 수 있다. 자신이 말해 놓고, 상황이 불리하면 그런 말한 적 없다고 시치미를 떼는 경우가 비일비재하다. 세계 UN 의료 평화 대사이자 일본인 의사인 가타다 다마미片田珠美[10]의 저서《나쁜 상사 처방전》에서 나쁜 상사의 유형을 말한 내용이 있어 인용해 보고자 한다.

"나쁜 관리 상사형 리더들의 머릿속에는 부하직원이란 없다. 그들이 스트레스가 있든 없든 먼저 자신의 욕망을 채우고 더 윗선으로부터 인정을 받으려는 욕구가 우선적이며 자신을 약하게 만들 문제를 발생시키고 싶지 않다는 심리작용에서 이들의 행동은 많이 비롯된다. 동료, 부하 가리지 않고 다른 사람이 말한 내용을 제대로 듣지 않으며 왜곡하여 다른 곳에 전달하는 경우도 많아 주변인들을 곤경에 처하게 하고 진실을 물을 때는 본인은 그렇게 제대로 들었다고 우기기도 한다."

만약 리더가 자꾸 잘못된 정보를 옳다고 우기거나 자신이 한 말을 아예 기억하지 못하고 다른 말을 하는 사람이라면 그는 스스로 믿음, 신뢰라는 중요 원칙을 모조리 깨는 행동을 하는 것이다. 그런 리더가 곁에 있다면 하루라도 빨리 그를 떠나라고 말해 주고 싶다. 만일 그러기 어렵다면 어느 선까지는 상사를 달래 주다가 최후에는 선을 그어 대처하는 방법도 있는데, 상사의 무능을 속으로는 인정하지만 동시에 상사가 가진 근원적 자격지심을 달래 주라는 것이다. 변덕쟁이 리더, 자신이 언제나 옳다고 생각하는 독선적인 상사를 설득하고 싶다면 일단은 먼저 상사의 자존심을 건드리지 않는 게 제일 효과적이다. 또한 귀찮고 피곤하더라도 최대한 문서화된 데이터를 틈틈이 모으고, 상사의 의견을 물어가며 일을 진행하는 것이 좋은 방법이다.

그렇다고 무조건 맞춰 주는 것만이 능사는 아닐 것이다. 상사와 적당한 거리를 두고 지내되 만만해 보이기보다는 약간 '귀찮은 부하'가 되어 보는 것도 방법이다. 특히 변덕이 심하고 결정을 잘 내리지 못하는 상사와 일할 때는 처음부터 두 가지 선택안을 준비해 가는 것이 좋다.

회사나 조직에서 부하직원이나 동료들이 리더에게 바라는 것 중 하나는 신뢰를 바탕으로 일하고 싶어 한다는 것이다. 21세기 미래 사회를 거치는 기업문화에서 인간적 신뢰는 무엇보다 중요한 요소가 되고 있다. 자고 일어나면 변화가 판을 치는 세상에서 무엇보다 포용력을 발휘하는 리더가 조직 내에 필요한 귀감이 된다. 동료와 아랫사람의 정신을 풍요롭게 만들어 주기 위해 노력하고 그들 스스로가 주인 정신을 갖게 해주는 것이 리더의 중요한 역할이다. 그러려면 우선 리더가 말을 자주 바꾸는 태도를 고쳐야 한다. 또한 업무에서 발생하는 약속은 상호 신뢰로 지켜야 한다.

불혹不惑의 40대와 지천명知天命의 50대 리더들은 자신이 안하무인眼下無人 식의 행동을 한 적이 없었는지 스스로 돌아보는 것이 좋다. 이유를 불문하고 아랫사람에게 함부로 막말을 하거나 자신이 지시하거나 뱉은 말을 상황에 따라 쉽게 바꾼다면, 상호 간의 배려가 쌓일 수 없다. 조직에서 리더의 말 바꾸기는 결국 나비 효과를 일으키며 시간과 노력을 물거품으로 만들어 버릴 수 있음을 꼭 기억해야 한다.

물론 리더에게도 고충은 있다. 누구나 일하다 보면 마음이 바뀔 수 있고 상황이 변해서 업무 진행을 취소할 수 있다. 하지만 그것이 서로 납득이 될 만한 것이어야 하고, 자신의 계획 수정에 대해 타인이 충분히 이해할 수 있도록 노력해야 한다. 조직 내 올바른 문화를 성사시키기 위해 윗사람으로서의 아량과 자신의 잘못을 인정하는 솔직함을 보인다면, 구성원들 간의 신뢰가 쌓이게 될 것이다. 아랫사람들도 자신이 사표를 내지 않는 한 나쁜 상사를 견뎌 낼 방법이 없다는 생각은 버려야 한다. 상사란 어려움과 고충

좋은 리더 vs 나쁜 리더

좋은 리더 유형 (단위:%) [자료 | 잡코리아, 참고 | 복수응답]

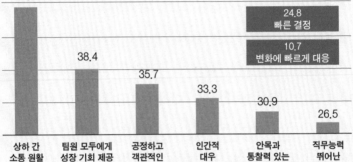

68.8	38.4	35.7	33.3	30.9	26.5
상하 간 소통 원활	팀원 모두에게 성장 기회 제공	공정하고 객관적인	인간적 대우	안목과 통찰력 있는	직무능력 뛰어난

24.8 빠른 결정
10.7 변화에 빠르게 대응

나쁜 리더 유형 (단위:%) [자료 | 잡코리아, 참고 | 복수응답]

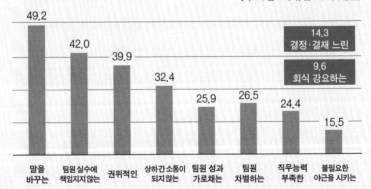

49.2	42.0	39.9	32.4	25.9	26.5	24.4	15.5
말을 바꾸는	팀원 실수에 책임지지않는	권위적인	상하간소통이 되지않는	팀원 성과 가로채는	팀원 차별하는	직무능력 부족한	불필요한 야근을 시키는

14.3 결정·결재 느린
9.6 회식 강요하는

함께 일하고 싶은 직원 vs 함께 일하기 싫은 직원

함께 일하고 싶은 직원(단위:%)

[자료 | 잡코리아, 참고 | 복수응답]

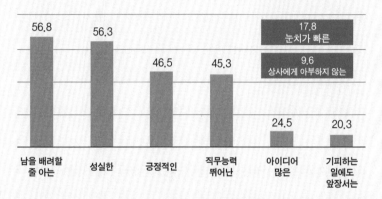

남을 배려할 줄 아는	성실한	긍정적인	직무능력 뛰어난	아이디어 많은	기피하는 일에도 앞장서는
56.8	56.3	46.5	45.3	24.5	20.3

17.8 눈치가 빠른
9.6 상사에게 아부하지 않는

함께 일하기 싫은 직원(단위:%)

[자료 | 잡코리아, 참고 | 복수응답]

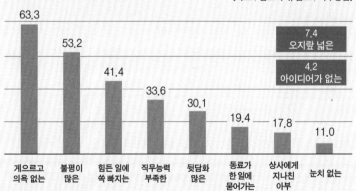

게으르고 의욕 없는	불평이 많은	힘든 일에 쏙 빠지는	직무능력 부족한	뒷담화 많은	동료가 한 일에 묻어가는	상사에게 지나친 아부	눈치 없는
63.3	53.2	41.4	33.6	30.1	19.4	17.8	11.0

7.4 오지랖 넓은
4.2 아이디어가 없는

이 있는 자리로 당신도 언젠가는 그 자리에서 똑같은 상황에 처할 수 있기 때문이다.

리더의 말 바꾸기와 고압적인 조직생활 문화는 비단 한국 사회만이 아니라 세계적으로 비슷한 사례들이 많다. 2017년 12월 AP통신과 여론조사 전문 기관 GfK가 유럽 내 직장인을 대상으로 한 설문조사 내용을 보면, 세계 100대 글로벌 기업 직원들 가운데 나의 상사를 신뢰한다고 대답한 사람은 겨우 33%였다. 1992년 첫 조사 당시 절반이 상사를 믿는다고 답한 것과 비교하면 사회 조직 내 신뢰도가 현저히 낮아졌다고 할 수 있다. 미국의 경제 주간지 〈포브스 인터넷〉도 같은 해 5월 세계 글로벌 직장을 가진 구성원들 사이에서 자신의 상사와 동료에 대한 불신이 그 어느 때보다 높아지고 있음을 크게 다루었다.

이러한 사회적 불신은 업무의 만족감을 떨어뜨리고 성과적 발전을 저해한다. 회사와 조직에서의 성공적인 생활은 성공적인 인간관계에서 비롯된다는 말이 있다. 특히 상사와 부하 직원 사이의 신뢰 관계 형성은 일하는 조직 문화 구축에 있어 무엇보다도 중요하다.

타계한 넬슨 만델라Nelson Mandela 전 남아프리카공화국 대통령이 세계인을 감동시킨 것은 그의 진실된 태도와, 말을 쉽게 바꾸지 않는 강인한 사명감 때문이었다. 조직의 리더라면 조직 구성원들로부터 신뢰를 얻기 위해 끊임없이 노력하고, 조직 구성원들에 대한 사명감이 필요하다.

▶▶▶

미국의 글로벌 출판 미디어 기업 '포브스'가 선정한
대우받지 못하는 직장 상사 유형 6가지

1. 베일에 싸인 상사 : 비밀투성이인 상사보다 예측가능한 상사가 신뢰
   를 얻는다. 리더는 직원에게 업무 목표를 명확히 제시할 수 있어야 한
   다. 불분명하고 비논리적인 지시만 내리며, 자기만의 세계에 빠져 있
   는 상사를 믿는 직원은 절대 없다.

2. 자기중심적인 상사 : 자기가 세상의 중심인 양 행동하는 리더는 결국
   혼자 남게 된다. 훌륭한 리더는 '나만 잘났다'고 말해선 안 된다. 좋은
   코치, 멋진 멘토의 역할을 담당해 주어야 한다. 직원들의 발전보다 자
   기 안위를, 다른 사람의 성공보다 자신의 영광을 드러내려는 상사는
   직원들로부터 결국 신뢰받지 못한다.

3. 평판이 나쁜 상사 : 평소 소문이 좋지 않은 이가 직속 상사로 온다면
   직원들은 그에게 마음을 열 수 있을까? 평소 좋은 평판을 쌓는 것도
   리더의 중요한 자질 가운데 하나다. 리더만 직원들을 평가할 수 있는
   것은 아니다. 리더는 직원들의 눈이 항상 자신에게 향하고 있음을 잊
   어선 안 된다.

4. 변덕이 죽 끓듯 하는 상사 : 변덕쟁이 상사만큼 모시기 힘든 사람은 없
   다. 일관성 없이 하루에도 몇 번씩 기분이 오르락내리락 하는 상사를
   믿는다는 것은 불가능하다. 이런 리더 밑에서 일하는 직원들은 상사기
   분에 신경 쓰느라 업무의 생산성이 떨어지기 마련이다.

5. 자기 손에 피 묻히기 싫어하는 상사 : 결단력이 부족한 리더, 자기만 살아남으려 애쓰는 리더를 따르는 직원은 없다. 직원들로부터 존경받는 리더는 눈치 보며 뒤로 물러서는 사람이 아니라 어려운 상황에서도 앞장설 줄 아는 사람이다.

6. 포용력 없는 상사 : 냉철하고 전투적인 리더가 인정받는 시대는 지났다. 21세기는 다양한 직원들을 아우를 줄 아는 너그럽고 포용력 있는 리더가 대세다. 지나치게 높은 목표를 부여하고 직원들을 하루 종일 볶아대는 상사보다는 직원들의 수고에 감사하며 표현할 줄 아는 상사와 일하는 직원들의 업무 만족도가 높다. 훌륭한 리더는 직원들을 일일이 통제하려 들지 않는다. 큰 틀만 제시한 뒤 직원들이 각자 맡은 분야에서 역량을 발휘할 수 있도록 통솔한다.

워위밸 제6원리 시스템 :
여성을 차별 없이 대우하라

"성평등 사회를 실현하는 것은 비단 여성만을 위한 것이 아니라 우리 사회 구성원 모두를 위한 것이란 사실을 잊지 말아야 한다."

_넬슨 만델라

시대가 흐를수록 세계적인 지도자로 두각을 나타내는 여성들이 점점 더 많아지고 있다. 영국의 '텔레그래프'는 2017년 6월 12일 기준 현재 세계 각국에서 정부나 국제기구 수장을 지내는 영향력 있는 여성 지도자 22명을 집계해 발표했다.

세계는 과거 어느 때보다 강력한 여성 리더십을 필요로 하고 있다. 현 시대에 국가를 이끄는 여성 대통령이나 여성 총리가 생기는 것은 이제 우리에게 낯설지 않다. 일반 기업에서도 여성들이 능력을 인정받으며 성공하는 사례가 매년 증가하고 있으며, 한국도 100대 기업 여성임원 비율이 42%를 선회하고 있다.

세계에서 누구보다도 가장 눈에 띄는 여성 지도자를 꼽으라면 '유럽의 여왕'으로 불리는 앙겔라 메르켈Angela Merkel[11] 독일 총리를 들 수 있다. 유로화 위기로 벼랑에 몰린 유럽을 억척스럽게 이끌어 가는 그녀를 통해 여성 리더의 파워를 느낄 수 있다.

이미 지우마 호세프 브라질 대통령, 엘렌 존슨 설리프 라이베리아 대통령, 미첼 바첼레트 칠레 대통령, 헬레 토르닝 슈미트 덴마크 총리 등 세계 각국을 대표하는 여성 지도자들이 남성 지도자 못지 않게 정계나 지구촌 경제를 주무르고 있다. 미국 연방 준비제도의 재닛 옐런 의장, 국제통화기금 IMF의 크리스틴 라가르드 Christine Lagarde 총재는 이미 세계적인 여성 리더로 자리매김하였고 세계의 흐름을 이끌어 가는 인물로 계속 주목받고 있다.

이렇듯 여성들의 사회 참여가 과거와는 비교할 수 없을 정도로 늘어나는 이유는 소통을 중시하는 지식 경제 사회에서 여성들의 공감 능력이 빛을 발하기 때문이다. 남성보다 훨씬 섬세하고, 문제점을 디테일하게 바라볼 수 있는 선천적 능력 때문에 선호되고 추앙받는 것이다. 하지만 여성들의 지위가 올랐다 하더라도 상위 층에서 남성들이 차지하는 비율은 최근 5년간 자료를 보아도 매년 더 상승해 왔다. 국내 여성 취업 문제나 기업 조직 내부의 정서를 봐도 여성의 사회 참여나 직장 내 승진을 가로막는 유리천장Glass Ceiling이 존재하며, 아직도 대다수 남성들에 의한 편파적 평가로 인해 수많은 여성들이 넘어야 할 큰 장벽들이 남아 있다.

경제협력개발기구OECD에 따르면 전체 회원국 중 대한민국 의회에서 여성이 차지하는 비율은 평균 25% 이하로 집계되었다. 이는 4명의 의원들 가운데 1명이 여성이라는 의미인데, 북유럽의 스웨덴처럼 여성 의원이 50%에 육박하는 국가와 비교하면 아쉬운 부분이 있다. 아직은 한국을 포함해 전 세계적으로 여성 리더의 비율이 남성에 비해 상대적으로 부족하여 10~20% 정도에 머물고 있는 수준이다. 그러나 다가올 미래에는 훌륭한 인재 등용에 남녀 차별이 점점 사라질 거라고 믿는다. 이를 위해 여성들도 좋은 사회, 기업, 문화를 개척하기 위해 스스로 노력하고 애써야 한다.

최근 영국 이튼 칼리지Eton College에서 강연회가 있었는데, 거기서 세계 리더로 꼽히는 많은 여성 위인들 가운데 한국의 정치가이자 예술가였던 조선 시대의 '신사임당'을 이야기했다.[12] 그 전에도 영국 해외문학 세미나에 초청을 받았을 때 한국의 신사임당을 세계 역사에 내놓아도 부끄럽지 않은 여성 리더로 소개를 한 적이 있었다. 현장에서 수많은 청중들이 큰 호응을 보였는데, 세계문학사에 내놓아도 인정받을 한국의 예술가 신사임당은 역사상 매우 뛰어난 여성 리더라 해도 과언이 아니다. 한 가지 이상한 점이 있다면, 왜 대다수의 한국인들은 이런 신사임당을 그저 현모양처로 바라보고 율곡 이이의 어머니로만 조명하는가이다. 이는 확실히 고대 중국의 유교사상에 바탕을 둔 전통적인 틀에 갇힌 시각이며, 봉건주의적 사고가 만든 시대착오라 생각한다.

물론 이런 비슷한 사례는 많으며 비단 한국만의 문제는 아니다. 동서고금을 막론하고 무수히 많은 여성 리더들을 마녀로 몰아 죽이기도 하고, 세계 역사나 해외문학, 예술계에서도 남성을 도와주는 부속물 정도로 여기는 경우가 많았다. 이제 사회적으로 여성의 지위와 위상을 제대로 지켜 주어야 하며, 조직의 리더로 여성들이 더 많이 발탁되고 일할 수 있는 제도가 뒷받침되어야 할 것이다.

여성 리더십을 대표하는 단어로 소통, 감성, 섬세함, 배려, 포용 등을 들 수 있다. 창의적이고 소통을 중요시하는 현 시대의 기업과 사회 조직에서 여성들의 능력이 충분히 발휘되어 제대로 평가받아야 한다. 마거릿 대처 이후 26년 만에 영국의 여성 총리가 된 테리사 메이Theresa May[13]는 원활한 소통과 강력한 포용 정책을 통해 브렉시트Brexit(영국의 유럽연합 탈퇴)를 둘러싸고 국론이 분열된 상황을 정리하는 해결사 역할을 해냈다.

세계적 인류학자 아놀드 조셉 토인비Arnold Joseph Toynbee[14]는 '여성이 인류의 마지막 자원임을 기억하라'는 말을 후세에 남겼다. 점점 심해져 가는 저출산·고령화 시대에 여성들의 잠재력을 리더들이 어떻게 끌어 주느냐에 따라 향후 국가와 사회 전반이나 기업 조직의 운명까지 달라질 수 있다.

2013년도 미국 여대생들이 함께 일하고 싶은 기업 1위로 텍사스 주 댈러스에 위치한 '컨테이너 스토어Container store'[15]가 꼽혔다. 이 기업의 총수인 킵 틴델Kip Tindell CEO는 "기업에서 여성은 소통과 협업에 강점을 가지고 있어 남성보다 훨씬 뛰어나고 훌륭한 기업의 리더가 될 수 있다. 군대 같은 수직적 조직이 변하고 있는 현 상황에서 미국 경제를 성공으로 이끄는 여성들의 시너지 효과가 많이 발생할 거라 생각한다. 여성은 미래의 기업 인재들로 더 많이 발탁되고 부각될 것이며 세계 경제 중심에는 훨씬 더 많은 여성 리더들로 채워질 것이다"라고 말했다. 영국의 미셸 라이언Michelle Ryan 엑서터대 교수 역시 "미래에 닥칠 난세에 여성 지도자들이 많은 역할을 해 줄 것이며 지극히 어려운 일들을 더 많이 맡아 해나갈 것이다"라고 했다. 이는 결국 여성들이 실패하지 않도록 사회 제도적 장치가 필요하다는 것으로 해석된다. 현재 여성들의 사회 진출의 장애로 꼽히는 출산, 육아, 급여 같은 문제점이 해결되어야 하기 때문이다. 한 나라의 균형 있는 성장을 위해서라도 여성 인재들을 위한 정책이 세워져 여성들을 사회로 끌어낼 수 있도록 지원하고, 여성이 차별 없이 인정받고 대우받을 수 있도록 사회 분위기를 만들어 나가야 한다.

워위밸 제7원리 시스템 :
장벽을 무너뜨리고 소통하라

여러 사람들로 이루어진 조직 내부에서는 항상 루머나 오해가 생기기 마련이다. 이러한 상황이 발생하는 이유는 사람들이 모이면 대부분 흥미 있는 이야기나 가십거리를 즐기기 때문이다. 또한 조직에 몸담고 있는 구성원들의 근무환경 변화와 자주 엄습하는 고용 불확실성과 불안감을 느끼는 상황이 있기에 더 그러하다. 이러한 개인의 삶과 조직의 속성상 변화에 대한 인식 차이로 루머나 오해는 늘 생길 수 있다. 그렇다면 리더는 이러한 현상을 어떻게 바라보아야 할까?

나는 얼마 전 업무상 양해각서MOU를 체결할 일이 생겨 홍콩 전자완구 회사를 방문하게 되었다. 계약 체결 이후 여담을 나누는 과정에서 글로벌 기업의 독특한 문화에 큰 충격을 받았다. 그 기업의 임원은 자랑스럽게 이야기를 꺼냈다.

"저희 회사 입구에 있는 직원 냉장고가 보이십니까? 그 안에는 다양한 음료, 특히 와인이 준비되어 있습니다. 와인을 따라 마실 글라스도 준비되어 있지요. 우리 회사 직원이라면 누구나 품위 있는 와인을 즐길 수 있습니다. 취하지만 않는다면 말이죠. 저쪽으로 돌아가면 카페가 나오는데, 커피 머신이 구비되어 있어 카푸치노나 에스프레소 등을 편히 마시며 즐길 수 있습니다."

나는 직원 냉장고를 무심코 열었다. 그런데 정말 각종 음료수들이 꽉 차 있는 걸 보았고 내심 놀랐다. 그 임원은 계속하여 이야기를 이어나갔다.

"화장실을 가보면 알겠지만, 빌딩 관리 센터와 협의하여 우리 직원들이 사용하는 변기에 최고의 비데를 주문하여 설치했습니다. 현재 직원은 30명뿐이지만 품위 있는 인생을 즐길 수 있도록 다양한 동호회 모임도 주선하고 있지요. 5명 이상만 모이면 동호회 활동 경비의 절반을 회사가 지원하고 있는데, 이를 통해 부서별 장벽을 자연스럽게 허물고 보다 풍요로운 경험을 할 수 있도록 하고 있습니다. 저를 포함해 임원 2명과 회사 대표님도 사내 동호회에 적극적으로 동참하고 있는데, 가급적 임원들은 대표님과 일정을 조율해 돌아가면서 각 동호회에 참석하여 직원들의 허심탄회한 이야기를 듣고 있습니다.

얼마 전에는 '미식가들의 맛집 클럽'이란 동호회가 생겨서 저와 대표님이 참여했는데, 함께 맛있는 음식도 먹고 사진도 찍으며 즐거운 시간을 보냈습니다. 자유로운 분위기에서 직원들의 업무 고충도 들을 수 있었지요. 이처럼 우리 회사는 일하면서 함께 삶을 즐기는 방법을 찾고 있습니다."

임원의 말이 끝나자 나는 운영비가 많이 들지는 않는지 물었다. 그러자 그는 15년 동안 한 번도 적자인 적이 없었고, 직원들의 복지에 쓰는 돈이 다른 기업의 2~3배 되지만, 회사 성장도 매년 2배씩 늘어난다고 답했다.

21세기 조직문화는 이렇게 직원이 신나고 즐겁게 일할 수 있는 문화여야 한다. 그래야 회사 번영과 발전을 이룰 수 있다. 특히 격렬한 경쟁이나 갑작스러운 회사 위기 상황에 대비해서라도 조직의 리더들은 구성원들과 자주 대면하고, 적극적인 커뮤니케이션 환경을 만들어 나갈 필요가 있다. 그러면서 조직 내 현재 분위기와 상황들이 어떻게 흘러가고 있는지 살피고, 자신이 현 상황을 잘 파악하여 대응하고 있는지를 체크해 보기 바란다.

단순히 윗사람과 아랫사람 간의 커뮤니케이션뿐만 아니라, 다양한 관계로 구성된 비즈니스 차원의 사외 구성원들과의 소통 부분도 마찬가지이다. 적극적인 관심과 창의적인 노력을 통해서 얼마든지 좋은 관계를 유지하고 부정적인 루머나 가십거리도 대화를 통해 충분히 차단하고 해결해 나갈 수 있다.

리더에게 적극적인 커뮤니케이션 소통이 중요한 또 하나의 이유는 조직이 개인과 마찬가지로 하나의 활동 단위이기 때문이다. 리더는 조직을 오해와 어려움이 있는 사회적 관계망이라고만 생각하지 말고, 새로운 정보와 좋은 자극들을 불어넣기 위해 애써야 한다. 이것이 바로 일에 균형을 더하는 리더십이다.

만약 당신이 속한 조직이 정체되어 있다고 판단된다면, 새로운 정보 유입과 창의성이 결여된 조직일 확률이 높다. 마치 우리 몸이 음식물을 통해서 신체 활동에 필요한 에너지를 얻듯이, 조직도 구성원 간의 새로운 정보와 자극을 통해서 활력을 얻어야 하고, 올바른 소통문화와 커뮤니케이션을 위한 체계적 시스템을 만드는 것이 중요하다. 기업이나 사회적 조직의 동반 성장이란 측면에서 반드시 갖추어야 할 요소가 있다면 '소통'을 통한 '통합'임을 명심하자.

미국에서 여성이 가장 일하기 좋은 기업, 컨테이너 스토어

미국 텍사스 주 댈러스에 본사를 두고 있는 컨테이너 스토어는 포장 박스, 여행 가방, 부엌용 선반, 옷장 등을 생산 판매하는 회사다. 이 회사는 1978년 킵 틴델이 창업했다. 2016년 말 기준 미국 내 36개 지역 70개의 매장을 운영하고 있으며, 종업원 수는 4,500명이다.

컨테이너 스토어는 2012년과 2013년 연속으로 〈포춘〉이 선정하는 '미국에서 가장 일하고 싶은 좋은 100대 기업' 1위에 올라 세계를 깜짝 놀라게 했다. 이를 증명하듯 컨테이너 스토어의 신입사원 선발에는 2002년부터 매년 수만 명이 몰려들고 있다. 그 이유는 최고경영자부터 전 경영층과 직원들이 신뢰를 바탕으로 일하며, 거창한 경영 이론이 아닌 일상 업무 속에서 활용할 수 있는 원칙에 의해 회사가 움직이기 때문이다.

직원들은 업계 평균 두 배 이상 되는 연봉을 받고 신입직원들도 평균 4만 8천 달러(한화 54,480,000원)나 된다. 미국 소매판매 업계 평균 임금인 2만 달러와 비교했을 때 두 배 이상 높다. 이는 창업자인 킵 틴델 최고경영자(CEO)를 중심으로 지역사회의 복리까지 생각하는 기업이 더 큰 성공을 거둘 수 있다는 컨테이너 스토어의 사명 때문이다.

컨테이너 스토어는 2007년 글로벌 금융위기 때에도 직원을 한 명도 해고하지 않았다. 최고경영자부터 고객을 직접 만나 상담을 했으며 전 매장 직원이 동참한 가운데 모든 비용을 회사 R&D 개발에 최우선을 두고 전 직원이 2년 가까이 월급을 동결하며 미국 내 기업 중 가장 빠르게 실적을 회복해 나갔다.

동종 타 기업인 이케아부터 월마트까지 대형 판매 매장은 종업원 대우를 줄이며 금융 위기를 극복해 나가려 하고, 한국 사회도 대형 판매 체인의 점원들 대부분이 비정규직 중년 여성들로 채워져 있다. 매장 직원들의 직무를 단순한 고객 안내나 매장 정리 정도로 보고 이들에 대한 인건비 지출을 아껴 수익을 극대화하기 위한 전략이 우선시 되고 있기 때문이다.

컨테이너 스토어는 1977년 댈러스의 작은 수납용기 전문 판매점에서 출발했다. 수납용품만 모아 판매하는 특이한 콘셉트로 창업 초기부터 인기를 끌었던 컨테이너 스토어는 차근차근 매장을 확대해 나갔다. 1988년 텍사스 주 오스틴에 일곱 번째 매장을 연 데 이어 2005년에는 뉴욕까지 진출했다. 2018년 10개 매장을 새로 열 계획을 가지고 있는 컨테이너 스토어는 1년에 매장을 네 번 방문하는 30%의 고객이 전체 매출의 83%에 해당하는 상품을 구매하고 있는 놀라운 전설을 만들어 가고 있다.

2014년 이후 주가가 약세를 나타내면서 인건비를 줄이고 더 많은 이익을 낼 것을 요구하는 주주가 늘어날 때도 킵 틴델은 주주들을 설득했다. 회사의 장기적인 미래를 고민하는 주주들은 컨테이너 스토어가 쌓아온 노사문화를 존중해 주기를 바란다고 하면서, 1~2년에 일희일비하기보다는 10년 후를 바라봐 달라고 설득하여 노사 화합을 이끌어 낸 것이다.

컨테이너 스토어의 5가지 불변의 원칙

1. 한 사람의 훌륭한 일꾼이 세 사람 몫을 한다. 신입사원을 채용할 때
   적용되는 것으로, 한 사람이라도 올바로 뽑아 훈련시켜야 고임금을
   주더라도 아깝지 않다는 것이다. 함께 일할 동료 직원들이 지원자를
   심사하고 매니저나 사장은 직원들이 평가한 내용을 존중해 입사자를
   최종 결정하게 된다.

2. 내가 대접받기를 원하는 만큼 다른 사람도 성장할 수 있게 도와주어
   야 한다. 철강왕 앤드류 카네기(Andrew Carnegie)가 한 말에서 따온
   것으로, 경영진과 직원, 직원과 직원, 고객과 직원, 납품업체 등 모든
   이해관계자에게 적용된다. 바로 상호 신뢰의 원칙을 말하는 것이다.

3. 소통이 곧 리더십이다. 컨테이너 스토어의 기업 문화는 소통을 매우
   중시한다. 컨테이너 스토어는 개인 급여를 제외하고는 전 직원이 사
   내 시스템을 통해 모든 정보를 공유한다.

4. 통찰은 준비된 사람에게만 온다. 이는 직원들의 교육 훈련에 관한 컨
   테이너 스토어의 철학을 담고 있다. 컨테이너 스토어의 직원 선발은
   매우 까다로워 입사 지원자 가운데 3% 정도만 최종 입사한다. 그리
   고 이렇게 뽑은 직원들 교육에 엄청난 투자를 한다. 선발된 정규 직원
   의 경우 첫 해에 240시간의 교육을 받고, 파트타임 직원도 150시간
   의 교육을 받는다. 유통업계 평균 교육 시간이 연간 8시간인 것을 감
   안하면 대단한 차이다. 직원에 대한 투자는 결국 고객만족이라는 결
   과로 돌아오는 것임을 확신하고 있기 때문이다.

5. 회사 내에 열정적인 분위기를 만든다. 어떤 매장이 열정적인 분위기
   를 가지고 있는지는 매장 안에만 들어가도 알 수 있다. 직원들의 미
   소, 고객을 진정으로 돕고자 하는 의지, 훌륭하고 멋진 제품들, 깨끗

하게 잘 정리된 진열대, 편안한 음악 등을 통해 그 매장의 분위기를 알 수 있다. 매장 직원들이 즐거운지, 그들이 업무를 진정 즐기는지, 고객을 반가운 마음으로 맞이하고 적극적으로 돕는지 고객은 금세 느낀다. 매장의 열정적인 분위기가 느껴질 때 고객은 매장에 더 오래 머문다.

워위밸 제8원리 시스템 :
신상필벌하라

리더는 겉으로 드러난 화려한 모습 뒤에 숨겨진 비정함을 볼 줄 알아야 하고, 치열한 경쟁논리를 잊어서는 안 된다. 공사구별과 신상필벌이 명확해야 조직을 바로 세울 수 있다. 의심이 가는 사람은 절대 기용하지 말고, 일단 그 사람을 쓰기로 했으면 의심하지 말고 믿어 주며 대담하게 일을 맡겨야 한다. 의심을 하면서 사람을 대하면 그 사람의 장점을 살려 줄 수 없기 때문이다. 리더는 사람을 평가할 때 반드시 신중을 기하고, 달콤한 말들만 속삭이는 아랫사람을 조심해야 한다. 이것은 동서양을 막론하고 모든 조직에서 통하는 원칙이다. 중국 위나라의 조조도 상을 줄 만한 공을 세운 자에게는 반드시 상賞을 주고, 죄를 저지른 자에게는 반드시 상응하는 벌罰을 주었다.

'박쥐 같은 인간'이란 말의 의미를 모르는 사람은 없을 것이다. 그런데 실제 박쥐의 세계가 그럴까? 혹시 박쥐에게도 의리가 있는 것 아닐까? 박쥐도 자기에게 잘해 준 동료에게는 보답하지 않을까? 미국 메릴랜드 주립대학교의 제럴드 윌킨슨Gerald Wilkinson[16] 박사는 10년간 흡혈박쥐의 행태를 연구한 자료를 발표했다. 원래 흡혈박쥐는 사흘간 피를 빨지 못하면 죽는다고 한다. 그런데 윌킨슨 박사의 연구를 보니 피를 못 먹어 죽을 위기에 처한 박쥐가 있으면 다른 박쥐들이 자신의 피를 나눠 준다는 것이다. 더 놀라운 것은 자기에게 도움을 주었던 박쥐에게는 반드시 은혜를 갚는다는 사실이다. 미물인 박쥐도 이러한데, 하물며 사람은 이보다 나아야 하지 않겠는가. 자기를 알아주고 은혜를 베푼 사람에게는 신의를 다해야 한다.

손자병법에서는 이에 대한 답으로 '신상필벌信賞必罰' 법칙을 잘 활용하라고 말한다. 자신에게 충성한 아랫사람에게 상을 주고 은혜를 베풀라는 뜻이다. 옛날부터 병사들은 자기를 알아주고 상을 주는 지휘관에게 충성을 다했다. 장수에게는 이런 병사들이 많을수록 전쟁에서 승리할 확률이 높았다.

삼국지에 등장하는 인물 중에서 신상필벌을 가장 잘 활용하는 인물을 꼽으라면 역시 조조가 대표적이다. 조조는 삼국지에 나오는 장수들 가운데 병법을 가장 잘 활용한 인물로 알려져 있다. 그는 자신의 장수를 아끼고 중시했으며, 그들에게 똑같이 신상필벌의 원칙을 적용시켰다. 손자병법에는 전쟁에서 승리를 거뒀을 때 해당 장수나 병사에게 반드시 상을 주라고 적혀 있다. 조조는 승리할 때마다 모신과 장수들에게 대대적인 포상을 했다. 그 포상 내용 역시 매우 파격적이었다. 이 점이 많은 장수들을 감동시키며 더 충성하게 했다. 아무리 유능한 지휘관이라도 독불장군처럼 혼자만의 힘으로는 절대 전쟁에서 승리할 수 없다.

반면 항우는 중국 한나라 건국 시 최고의 용맹을 자랑했지만 결국 유방에게 패한 후 자살을 했다. 리더로서 모든 것이 유리하고 강했던 항우가 패한 이유는 과연 무엇일까? 가장 큰 이유는 병사들의 마음을 사로잡지 못했기 때문이다. 장수에게는 공을 세우면 반드시 계급을 올려주고 포상금을 주는 게 덕 있는 리더의 원칙이다. 그러나 항우는 그렇게 하지 않았다. 자기의 뛰어난 용맹과 지략으로 수많은 전쟁을 이겼다고 생각한 것이다. 이런 항우에게 부하들은 목숨을 걸고 충성하지 않았으며, 뛰어난 인재들은 하나둘씩 항우를 떠났다. 아마 승패는 이미 이때부터 갈리기 시작했을 것이다.

조조가 부하들에게 행한 신상필벌 전략은 결국 그가 대권을 거머쥐고 탄탄대로를 걸을 수 있게 했다. 일례로 수하 순욱筍彧이란 책사의 공을 치하한 이야기가 있다. 순욱은 면목상 지금의 황제를 받들며 대의명분을 얻어 나가야 한다고 조조에게 끊임없이 간언했고, 조조는 이런 순욱을 오해하지 않고 그 말을 받아들였다. 원소와의 '관도대전' 때도 순욱의 조언이 승패를 갈랐다. 조조는 순욱의 공에 보답하기 위해 그를 삼공의 벼슬에 천거했다. 당시 계급으로는 최고의 자리였고, 순욱 역시 조조에게 더욱더 충성한 것은 두말할 필요도 없다.

리더로서 조직을 잘 이끌고 싶다면 당신을 돕고 현실의 벽을 함께 넘어 줄 협력자를 꼭 키우고 만들어 나가야 한다. 협력자를 믿고 덕으로 대하며 진심 어린 우정을 보여 주는 것이 필요하다. 국내외 세계적인 글로벌 기업을 보더라도 최고 경영을 담당하는 리더 옆에는 반드시 훌륭한 인재들이 있다. 그들 없이는 큰일을 오래도록 지속해 나갈 수 없다.

그런데 여기서 꼭 짚고 넘어가야 할 이야기가 있다. 신상필벌의 의미를 단순한 칭찬과 포상으로만 받아들여서는 안 된다는 것이다. 진정한 리더가 되기 위해서는 철저한 원칙과 논리를 세우고 냉정함을 잃지 않아야 하며, 비인간적이거나 모리배謀利輩로 판단되는 사람은 반드시 단호하고 엄하게 다스려야 한다.

임진왜란이 일어났을 때 충무공 이순신은 출정 전 감시와 보초를 서는 부하에게 엄히 군령을 내렸다. 만약 명령을 어기고 자리를 마음대로 이탈한 자에게는 일벌백계一罰百戒로 친히 문책하여 병사들 앞에서 목을 가차 없이 베어 버렸다. 이순신 장군은 누구보다 백성과 병사를 아낄 줄 아는 덕장이었지만, 때로는 엄격하게 군령으로 다스리는 이중성을 보여야 했다. 이처럼 리더는 덕德 하나만으로는 그 역할을 완벽히 수행할 수 없다.

사람은 누구나 잘못과 실수를 하기 마련이다. 조조에게 큰 상을 받았던 모사나 장수들이 충성하게 된 것은 그가 단순히 포상을 잘했기 때문만은 아니었다. 예를 들어 '오환정벌' 때의 일이다. 모든 장수와 모사들이 이 출정을 반대했다. 지형과 날씨 때문에 절대적으로 아군에게 불리하여 정벌한다는 게 어렵다는 것이었다. 그러나 경험이 많은 조조는 여기서 물러나지 않았다. 결국 천신만고 끝에 자신의 뜻대로 '오환정벌'을 이루어 냈다.

조조가 돌아온 후 오환정벌 출병을 반대한 사람들의 이름을 모두 조사하라고 명했는데, 이로 인해 반대했던 장수와 모사들은 모두 근심과 두려움에 휩싸였다. 그러나 조조는 영리한 리더였다. 뜻밖에도 그는 정벌을 반대한 이들에게 전쟁의 공신들과 버금가는 큰 상을 내렸고, 그 이유는 이러했다.

"우리가 비록 승리는 했으나 이는 하늘이 도왔기 때문이다. 수많은 이들이 이 전쟁으로 피를 흘렸고 이를 예상하고 걱정하여 그들은 반대했던 것이다. 그들은 결국 우국을 걱정하는 충성스러운 신하이며, 나는 그들에게도 큰 상을 내릴 것이다."

지금 보아도 정말 상식을 뛰어넘는 배포이며 멋진 포상이다. 이러한 신상필벌의 원칙은 동양뿐만 아니라 서양에서도 적용된다. 오스트리아와의 전쟁에서 어렵게 승리한 나폴레옹은 전쟁에서 가장 큰 공을 세운 경보병 13연대를 찾았다. 그는 연대장에게 이 전투에서 누가 가장 용맹하게 싸웠느냐고 물었다. 그러자 연대장은 "군악대원들입니다. 만일 그들이 없었다면 우리 연대의 승리는 없었을 겁니다"라고 대답했다. 나폴레옹은 군악대원들을 불러 이렇게 말했다. "자네들이 이 연대에서 가장 용감한 병사라고 칭하는데 어떻게 생각하는가? 나는 자네들 모두에게 남작 '레지옹 도뇌르 기사직'[17]을 수여하겠다. 그리고 각자에게 4,000프랑의 추가 봉급도 주겠다."

이러한 나폴레옹의 포상은 세간의 상식을 뛰어넘는 것이었다. 그 효과는 엄청났다. 군악대원들이 남작이 됐다는 이야기는 입에서 입으로 순식간에 퍼져나갔다. 말단 병사도 나라에 충성만 하면 원수의 자리에 오를 수 있다는 희망을 보여 준 것이다. 이로 인해 나폴레옹의 병사들은 총알과 포탄이 빗발치는 전투 현장을 두려워하지 않았다. 끝까지 나폴레옹을 믿고 따랐는데, 이는 바로 신상필벌 원칙이 있었기 때문이다.

워위밸 제9원리 시스템 :
때를 기다려 다이너마이트를 터뜨려라

세상은 매우 빠르게 변화하고 있다. 기회와 위기를 잘 판단하고 창조적인 것, 놀라운 것을 제시해야만 성공하는 시대다. 리더는 항상 새로운 정보와 아이디어, 다양한 시각과 이론, 색다른 비전을 찾아다녀야 한다. 그것들로 직원들의 비전과 목표를 자극하고 실천하도록 하여 조직의 역량을 키우고, 비즈니스 모델을 수립하여 올바른 분석을 해주어야 한다. 또한 새로운 트렌드를 제시하면서 확신의 뒷받침이 되어 주어야 한다.

호기심과 지식욕은 엄연히 다르다. 끊임없이 노력하고 준비하여 성장하는 것을 목표로 하는 점은 같지만 과거의 성과를 넘어서 다음 단계로 올라가게 하는 것은 지식욕이다. 리더는 단순한 호기심에 그치는 것이 아니라 지식의 리더십을 갖추어야 한다.

리더의 말 속에는 늘 실천 지향적인 의미가 들어가 있어야 한다. 시시각각 변화하는 현실에서 다음 행동으로 나아가기 위한 발판을 만들어 주어야 하며, 욕먹는 것을 두려워하지 말아야 한다. 계속 틈새시장을 찾고, 조직 구성원들을 성장시키는 새로운 프로젝트를 고민해야 한다. 그리고 혼자 고민하는 것에 그치지 않고, 구성원들에게 질문을 던지며 함께 의견을 모아 나가야 한다. 그래야 리더의 의도와 마음을 알리고, 구성원들에게서 새로운 아이디어도 얻을 수 있다.

리더는 탁월한 성과를 창출하여 고객이나 대중을 확실히 감동시킬 수 있는 '다이너마이트'를 터뜨릴 때를 준비해야 한다. 그리고 그 다이너마이트는 자기 혼자 만드는 것이 아니라 구성원들과의 협업을 통해 이루어 내는 공동의 업적이 되어야 한다. 리더는 자신의 이름이 드러나는 것에 연연해서는 안 된다. 프로젝트를 수행하는 과정에서 축적된 노하우와 지식들만으로도 자신의 진정한 무기가 된다. 다이너마이트급 성과는 스스로 쇄신하고 혁신하는 의지와 노력, 초심을 잃지 않는 자세에 달려 있다.

또한 리더는 다른 사람이 가지 않는 길을 개척하는 용기와 배포가 있어야 한다. 지식의 리더십은 노력할수록 목표가 높아진다.

결과적으로 리더는 끊임없이 목표를 높여 한 걸음 한 걸음 전진해 나가야 하는 존재이며, 새로움을 창조하는 목표를 갖고, 자신만의 독특한 노력의 산물을 만들어 낼 줄도 알아야 한다.

성과를 만들어 내지 못하는 리더는 쉽게 잊혀지기 마련이다. 그렇다고 세상 속에 오래도록 기억되기 위한 것만이 리더의 목표가 되어서는 안 될 것이다. 명성은 잠시 잠깐일 수 있다. 리더는 명성에 얽매이지 말고 자신의 존재를 성찰하기 위해 끊임없이 새로운 실험들을 해나가야 한다. 오랜 기간 포기하지 않고 노력하며 꿈을 이루려는 모습이 내공 있는 리더의 자세이다.

분명한 건 새로운 도전과 실험을 포기하는 순간 리더의 자리도 포기해야 한다는 것이다. 과거에 이룬 것에 의지하며 나머지 시간을 허비한다거나 세상과 타협하려 한다면, 이것은 매우 어리석은 행동이다. 리더 자신이 도전과 의지력을 잃지 않으려면 외부의 평판이나 분위기에 크게 휘둘리지 말아야 한다. 누가 뭐라고 하든지 자신이 추구하는 완전함과 새로움의 세계를 향해 나아가려는 자세가 중요하다. 나중에 큰 보상이 주어지지 않는다 해도 치열한 경쟁을 뚫고 더 높은 세계로 나아간 것으로 만족할 줄 알아야 한다. 새로운 것을 만들어 내는 걸 두려워하지 않는, 활화산과 같은 역동성을 내면에 지니고 자신이 추구하고자 하는 일을 즐길 줄 알아야 한다. 즐긴다는 것은 누구의 강요가 아니라 자신이 스스로 직접 선택한 것이므로 전력투구할 수 있고, 새로운 성과를 만들어 낼 가능성까지 높아진다.

워위밸 제10원리 시스템 :
유럽 강소국을 벤치마킹하라

> 오늘 배우지 않고 내일이 있다고 말하지 말며 올해 배우지 않고 내년이 있다고도 말하지 말라.
>
> _주자(朱子)

한국의 인구는 6천만 명이 채 안 되고 면적도 남북한 합쳐 300억 평 정도에 불과하다. 수치상으로 보면 미국이나 독일, 중국과 같은 나라와 경쟁하기 어려운 조건이다. 그러나 한국처럼 작지만 선진국 대열에 있는 나라들이 꽤 있다. 아시아에서는 싱가포르가 그렇다. 일찍이 유럽 강소국을 벤치마킹하면서 경제 변혁을 이루는 발판을 만들어, 현재는 국민소득이 3만 달러가 넘는다. 이외에도 네덜란드, 핀란드, 스웨덴, 스위스 같은 유럽 강소국들이 국토 면적은 작지만 국민소득은 매우 높고, 특히 기업 경쟁력이 세계 최강이다. 이 유럽 나라들의 공통점은 경제 불황을 겪을 때마다 인재를 중심으로 사회 전체가 세계 일류 기업을 만들기 위해 하나로 뭉쳤다는 것이다. 이들은 기업 활동을 아낌없이 지원하는 국가 정책을 펼쳤다. 핀란드는 '노키아'를, 스웨덴은 '에릭슨'을 정부와 국민이 뭉쳐 세계적인 기업으로 키운 덕분에 일류 선진국이 되었다. 지금은 다소 줄긴 했지만 노키아의 한때 수출액은 핀란드 전체 수출액의 20% 이상을 차지할 정도였다.

이처럼 리더들은 유럽의 강소국들을 좀 더 자세히 공부할 필요가 있다. 리더가 지식 리더십을 발휘하면 명실상부한 세계 일류 국가로 충분히 만들 수 있는 기반을 가질 것이다. 이제 국내 기업들도 유럽 강소국들과 전략적 기술 제휴를 갖고, 국가 차원에서 힘을 합치면 싱가포르처럼 3만 달러 시대로 충분히 도약할 수 있다. 한국보다 GDP 규모는 작지만 1인당 국민소득이 높은 네덜란드, 스위스, 스웨덴은 세계 100대 브랜드에 한국보다 많은 기업들을 올려놓고 있다. 네덜란드에는 전자업체 '필립스'와 맥주회사 '하이네켄', 석유회사 '쉘'이 있고, 스위스에도 식품회사로 유명한 '네스카페'와 '네슬레', 시계 브랜드인 '롤렉스'가 있다. 스웨덴은 '이케아'와 '에릭슨'이 있고, 핀란드는 여전히 세계 30위권 안에 있는 '노키아'가 존재한다. 이렇듯 유럽 국가들이 강소국이 된 배경에는 세계 탑 브랜드 기업이 함께 있었다. 한국이란 나라는 우수한 인재들이 많으며, 경제 구조에서도 유럽 강소국과 매우 흡사하다. 특히 국내 일류 기업이 국가 경제에 미치는 영향력이 절대적인 것들도 유럽과 비슷하다. 부존자원이 거의 없는 국가가 국민소득 3만 달러를 기록할 수 있는 것은 기업 리더들의 창의력과 자율성이 있기에 가능했다.

유럽 내 기업 CEO들의 성공 사례를 연구한 2016년 프랑스 앵테르France Inter가 발표한 결과가 있었는데, 다음과 같이 세 가지 공통점이 있었다.

1. 무슨 일이든 쉽게 결정하거나 낙담하지 않는다.

2. 결정하여 시작한 일은 끝까지 해내는 의지와 모습을 보인다.

3. 어려운 현실에도 결코 부정과 타협하거나 편법을 쓰지 않는다.

유럽 강소국의 유명한 리더들을 보면 보통 사람들이 상상도 못하는 '신념과 열정'으로 가득 차 있음을 알 수 있다. 영국의 소설가이자 목사인 찰스 킹슬리Charles Kingsley는 어느 날 화랑에서 윌리엄 터너William Turner의 〈바다의 폭풍〉이란 작품을 보았고 한참 동안 넋을 잃었다고 한다. 마치 자신이 폭풍우 치는 바다 한가운데 서 있는 듯한 느낌이 들어서였다. 그는 직접 터너를 찾아가 물었다. "진정 이런 작품을 어떻게 그리셨습니까?" 터너는 잠시 생각에 잠기다가 입을 열었다.

"저는 바닷가로 가서 어부에게 배를 태워 달라고 했습니다. 심한 폭풍우가 몰아쳐도 배를 타겠다고 했습니다. 저는 배에 올라 갑판 돛대에 제 몸을 묶어 달라고 부탁했지요. 배가 바다 한가운데로 나아가자 폭풍우가 몰아쳤습니다. 진심으로 도망치고 싶었습니다. 하지만 저는 묶여 있는 상태라 어찌하지 못하고 눈물을 흘리며 기도하는 마음으로 폭풍우를 고스란히 맞았습니다."

터너의 이야기를 들은 킹슬리는 더 이상 아무 말도 못했다. 목숨을 걸고 느낀 그때의 감정을 예술혼으로 불태워 작품으로 승화시킨 그의 정신에 감탄했다. 윌리엄 터너는 엄청난 고난을 통해 자신의 재능을 넘어설 수 있었다.

불가능해 보이는 일 앞에서 쉽게 포기하면 아무것도 이루어 낼 수 없다. 리더는 자신의 신념대로 일을 추진하는 열정과 투지가 남달라야 한다. 또한 실패를 두려워해서는 안 된다. 스스로 꿈을 접고 나 자신을 작은 자로 만들어 버리면, 어떤 일에도 성공할 수 없다.

항상 행복한 표정을 지을 수는 없지만, 그렇다고 항상 우울한 표정을 지으면 안 된다. 솔선수범하겠다는 생각이 부담되지 않게 하라. 자신의 긍정적 변화는 미래를 향해 한 발 앞으로 나아가게 하는 중요한 촉매제다.

_찰스 킹슬리

3장

21세기 글로벌 엘리트 리더

ERA OF UNCERTAINTY

리더는 문제의 핵심을 꿰뚫는 통찰력을 찾는 것이 중요하다.
열린 생각과 마음으로 문제를 종합적으로 바라보는
지식 기반의 엘리트적 시각이 필요하다.

통찰력을 기반으로 한
지식 리더십

리더의 능력이 조직의 미래를 결정한다는 건 어찌 보면 당연한 말이다. '나란 사람은 누구인가? 내가 맡고 있는 자리는 나에게 무엇을 요구하는가? 이 회사와 조직에서 난 어떤 일을 창조해야 하는가?'와 같은 질문을 끊임없이 던지고 해답을 찾아가야 하는 존재가 바로 리더이다.

리더는 책임이 따르는 위치에 있기에 자신이 하고 싶은 일을 마음대로 하는 자리로 여겨서는 안 된다. 결단의 책임 역시 리더 자신에게 있기 때문에 리더가 고독하다는 말을 듣는 것이다. 가장 마지막에 조직의 비전을 위해 결단을 내리는 것이 리더의 몫이고, 자신을 따르는 많은 사람들을 대신해 특정 상황이나 자신에게 부과된 임무를 수행하고 책임을 지는 원칙과 전략을 제시해야 한다. 만약 리더 자신이 무엇을 해야 할지 제대로 파악하지 못한다면, 함께 일하는 사람은 물론 조직 전체에 상당한 고통을 안겨 줄 수 있다.

리더에는 두 종류가 있다. 바로 '난 사람'과 '된 사람'이다. '난 사람'이 탁월한 개인 능력을 소유한 사람이라면, '된 사람'은 개인 능력이 뛰어나지는 않지만 조직 상하좌우 전체에게 긍정적인 영향력을 발휘하는 사람을 뜻한다. 전자가 현재형 리더라면, 후자는 21세기가 요구하는 글로벌 엘리트 리더이다.

2002년 월드컵 때 국민적 축구 영웅으로 자리매김한 거스 히딩크Guus Hiddink 감독을 기억할 것이다. 그가 한국 국가대표팀을 맡았을 때 경기장 내 훈련을 목적으로 한 공식적인 접촉 외에는 선수들과 별도의 미팅을 하지 않았다. 당시 한국 선수들의 개개인 분석을 통한 포지션 경쟁을 지시한 상황이었는데, 특정 선수들과 사적인 자리를 갖게 되면 오해가 생기고, 감독에 대한 신뢰가 떨어질 수 있다는 판단에서였다. 개인의 감정을 배제하고 최대한 냉철하고 객관적인 시각으로 최종 선발 명단을 만들기 위해 고심했는데, 결단의 시간까지 그는 스스로 고독을 즐겼다고 한다. 리더는 미래의 전략과 비전을 제시하는 분명한 책임의식과 소명의식을 갖고 있어야 한다. 조직을 대표하는 최종 책임, 그것은 결국 감독 자신이기 때문이다. 자신이 속한 조직의 비전과 목표를 보다 분명히 하고, 리더의 목표가 곧 조직의 목표가 될 수 있음을 말하는 지식 기반의 리더십 능력, 이것이 새로운 21세기 글로벌 엘리트 리더의 본질임을 알아야 한다.

여기서 중요한 원칙 하나가 있는데 리더는 이후 결과에 따라 업무의 공供을 자기의 것으로 돌리지 말아야 한다는 것이다. 잘한 일은 아랫사람의 공으로 돌리고, 한 발 뒤로 물러날 줄 알아야 한다.

반대로 일이 잘못된 경우에는 자신이 먼저 나서서 책임지는 모습을 보여 주어야 한다. 요즈음 변화의 속도가 빠른 패러다임 안에서는 구성원을 탓하고 자신만 살아남으려는 리더들이 많다. 이것은 마치 농부가 일할 때 연장을 탓하는 것과 같다. 잘못된 오케스트라는 없다. 다만 무능한 지휘자가 있을 뿐이다. 리더는 문제의 핵심을 꿰뚫는 통찰력을 갖는 것이 중요하다. 열린 생각과 마음으로 문제를 종합적으로 바라보는 지식 기반의 엘리트적 시각이 필요하다는 것이다.

《로마인 이야기》의 저자 시오노 나나미Shiono Nanami[18]는 로마가 열악한 환경조건 속에서도 '새로운 희망'으로 제국을 이룩할 수 있었던 가장 큰 이유는 로마의 지도자들이 다른 국가보다 한 발 앞서 내다보는 통찰력과 역발상적인 사고가 있었기 때문이라고 했다. 그들은 누구보다도 열린 마음을 가지고 있었고 경험과 이론을 중시했다. '지성에서는 그리스인, 체력에서는 켈트족과 게르만족, 기술력에서는 에트루리아인, 경제력에서는 카르타고인'이라 말하지만 로마인에게는 이들 민족보다 훨씬 더 뛰어난 점이 있었다. 그것은 바로 로마 황제 때부터 강조한 '통찰력을 바탕으로 한 발상의 전환 리더십'이다. 로마 군대의 깃발에 새겨진 마크만 보아도 알 수 있다. 깃발 한가운데에는 칼이 하늘을 향해 반듯하게 세워져 있고, 칼날 위에는 '나를 따르라'는 글자가 새겨져 있었다. 군의 리더는 지휘관commander이 아니라 지휘자leader라는 의미를 부각시켰고, 지휘자는 부대원들과 생사고락을 함께하며 부대를 이끌어야 한다고 가르쳤다. 지휘 깃발로 지시만 하는 것이 아니라 리더가 앞장서서 솔선수범하라는 것이다. 이것이 바로 구성원들과 함께 피와 눈물과 땀을 흘릴 줄 아는 리더십이다.

멀티태스킹과
포커싱

어느 시대나 리더의 삶은 녹록하지 않다. 늘 주어진 한계를 뛰어넘어 모두가 함께 잘 사는 멋진 미래를 이루어 나가야 하는 사명이 있기 때문이다. 미래의 꿈과 희망을 구성원들에게 잘 전달할 수 있어야 하고, 이를 위해 난 무엇을 해야 하는지 수없이 질문해야 하는 것이 리더의 본분이다. 그러기 위해서는 리더가 멀티태스킹이 되어야 한다. '멀티태스킹 multitasking'은 원래 컴퓨터 용어인데, '동시에 여러 개의 과업을 수행하는 것'을 뜻한다. 멀티태스킹은 시간과 에너지의 분산을 초래할 수 있기에 늘 계산해야 하는데, 그 능력이 바로 '포커싱 focusing'(집중화)이다. 즉, 일을 단순하고 간단명료하게 처리하는 '집중화'가 필요한 것이다. 집중화를 높이다 보면 리더의 조절 능력과 유연성을 키울 수 있다.

리더학의 권위자인 프레드 그린슈타인 Fred I. Greenstein [19] 박사는 "리더는 탁월한 '정서적 집중력'을 지녀야 한다"고 말했다. 정서적 집중력은 아무리 복잡한 상황일지라도 그것을 단순화시킬 수 있는 능력을 말한다. 최첨단을 걷는 현대 사회는 갈수록 복잡해지고, 이럴 때일수록 잔가지를 정리해 주어야 풍성한 열매를 맺을 수 있다. 진정 내가 해야 할 일이 무엇이고, 누려야 할 것이 무엇인지를 생각해 볼 수 있는 여유를 갖는 것이 21세기가 바라는 글로벌 리더의 자세이다.

희망
리더십

개개인의 마음속에 위대한 건설을 위한 꿈과 희망을 심어 주기 위해 리더는 딜deal'을 할 수 있어야 한다. 구성원들이 열심히 하면 도달할 수 있는 최종 목적지가 무엇인지 제대로 가늠해 조금씩이라도 보여 주어야 한다. 인생에서도 '경영'이란 말을 쓰는데, 자신의 소중한 인생을 어떻게 경영하느냐에 따라 삶의 질이 달라질 수 있다. 이처럼 리더의 역량과 지혜가 여러 사람의 인생에 영향을 미칠 수 있기에 리더는 긍정적인 인생철학과 비전을 가지고 있어야 한다.

삶의 국면마다 타협하고 건성으로 살아온 사람이 리더로서 희망적인 비전을 제시하기란 어렵다. 비전을 제대로 알고 전달하려면 지식의 기본을 '희망의 리더십'으로 무장해야 한다. 그것을 통해 타인을 감동시키고 새로운 긍정을 전해야 하는 것이다. 자신의 삶 자체가 다른 사람에게 감동을 줄 수 있다면 그런 긍정의 기운이 조직 구성원들에게 스며들어 좋은 결과로 나타날 것이다. 입으로만 외치는 것이 아닌, 가슴으로부터 뿜어져 나오는 행동이 진정한 희망 리더십을 불러온다.

〈블룸버그Bloomberg〉는 2018년 신년호에 미국 신 경제 용어 중 '차이나 디스카운트china discount'에 대한 논평을 실었는데, 미국 내 중국 기업들이 주식시장에서 실제 가치보다 매우 낮게 평가되고 있다는 내용이었다. 그 이유로 중국의 대표 기업 일부가 소비자들에게 회사를 긍정적이고 투명하게 보여 주지 못한다는 이유를 들었다. '윤리 경영'을 마음에 새기고 타인이 공감하도록 하려면 희망 리더십 경영으로 기업이 투명해져 소비자에게 정직하게 다가가야 한다. 만약 기업이 윤리성을 의심받는다면 수많은 사람들에게서 멀어질 수밖에 없다. 이럴 때 리더는 긍정적이며 도덕성 높은 윤리 경영 능력을 발휘해야 한다. 쉽게 말해 8차선 도로 위에서 파란불과 빨간불을 켜지게 하는 교통국 센서 같은 역할을 해야 하는 것이다. 더불어 해당 조직 구성원들까지도 열린 마음으로 변하게 함으로써 조직의 바른 문화를 함께 꽃 피워야 한다.

21세기 전략이라 할 수 있는 긍정의 '희망 리더십'은 다음과 같은 세 가지 의미를 갖는다.

첫째, 기대보다 훨씬 뛰어넘는 경이적인 성과를 이루기 위해 필요하다.

둘째, 인간의 잠재력을 끌어내며, 장애를 극복하고 성장과 번영을 이루는 결과를 만들어 낼 수 있다.

셋째, 조직구성원들에게 좋은 모습만을 보여 인기를 얻는 포퓰리즘populism적 리더십은 버려야 한다. 희망 리더십은 개인과 조직의 정신적인 에너지를 만드는 통합 전략으로, 조직의 열정을 불러일으키는 데 꼭 필요하다.

통찰과 통념을 뛰어넘는
솔선수범 원칙과 비밀

리더로서 '나의 생각하는 방식은 어떠한가?'를 스스로에게 질문해 보라. 그 답에 따라서 당신의 운명이 앞으로 많이 달라질 것이다.

1. 겸손modest : 자신을 낮추라

21세기 성공한 사람들의 공통점은 '겸손하다'는 것이다. 바로 동양의 겸양지덕謙讓之德과 같다고 할 수 있다. 자신의 위치에 자만하지 않고 오히려 자신을 낮출 수 있는 겸손은 미래 비즈니스 조직의 리더가 갖춰야 할 가장 중요한 덕목이며 기초가 되는 진리이다. 그렇다면 혹시 겸손이 기업 리더나 관료적인 사람들의 의도적인 고도 전략은 아닐까?

물론 아니다. '겸손'은 조직의 리더로서 노력하는 과정을 통해 자연스럽게 몸에 배는 것이다. 리더이거나 리더가 되어야 하는 목표와 미션이 있다면 '당신 먼저'You First를 평소에 습관화해야 할 것이다. 사회생활에서는 나이를 떠나 상대를 먼저 존중하는 자세를 길러야 한다. 그러면 상대방도 당신을 존중하고, 비즈니스 관계가 원활해질 것이다.

잠시 지나간 내 경험을 이야기하자면, 예전에 다니던 회사의 거래처 대표가 떠오른다. 그는 유대인이었는데, 나를 보면 늘 반갑게 "안녕하세요!"를 외치며, 허리를 90도로 굽혀 인사를 했다. 우리 회사가 그 회사에 납품을 하는 입장이다 보니, 그는 갑, 나는 을의 관계였다. 그런데도 그는 나를 포함해 여러 거래처 사람들을 만날 때마다 반갑게 맞이하고, 최선을 다해 응대해 주었다. 모르는 사람이 보면, 내가 갑이고, 그가 을인 줄 알았을 것이다. 자신을 낮추고 상대방을 배려한다면, 괜한 적대감을 갖는 사람은 없다. 리더가 눈앞의 물질, 명예, 권력 등 사사로운 욕심에 빠져 교만해진다면, 반드시 더 큰 것을 잃게 될 것이다.

2. 서비스service : 봉사정신을 갖추라

1장에서 리더가 갖춰야 할 중요한 자세로 '스태프' 정신을 이야기했었다. 미래의 희망 리더가 되기 위해서는 서비스 정신, 즉 봉사정신을 갖춰야 한다. 작은 실천에서부터 시작되는 헌신과 봉사는 자신은 물론이고 조직 전체를 행복하게 만들 수 있다.

헌신과 봉사의 대표적 인물인 마하트마 간디Mahatma Gandhi는 리더의 힘든 삶을 스스로 인정하며 살고자 노력했다. 그가 세상을 마감하기 전에 가족과 동료, 이웃들에게 남긴 명언이 있는데, 이는 헌신과 봉사를 하는 사람은 그 자체만으로도 존귀해진다는 의미를 담고 있다.

남에게 보상과 보답을 구하지 않는 습관을 들이면 남을 행복하게 할 뿐 아니라 나 자신이 결국 행복해진다. 만약 당신이 도움을 주는 손이 필요하다 생각한다면 팔 끝에 있는 그 손을 이용하면 된다. 당신도 더 나이가 들면서 손이 두 개라는 것을 새삼 느낄 때가 있는데 바로 한 손은 자신을 돕는 손이고, 다른 한 손은 다른 사람을 돕는 손임을 기억하라.

_마하트마 간디

어느 날 한 노인이 해변을 산책하다 불가사리를 집어 바다에 던지고 있는 소녀를 만났다. 노인은 "얘야, 너 지금 뭐 하니?"라고 묻자 소녀가 대답했다. "저는 지금 불가사리를 살려 주고 있어요." 노인은 빙그레 웃으며 "이 많은 것을 어떻게 다 살릴 수 있겠니?"라고 되물었다. 소녀는 "그래도 제가 살린 불가사리한테는 큰 차이가 있는 거잖아요"라고 대답했다. 헌신과 봉사를 하는 사람 입장에서는 아주 작은 것일 수 있으나, 그것을 받는 입장에서는 매우 큰 선물이 될 수 있다. 작은 '헌신과 봉사'가 때때로 상대의 생사를 결정하는 중요한 요소가 될 수 있음을 명심하자.

이처럼 봉사와 헌신은 크든 작든 상대방에게 긍정적인 영향을 준다. 하루 중 가장 오랜 시간을 머무르는 회사에서 당신의 작은 봉사가 조직을 살찌우고 풍요롭게 할 수 있다고 생각해 보라. 조직을 위한 봉사는 반드시 실천 속에서만 의미가 있다. 헌신과 봉사는 단시간 내에 표가 나지 않고, 타인의 공감을 얻는 것도 더디다. 하지만 하면 할수록 주위 사람들이 행복해지는 모습을 보게 될 것이다. 이는 바늘에 실을 꿸 땐 구멍이 작아 힘들지만, 일단 꿰고 나면 유용하게 쓰이는 이치와도 같다. 처음에 자신이 손해를 보는 것 같다고 그만두지 말자. 리더 자신의 헌신과 봉사는 언젠가 빛을 보게 될 것이며, 조직의 화합에 일조하게 될 것이다. 특히 궂은일도 솔선수범하는 모습을 보여야 하며, 그 진심이 통할 때 오랫동안 리더로서 조직을 이끌어 나갈 수 있게 된다.

3. 열린 마음 open mind : 당장 보이는 것으로 판단하지 말라

열린 마음은 리더라면 반드시 갖추어야 할 자세이다. 열린 마음이란 대략 네 가지로 정의할 수 있다.

첫째, 선입견을 거두고 생각하는 것이다.
둘째, 적을 만들지 않는 마음이다.
셋째, 세상을 긍정적으로 바라보는 눈이다.
넷째, 상대방을 있는 그대로 받아들이고 이해하는 자세이다.

일반적으로 우리는 외모나 옷차림, 말투 등 눈에 보이는 것에 집착하여 처음 보는 사람을 판단해 버리는 경우가 많다. 내가 영국에서 지내던 시절, 런던의 유니언잭 작은 골목에 있는 카페에서 열리는 연말 모임 파티에 간 적이 있었는데, 그 자리에서 나는 또래의 젊은 사업가 한 사람을 만났다. 건네받은 명함을 보니 회사 이름도 낯설고 사업 종목도 익숙하지 않아서 자신과는 별 상관이 없는 사람으로 여겼다. 무엇보다도 그의 옷차림이 매우 특이했는데 너무 화려하고 튀다 보니 나와는 다른 부류의 사람이라는 생각이 들었다. 잠시 후 이탈리아 외신 기자로 일하는 친구를 만나 이야기를 나누면서 오랫동안 추진하고 있는 '난민 아동프로그램'에 후원해 줄 사람을 물어봤다. 그랬더니 그 친구는 망설임 없이 적당한 사람을 소개해 주겠다고 하는 것이 아닌가? 그 당시 나는 유엔난민기구UNHCR에서 추진하는 아동 돕기 자선 행사에 주변 지인들과 함께 스태프로 참여해 후원사 모집과 홍보를 하고 있을 때여서 그 친구의 대답이 너무나 반가웠다.

시간이 얼마나 흘렀을까? 나는 반가운 손님을 만나기 전에 화장실을 다녀오려고 움직였다. 그때 1층 화장실에서 유난히 옷차림이 튀는 젊은 사업가를 다시 만났다. 그와 부딪히고 싶지 않아 본능적으로 2층 화장실을 이용했다. 그런데 볼일을 보고 다시 자리로 가자 그 남자가 내 자리에 앉아 있는 것이 아닌가! 펑키룩 스타일의 그 남자는 영국의 유명 패션 잡지사를 두 개나 운영하는 패션 문화계의 리더였고, 매출이 몇 천억 대가 되는 자산가였다. 유럽에서 유명한 패션 전문유통기업 그룹 총수의 큰아들이었는데, 이

날 파티 후원 대표자로 와 있었던 것이다. 그는 매우 친절했고, 동양인에 대한 선입견도 없었다. 대표는 후원에 대한 설명을 들을 때도 경청해 주었고, 구체적인 후원에 대해 의논해 보자는 제의까지 해주었다. 그날을 계기로 우리는 세계 여러 캠프를 찾아다니며 봉사활동을 하는, 세상에 둘도 없는 친구가 되었다. 그때부터 사람을 대할 때 외모로 평가하지 않는다. 마음을 열고 상대방을 대해야 그의 진면목을 볼 수 있음을 깨달았기 때문이다. 선입견이란 사람을 가로막는 장애물이 되며 리더로서는 더더욱 버려야 할 요소이다. 살다 보면 웃는 날보다는 근심과 걱정으로 보내는 날이 많다. 그렇다고 계속 축 처져 살아야 되겠는가. 열린 마음으로 다 받아들일 수 있다는 생각을 한다면, 삶이 다르게 보일 것이다. 동양사상이 담긴 《금강경》이나 《보요경》을 보면 사람의 됨됨이에 대한 교훈을 많이 얻을 수 있다. 그 안에는 '인간은 세상 속에서 서로 오욕의 죄를 짓고 살지만, 좋은 말을 많이 하고 결국 그 에너지를 더 많은 타인들에게 영향을 준 사람은 제1극락에 이를 것이다' 라는 구절이 있다. 결국 마음을 열고 남을 이해하고 받아들이며 기쁨을 서로 나누라는 뜻이다. 중국의 유명한 경영학 교수는 "친구보다는 적이 중요하다"는 말을 했다. 한번 적이 된 사람과 좋은 관계로 회복되는 것은 매우 힘들기에 친구를 만드는 일보다 오히려 적을 만들지 않는 것이 중요하다는 말이었다. 어떤 사람에게나 조직생활에서의 인간관계는 매우 중요하다. 나와 사이가 좋지 못한 사람이 나에 대해 나쁜 소문을 퍼뜨릴 수도 있기 때문이다. 하지만 그런 상황이 오더라도 그를 먼저 용서하고 마음을 열어 따뜻하게 대하면 관계의 적은 충분히 친구로 돌아설 수 있다. 동양의 옛말에 '양손이 부딪혀야 소리가 난다'는 말이 있듯이 악의적인 소문을 퍼뜨리는 사람이 우선적인 잘못이 있지만, 꼭 그에게만 잘못이 있는 건 아니다.

불교학자이며 '무소유'의 가르침을 세계에 알렸던 고 법정 스님이 많은 시주들과 그를 따르던 제자들에게 자주 했던 이야기를 담은 다큐멘터리가 유럽 전역에서 방영된 적이 있었다. 그 방송에서 법정 스님은 이런 말을 했다.

"관계를 사랑하라. 과연 당신의 적은 어떻게 만들어지는가?"

유럽의 많은 사람들은 이 말이 어떤 가르침인지 몰라 당황했는데, 법정 스님의 답은 의외로 단순했다.

"자신의 혀를 잡고 잘 생각해 보길 바란다."

리더는 종교 조직이든 사회 조직이든 장소와 상황을 따지며 언행을 삼가고 마음을 열어야 한다.

4. 함정 : 자신감Pride과 오만Proud을 혼동하지 말라

조직생활을 오래하면 생기게 되는 것이 바로 '오만'이다. 오만은 소리 없이 우리를 잠식하며 독버섯처럼 자라나 뼛속 깊이 박히면서 목소리가 달라지고, 어깨에 힘이 들어가며, 고개는 뻣뻣해진다. 이 오만에는 자신의 모습을 우스꽝스럽게 만드는 것들이 있는데, 자신을 낮출 줄 모르는 망상과 거드름이 그것이다. 자신도 모르게 오만이 몸에 배면 많은 구성원들에게 신뢰와 배려심은 깨지고 목표로 하는 프로젝트 진행에 이상 신호를 초래할 수 있다.

미국 제44대 대통령 버락 오바마Barack Obama는 그의 저서 《담대한 희망》에서 오만은 모든 이가 함께 바라보는 조직에서는 최악의 마약과도 같다고 적었다. 리더의 오만은 많은 비리와 농단을 만들어 내는 시발점으로, 암 종양처럼 번지게 된다.

대부분의 사람들은 생계를 위해 회사를 다닌다. 육체적 노동과 정신적 노동으로 지쳐 그만두고 싶은 마음이 하루에도 몇 번씩 들지만, 쉽게 그만두지 못하는 것이 현실이다. 이런 회사 조직에 오만으로 똘똘 뭉친 리더가 있다고 생각해 보자. 당장 눈앞의 먹고사는 문제 때문에 참고 다니는 직원들을 얕잡아 보고, 무시하는 태도를 리더가 보인다면 그 회사 존립 자체를 어렵게 하는 요인이 되고도 남는다.

리더는 '오만'이 아닌 '자신감'을 갖추어야 한다. 성공의 가치라 할 수 있는 자신감은 긍정적 마인드를 뜻한다. 다시 말해 이성적으로 바라보게 하는 인간의 고유 능력이라 할 수 있다. 인간의 뇌는 행동 근원적인 감정, 즉 분노, 두려움, 기쁨, 슬픔, 놀람, 혐오 같은 아주 기본적인 감정을 자극하는 세포들로 이루어져 있다. 또한 합리적, 논리적 증거를 찾게 도와주고, 자신감을 느끼게 하는 세포들로도 둘러싸여 있다. 우리는 자신감과 오만의 경계에서 헤매지 말고, 인생의 진정한 성공을 위한 원동력을 제대로 찾아야 한다. 껍데기가 아닌 내면의 본질을 찾아야 하는 것이다. 자신만의 당당한 자신감을 갖고, 긍정의 힘으로 자존감을 높여라!

성공한 사람들은 내면의 목소리에 귀 기울이려고 노력한다. 자신이 진정으로 원하는 것을 끊임없이 탐구하는 것이다. 그것은 자신감을 만들어 낸다. 자신감으로 착각되는 오만은 우리의 눈과 귀를 흐리게 하고, 결국 인생의 성공에 큰 걸림돌이 된다.

자신감을 가지고 스스로 결정하는 리더는 그렇지 않은 리더보다 어려운 상황을 잘 소화해 내며 성공할 확률이 훨씬 높다는 연구 결과도 있다. 성공한 후 10년 뒤 도덕적 기준 측정에서도 그들은 스캔들과 비리에 휩싸이지 않고, 전문적인 프로 마인드로 자신을 알리며 성공을 유지하는 리더로 살아간다. 이렇듯 사람의 본능인 자신감을 잘 활용해 나간다면 자신이 꿈꾸었던 리더의 인생을 멋지게 살아갈 수 있을 것이다.

《그릿》의 저자이며 심리학자인 앤절라 더크워스Angela Duckworth[20]를 아는가? 나는 그녀가 하버드대학교 심리학 강사로 일할 때부터 알아온 사이이다. 나는 그녀와 다양한 연구 과제에 대한 이야기를 나누며 정보를 공유하고, 서로에게 긍정적인 영향을 주는 관계로 오랫동안 지내왔다. 그녀는 늘 열정과 끈기가 넘치는 사람이다. 박사학위를 준비하면서 펜실베이니아 대학 교수로 임용되기까지 수많은 장학재단으로부터 재정 지원 거절과 연구논문의 실패로 어려움이 많았지만 그녀는 특유의 긍정 마인드로 위기 상황을 잘 이겨 냈다. 그녀는 자신감을 갖춘 사람으로, 자신이 무엇을 하고 싶어 하고, 무엇을 해야 하는지를 정확히 알았다. 여러 실패의 과정을 거치며 드디어 연구와 실천을 임무로 하는 연구소 '캐릭터 랩Character Lab'을 설립하였고, 나 역시 《그릿》의 토대가 되었던 연구 자료 및 강연 자료를 지원하며 그녀가 하는 일에 응원을 해 주었다. 몇 년 후 정말 《그릿》이 출간되었을 때 난 내 일처럼 기뻤고, 그녀의 빛나는 삶이 고스란히 담긴 책을 여러 사람들에게 알리기도 했다.

"반드시 뛰어난 재능이 있어야 성공할 수 있는가?"라는 질문에 대해 그녀는 '열망과 열중'을 갖고 끈기로 버티는 의지의 힘이 중요하다고 말한다. 나는 그 말을 그녀의 삶을 보며 먼저 느끼고 배웠다. 그렇다면, 왜 똑같이 노력해도 어떤 사람은 성공하고, 어떤 사람은 실패하는가? 그 차이는 바로 자신감이다. 세계 최고 기업 리더들에게 가장 힘든 점을 이야기하라고 했을 때, 꼭 등장하는 것이 자신감과 오만이다. 진정 자신감을 추구하는 사람은 성공을 위해 정당한 노력을 하는데, 오만에 빠진 사람은 성공이라는 목표를 위해 부정과 비리도 서슴지 않게 된다는 것이다.

요즘 젊은 사람들은 자신이 행하는 일들이 조직과 사회를 위한 일인지에 대한 관심이 이전 세대와 매우 다르다. 어린아이 때부터 정보통신기술을 접하고 대부분 트위터나 페이스북 같은 SNS를 사용하며, 특정 커뮤니티에 대한 귀속 의식이 강하다 보니 다수가 함께 생각하고 일하는 것을 선호하지 않는다. 사회공헌이나 타인을 위한 봉사활동 참여보다는 개인적인 행복 추구를 위한 소비문화 자체가 크다 보니 금전적 보수를 최우선으로 생각하는 가치관이 생기기 시작했다. 결국 수단과 방법을 가리지 않는 오만과 그릇된 자신감으로 편향된 사람들이 점점 늘어나고 있는 것이다. 차세대 리더로 국가와 사회조직에 인재가 될 젊은이들이 타인을 인정하고 사회와 관련된 가치관을 제대로 이해할 때 새로운 희망을 가진 리더로 떠오를 수 있다.

18세에 창업하여 상장을 이룬 일본 주식회사 가캔의 대표이사 겐조 마사히토는 영국에서 초등학교와 중학교를 다녔고 대학 진학을 위해 모국인 일본으로 돌아와 자신이 사는 도시를 기준으로 특정 주거별 구인 구직과 결혼 정보를 제공하는 플랫폼 사업을 추진했다. 그는 창업한 이유를 이렇게 설명했다.

"어느 날 갑자기 지진이 났을 때 사람들을 보면 피해지역 주변을 돕는 사람과 그것을 구경하는 사람 그리고 도망가는 사람으로 나뉩니다. 저는 돕는 사람이 멋지다고 생각했고 다른 사람보다 좀 더 많은 일을 도우려다 보니 돈이 필요하여 결국 창업까지 하게 되었습니다."

의로운 자신감으로 경쟁이 심한 인터넷 서비스 사업을 성공적으로 수행한 겐조 마사히토는 현재 상장 기업가가 되었다. 고맙다는 말을 들으면 기분이 좋아지고 다른 사람의 웃는 얼굴을 좋아하는 그의 생각들이 자신을 차세대 리더로 만들어 준 것이다. 이러한 차세대 리더들이 더 많아지고, 직원들과 함께 일하며 긍정적인

조직 문화가 생긴다면, 어려운 일자리 문제도 자연스럽게 해결될
수 있을 것이다.

역사에서 찾는 희망 리더의 롤모델, 벤자민 프랭클린

지난 수세기 동안 역사에서 이름을 떨
치며 살아간 많은 정치가, 경영자, 경제인, 과학자를 통틀어 가장
기억에 남고 현명하며 실리적인 역사 속 인물을 꼽으라면 난 주저
없이 벤자민 프랭클린Benjamin Franklin을 들 것이다. 학위 논문을 쓸
때도 영국과 미국을 오가며 그의 삶을 탐구할 정도로, 벤자민 프랭
클린을 좋아하여 인생의 롤 모델로 삼고 있다.

벤자민 프랭클린은 다른 리더들처럼 대학은커녕 고등학교도 다
니질 못했다. 생애 통틀어 정규교육을 받은 기간은 고작 2년이었
다. 그래서인지 그는 학력에 얽매여 사람을 평가하지 않았고, 늘
절제하고 부지런했다.

그는 역대 위인 중 미국의 '희망 리더'로 국민들에게 손꼽히는
정치가, 외교관, 과학자, 저술가, 신문사 경영자, 교육문화 활동가
이다. 또한 자연과학 분야에서 전기유기체설을 제창하는 활동을
하고, 정치·외교 분야의 최고 엘리트 리더로 활약하며 현 미국 화
폐에 등장할 정도로 명성을 쌓은 인물이다. 그는 평생을 국가와
민족을 위해 이바지하며, 자유를 사랑하고 과학을 존중하였고, 공

리주의에 투철한 전형적인 역사적 위인으로 기억되고 있다.

나는 이러한 벤자민 프랭클린의 삶의 원칙 13가지 중 6가지 키워드를 선택하여 지금도 계속 실천해 나가고 있다. 여기에 내가 찾은 나름의 6가지 원칙을 더 추가했는데 그 내용은 다음과 같다.

1. 열정을 가지자.
2. 우선순위를 정하여 일하고 자기관리를 잊지 말자.
3. 상대방의 입장과 관점에서 생각해 보자.
4. 다른 사람에게 질문함을 두려워하지 말자.
5. 늘 핵심이 무엇인지 고민하고 문제를 해결하자.
6. 침묵과 경청을 통해 절제하자.
7. 타인과의 관계를 성실히 하여 신뢰를 쌓자.
8. 내가 좋아하는 일에 대한 전문지식을 쌓아 가자.
9. 감사와 칭찬을 아끼지 말자.
10. 긍정의 마인드로 자주 미소 짓자.
11. 현재 같이 일하는 사람들의 이름과 얼굴을 기억하자.
12. 아이디어를 끊임없이 모으고, 늘 앞서가는 새로운 비즈니스 모델을 생각하며 책을 자주 읽자.

언젠가 일본 기업인 소프트뱅크의 손정의 회장을 만난 적이 있었다. 그때 그는 자신이 해야 할 일을 3×5인치 크기의 카드에 간단히 메모하고 지갑 속에 넣어 두며 수시로 꺼내 본다고 했다. 손

회장은 매순간 그것을 되뇌고 실천하기 위해 애쓴다는 것이다. 굳이 본인이 메모하지 않아도 옆에서 알아서 정리해 주는 전담 비서도 있고, 최첨단 스마트 기기가 있지만, 그는 자신만의 방식으로 끊임없이 생각하고 자기 관리를 해 나가고 있었다. 그 모습이 나에게는 꽤 인상적이었다. 벤자민 프랭클린도, 손정의 회장도 자신을 끊임없이 관리하고 주변 사람들에게 본이 되기 위해 성실히 사는 진정한 리더이다.

벤자민 프랭클린의 삶의 원칙 13가지

1. 절제 : 둔해질 때까지 먹지 않고, 정신을 잃을 때까지 마시지 않는다.

2. 침묵 : 다른 사람이나 자기 자신에게 도움이 되는 것 이외에는 말하지 않는다. 남을 깎아내리고 헐뜯는 하찮은 대화는 하지 않는다.

3. 정돈 : 모든 물건을 제자리에 둔다. 모든 일에 정돈할 시간을 갖는다.

4. 결심 : 당연히 해야 할 일을 하기 위해 결심하고, 결심한 일은 반드시 행한다.

5. 검약 : 다른 사람과 자신에게 좋은 일을 하기 위한 것 외에는 지출하지 않는다.

6. 근면 : 시간을 낭비하지 않는다. 항상 뭔가 유용한 일을 찾아서 한다.

7. 성실 : 타인에게 해가 되는 속임수는 쓰지 않는다. 올바르고 공정하게 생각한다.

8. 정의 : 거짓으로 대하지 말며, 남에게 주어야 할 이익을 주지 않는 잘못을 저지르지 않는다.

9. 중용 : 극단을 피하고 참는다. 손해에 대한 분개심을 억제한다.

10. 청결 : 신체, 의복 및 거주지를 언제나 청결하게 유지한다.

11. 평정 : 피할 수 있는 하찮은 일로 마음을 어지럽히지 않는다.

12. 순결 : 정신 건강을 위해서 기운이 빠지거나 몸이 약해지거나 자신과 상대방의 체면을 손상시킬 정도의 일은 삼간다.

13. 겸손 : 소크라테스를 기억하고 본받는다. 소크라테스는 문답법을 통해 제자들이 스스로 문제에 대한 해답을 찾을 수 있도록 가르쳤다. 또한 자신을 낮추어야 진정한 소통이 시작된다고 말했다. 과도한 허영심은 자제하고, 문제 해결 능력을 키워 주는 것이 리더의 역할이다.

4장

리더의 장악력,
이니셔티브

ERA OF UNCERTAINTY

리더는 반드시 일의 우선순위를 통해 결정하여
주도권을 장악하는 능력이 있어야 한다.

아문센의 리더십 VS
스콧의 리더십

　　세계의 유래 없는 불황이 계속되는 가운데에도 활기차게 성장하는 조직과 기업은 늘 존재하는 법이다. 이들 내부 구조를 면밀히 살펴보면 탁월한 리더십을 발휘하는 리더가 그 안에 있음을 쉽게 알 수 있다. 어느 조직이든 리더는 위기나 불황에서도 적절한 타이밍에 문제를 해결해 나가며 조직을 책임지고 이끌어 줄 수 있어야 한다. 더불어 미래 지향적인 차세대 리더의 자리에 누가 앉느냐에 따라 조직의 성공 여부가 판가름 난다고 해도 과언은 아니다. 결국 리더는 상황에 대한 혜안과 통찰력으로 승부를 거는 중요한 수행자인 셈이다. 아무리 조직 내부에 인적 자원이나 자본 상황이 좋다 해도 이들을 이끄는 수장이 변변치 못하면 그 조직은 오래 가지 못한다. 리더의 역할이 그만큼 중요하다는 것을 다음의 사례를 통해 극명하게 알 수 있다.

　　1910년 노르웨이와 영국은 거의 같은 시기에 세계 남극점을 향해 탐험대를 출발시킨 사건으로 전 세계의 주목을 받게 된다. 노르웨이나 영국 두 나라 모두 탐사 역량에서만큼은 경험과 능력에서 큰 차이가 없었다. 단 탐험대를 이끄는 리더의 스타일에는 다소 차이를 보였다. 당시 노르웨이에는 아문센Roald Amunndsen이라는 희대의 인물이 존재했다. 그는 최고의 탐험가적 능력을 가진 리더로 영국보다 탐사대 준비가 2달 늦게 진행되었음에도 어려운 난관들을 해결하고 노르웨이를 떠나 1년 반 만에 남극 대륙에 무사히 도착하였다. 그 뒤 11개월 만에 인류 최초 남극점에 도달하는 성공을 이루며 세계사에 자신의 이름을 남기게 된다.

반면 아문센 못지않은 경험과 영국 최고의 탐험가로 칭송받았던 로버트 스콧Robert Falcon Scott[21]은 남극점 탐험가 도달 기록인 남위 82도 17분을 기록하며 아문센보다 한발 앞설 거라는 기대치를 모았지만 2차 도전에서 예상치 못한 악천후를 만나 자신을 포함해 전원 모두 조난을 당하고 남극점 코앞에서 비운의 죽음을 맞이하고 만다.

이 두 사람은 탐험가로서의 경험이나 함께한 대원들 각각의 역량까지 거의 비등했다. 그럼에도 불구하고 노르웨이의 대원들은 성공하고 영국의 대원들은 왜 실패한 것일까? 단지 악천후 탓으로만 돌리기에는 뭔가 부족하다. 여기서 우리는 아문센과 스콧, 두 탐험대장의 리더십 스타일에 대해 살펴볼 필요가 있다.

노르웨이의 아문센은 평소에 대원들을 격려하는 따뜻한 리더십을 발휘했다. 물론 때때로 대원들의 생명과 연결된 중요한 사안에서는 강하고 무섭게 질책하는 모습을 보이기도 했다. 그러나 영국의 스콧은 군인 출신이다 보니 독단적인 결정을 내릴 때가 많았고, 경험 많은 대원들까지 무조건 자신의 명령을 따를 것을 강요했다. 특히 스콧은 늘 탐험 도중 명예롭게 죽기를 바라며 최단 도달 기록에만 집중했다. 그러다 보니 함께하는 대원들의 안위를 제대로 챙기지 못한 것이다. 탐험 진로를 결정하는 상황에서도 대원들과 자주 의견 차이를 보였다. 사실 그에게도 대원들을 아끼고 격려하는 마음은 있었지만 겉으로 티내지 않았으며, 언젠가 알아줄 것이라 생각했다. 결국 역사적 사건으로 기록된 남극 탐험의 성패는 두 나라 탐험대장의 각기 다른 리더십에 의해 갈라졌다고 해도 지나침이 없다. 이 이야기는 조직에서 리더가 차지하는 역할과 선택의 능력이 얼마나 중요한가를 깨닫게 해 준다.

결국 역사적 사건으로 기록된 남극 탐험의 성패는 두 리더의 각기 다른 리더십을 통한 결단력인 이니셔티브에서 갈리고 말았다. 이 이야기는 조직에서 리더의 역할과 적절히 선택을 잘하는 리더의 주도권 장악능력, 즉 결정력이 얼마나 중요한가를 잘 반증해 준다.

운명을 바꾸는
중요한 시대적 요소

세계적인 발명왕 에디슨Edison 역시 누구나 인정하는 세계적인 과학자요, 시대의 리더였다. 그러나 기술적으로 발명을 잘하는 것과 사람을 움직이는 것은 전혀 다른 문제였다. 에디슨은 다섯 개의 회사를 설립했고, 두 명의 부인 사이에서 다섯 명의 자녀를 두었다. 하지만 그가 세운 기업과 가정은 모두 실패했다. 리더의 창의성과 아이디어로만 따지면 세상 누구에게도 뒤지지 않았던 그는 모두를 도산시킨다. 에디슨이 세운 기업은 전문 경영인을 앉히고 나서야 흑자를 내며 성공 반열에 오르게 되는데, 그 대표적인 회사가 미국의 세계적인 제조기업인 제너럴 일렉트릭GE이다. 이처럼 리더는 조직의 운명을 바꾸는 중요한 요소로 작용한다. 한 분야에서 성공했거나 경험이 많은 사람이 반드시 리더십이 뛰어나다고 볼 수는 없다. 리더는 반드시 일의 경중과 완급을 조절할 줄 알아야 하며, 자신이 추진한 부분에 있어서는 성과를 결정 지을 수 있는 능력을 겸비해야 한다.

글로벌 경제 협력이 필수가 된 세계정세는 지금 불확실성의 시대 가운데 놓여 있다. 과거에만 매달린 채, 확고한 판단 기준과 경제 철학 없이 불확실한 시대를 맞이한다면, 우리 앞에는 혼돈뿐일 것이다. 요즘 세계 정치·경제·사회 전반에 걸친 의식 있는 리더들 사이에서 가장 많이 회자되는 단어가 이니셔티브이다. 리더의 가장 중요한 역할은 결단력을 갖고 짙은 어둠 속을 헤치고 앞서 나가는 촛불 같은 것이다. 전 세계를 자국 중심의 경제권으로 묶으려 하는 중국, 미국우선주의America First를 외치며 보호 무역을 통해 아시아 회귀 전략 재수정을 심각하게 요구하는 미국, 크림반도 문제를 해결하려는 러시아, 그리고 브렉시트로 유럽연합을 탈퇴해 경제적 독립에 나선 영국 등 세계정세는 급격하게 변화하고 있다. 이때 어떤 방향으로 나아갈 것인지 통찰력 있게 바라보고 결정하는 것이 매우 중요하다. 그래야 미래의 청사진이 빠르게 준비되어 상생의 길과 새로운 시작을 할 수 있는 것이다. 이러한 이니셔티브 전략이 포함된 정책의 실현은 앞으로 더 많은 리더가 실행해야할 미래지향적인 21세기 리더십이다.

하버드에서 가진 첫 강연에서 "리더는 꿈을 실현시켜 주는 사람이다"라고 말한 적이 있다. 미래가 제대로 실현되기 위해서는 현재를 넘어서는 관점을 가지고 꿈을 이야기하며, 결코 과거의 성과에 머물러 있어선 안 된다. 늘 자신의 젊은 시절을 회상하며 3차 산업에서나 통용될 고리타분한 이야기만 늘어놓는 윗사람이라면 그의 밑에 있는 직원들은 더 이상 미래가 없다. 제대로 된 윗사람이라면 항상 내일을 이야기하고 꿈을 보여 주며 그 꿈을 이루어나가는 방법에 대해 더 고민하고 집중할 것이다. 그러면 자연스럽게 그의 밑에 있는 직원들은 공감하는 마음으로 동참하고 함께 그 꿈을 이루기 위해 행동하게 된다.

바쁘기만 한 리더 VS
바쁘지 않은 리더

최근 미국과 유럽 내 상위 30% 조직의 리더들과 대화를 나누다 보면 그들 대부분은 '바쁘다'는 말을 입버

룻처럼 한다. 물론 중요한 자리나 높은 자리에 올라갈수록 바빠질 수밖에 없는 것은 사실이다. 그러나 바쁘게 살면서도 유독 여유가 있어 보이는 리더와 전혀 그렇지 않아 보이는 리더가 있다. 리더라는 자리는 조직 구성원들의 마음에 변화와 혁신을 심어 주기 위해 노력해야 하며, 이것이 나중에 리더십의 결정적 본질을 이루게 될 것이다.

리더에게는 반드시 일의 우선순위를 통해 결정하여 주도권을 장악하는 능력이 있어야 한다고 말했다. 치밀한 전략을 논리대로 실천해 나가기 위해서는 우선순위 결정은 기본이며, 이를 가볍게 여기거나 무시하면 조직 구성원들이 아무리 열심히 일해도 실망스러운 결과를 낳게 될 것이다. 이따금 잔뜩 일만 벌려놓은 채 어쩔 줄 몰라 하며 쩔쩔매는 리더를 목격할 때가 있다. 이는 주어진 자원을 낭비할 뿐만 아니라 아까운 시간을 놓치는 결정적인 잘못을 범하는 것이다. 우선순위를 통한 리더의 장악 능력이 중요한 이유는 목표하는 바를 이루는 전략적 기술과 그 맥이 닿아 있기 때문이다. 변화의 시대를 사는 리더들은 언제나 중요한 결단을 내릴 때와 마주하게 된다. 이때 행동으로 옮기기 전에 단기적 이득보다는 미래지향적인 관점과 결과를 예측하며 충분한 검증 작업을 해야 한다. 특히 기업조직에서는 말만 앞세우며 리더의 판단에 혼란을 주는 자가 있기 마련이다. 그런 자들은 리더가 경험해 보지 않은 분야를 거론하며 리더의 눈과 귀를 흐리기 때문에 신중히 검토하지 않고 섣불리 뛰어들면 소중한 미래를 잃게 될 수도 있다. 오직 리더가 몸에 밴 습관으로 만들어 낸 구상과 결정이 아니라면 위험한 함정들이 많이 도사리고 있으니 귀가 얇아지는 일 없도록 신중, 또 신중해야 한다.

반대로 충분한 타당성과 정치 문화 사회적 이슈들을 안고 있는 전략이라면, 결단력과 추진력을 발휘하는 모습도 보여야 한다. 만약 리더가 지지부진한 태도를 보인다면, 구성원들에게 외면을 당하게 된다. 세계를 움직인 리더들은 구성원들의 공감을 얻기 위해 경중과 완급을 조절하며 스스로의 결정력을 키운다. 이처럼 상황을 잘 판단하는 리더는 존경과 칭송을 받게 될 것이다.

조직에서 지나치게 말을 많이 하고 약속을 남발하는 사람을 조심하라! 또한 그러한 말에 속는 바보가 되지 말라. 리더라면, 공식적으로 자신이 어떤 말을 했는지, 그리고 어떤 약속을 언제 누구와 했는지를 잘 기억하고 핵심을 구별하여 듣는 귀를 갖도록 노력해야 한다. 그래야 비로소 리더의 통찰력을 가질 수 있고 불확실성의 시대에서 진리를 찾아 대응하는 전략을 세울 수 있다. 결국 이런 행동의 습관을 가진 리더가 조직 내 자신의 영향력을 나타낼 수 있다.

또한 조직 구성원들의 불협화음과 마찰을 막기 위해 리더는 신중하게 생각하고, 추진력 있게 행동하는 것이 필요하다. 그렇다면 리더가 다른 차원의 리더십을 보여 주기 위해 필요한 원칙들이 무엇인지 살펴보자.

불확실성 시대의
리더십 핵심 전략

1. 정면돌파를 즐기라

신뢰와 믿음은 최고의 리더들이 지키는 평생 철칙이라 할 수 있다. 어려우면 어렵다고 구성원들에게 말하는 정직함은 오히려 신뢰를 만들어내는 지론이 된다. 리더에게 큰 자산은 역시 '사람'이며 같이 일하는 사람들과의 믿음이 공고해지는 것은 리더로서의 경쟁력을 높이는 것이다.

미국 펜실베이니아 와튼 스쿨Wharton School of the University of Pennsylavania에서 리더십에 관한 강의를 몇 년간 하면서 나에게 자문을 구해 오는 기업인들이 많았다. 나는 그들에게 "사람을 믿어라!"는 말을 자주 했다. 결과를 떠나 조직의 리더가 자신과 같이 호흡하며 일하는 사람을 믿지 못하는 건 매우 불행한 일이며, 거기서부터 파생된 문제들이 결국 조직을 파국으로 몰고 간 사례들이 많기 때문이다. 조직이 잘 돌아가고 있음을 평가하는 기준은 하나 더 있다. 적어도 조직에서 사람 냄새가 나야 한다는 것이다. 이것은 현 시대 '경영의 신'이라 불리며 글로벌 세상을 자신의 손바닥 안에서 움직이는 최고경영자들이 공통적으로 중요시 하는 절대 요소이기도 하다. 리더 혼자 능력이 뛰어나다고 기업이 성공적으로 운영되는 것은 아니다. 바른 휴머니즘을 갖춘 리더가 기업의 분위기를 따뜻하게 만들고 다 함께 능력을 모을 때 기업은 성공하고, 다시 그 이익을 사회에 환원할 때 비로소 기업의 사회적 책임을 완수하는 것이다. 세계적인 최대 홍보대행기업인 '웨버 샌드윅'의 팀 서턴Tim Sutton[22] 회장 이야기를 잠시 해볼까 한다. 그는 승객의 생명과 안전을 책임져야 할 거대 항공사의 잘못된 행위에 대해 세계적인 언론 기업의 리더다운 모습을 보였다. 난 그를 통해 21세기 소셜미디어 시대에 기업의 관리나 위기 대응문제가 얼마나 중요하고, 직원 한 사람의 그릇된 행동 하나가 수십 년 쌓아온 기업의 평판을 단번에 잃게 할 수도 있음을 다시 한 번 확인했다.

그 사건을 다시 돌아보면 이렇다. 미국 유나이티드 항공사 직원이 승객의 하차를 이유로 말다툼을 하다 승객을 그만 바닥에 내동댕이쳤다. 그때 한 기자가 우연히 그 장면을 촬영하게 되었고, '웨버 샌드윅'은 소셜미디어 시사 다큐멘터리 중계로 이 내용을 다룬 영상을 제작했다. 영상 마지막에 직접 등장한 팀 서턴 회장은 다음과 같은 메시지를 전했다. '시민의 인격과 안전을 나 몰라라 하는 부당 기업에게 경영자의 한 사람으로서 참고 있을 수 없었고, 회사 양심을 팔 수도 없었다. 어쩌면 이를 통해 우리 기업은 크나큰 위기를 맞이할 수도 있겠지만 기업의 리더로서 책임 있는 정면 승부 전략을 펼칠 것이며, 결국 '웨버는 위기를 헤쳐나갈 것이다!' 그가 직접 출연해 이렇게까지 말한 이유는 무엇일까? 그것은 바로 세계적인 항공사 '유나이티드 항공사'는 '웨버 샌드윅'이 15년간 거래를 유지해 오던 VVIP 고객사 중 하나였기 때문이다. 유나이티드는 웨버와 장기계약을 내세우며 방송 편집, 조작 및 공식적인 함구를 요구했다. 서턴 회장은 이 제안을 단칼에 거절했다. "이 사건은 잘못된 기업문화에서 예견된 사고라 판단했고, 이제 기업은 돈의 이익보다는 사회적 책임을 지는 자세가 먼저라고 생각한다"는 의견을 당당히 밝혔다. 이 영상이 방송되면서 결국 유나이티드 항공사 회장이 직접 피해자 가족을 찾아가 공식사과를 했으며, 사고 원인과 책임을 직원에게 떠넘기지도 않았다.

보통 기업의 리더라면 고객의 잘못된 행동도 자사의 이익을 위해 합리화시키고 불의와 편법을 눈감으려 할 것이다. 그러나 이는 더 큰 화를 초래할 수 있다. 세계적인 최대 홍보기업의 리더로서 팀 서턴 회장은 자신의 기업 이익만을 생각하지 않았다. 자사의 최대 고객인 거대 항공사의 잘못된 행위를 그냥 넘어가지 않고 당당히 세상에 밝히며 책임 있는 모습을 보였고, 세계적인 저널리스트의 좋은 사례로 남기며 많은 이들에게 감동을 선사했다.

기업이라면 최우선 목적인 영리를 추구하는 것은 당연하다. 하지만 방법적인 면에서는 반드시 합법적 절차를 통해 정면돌파 원칙을 내세워 추진해 나아가야 한다. 물론 너무 자기주장만 내세우는 것도 바람직하지 않겠지만, '사람이 참 융통성 없다'는 지적에 흔들리거나 두려워해서는 안 될 것이다. 리더 자신의 판단이 합법적일 경우, 최종 결정으로 끌고 나가는 전략을 구사할 때 조직은 오랫동안 좋은 평판을 유지하며 안정적인 해법을 찾게 된다. 조직 구성원들은 리더가 확신을 갖고 있다면 흔들리지 말고 조직을 끌고 나가 주길 바란다는 것을 절대로 잊지 말자.

경영에서 꼭 정답이란 없다. 리더는 뒤쳐지거나 실패를 두려워 해서는 안 되며 실패 자체를 결코 실패로만 여길 필요도 없다. 실패를 넘어서 조직을 지휘할 수 있는 리더가 세상을 움직이는 것이다. 당당한 실패가 탄탄한 조직을 만들어 내는 과정임을 명심하고 마음에 새기길 바란다.

"무난하고 융통성 있는 리더"라는 평을 절대 좋은 평으로 받아들여선 안 된다. 대부분 리더의 자질을 평가할 때 '무난한 사람이다'라는 표현은 '무능한 사람이다'라는 말과 동의어로 쓰일 때가 많다. 어떠한 상황에서도 위기를 예상하여 곧바로 행동하는 리더십, 즉 정면돌파로 끌고 나가는 전략이 꼭 필요하다.

2. '모럴 해저드'를 조심하라

모럴 해저드Moral Hazard는 '도덕적 해이'를 의미하는 말로 금융권에서 많이 사용되고 일반 경제 및 경영학에서 자주 나오는 말이다. 리더가 꼭 알아두어야 할 요소이기도 한 모럴 해저드는 그 자체가 조직을 망치는 원인이 되기에 늘 조심해야 한다.

대표적인 사례로 지난 2008년 미국의 금융위기를 들 수 있다. 금융권 리더들에게 잠재되어 있던 도덕적 해이가 표면화 되면서 미국을 넘어 결국 세계의 위기로까지 초래되었다. 당시 월가에 만연해 있던 비도덕적 행태 중 '큰놈은 망하지 않는다'라는 생각은 모럴 해저드의 실제적 단면을 여실히 보여 준다. 금융 기관은 일반 대중에게 투자금을 모아 투자활동을 영위해 나간다. 금융기관의 특성상, 투자에 대한 전문적인 정보를 제공하고 대중들은 이를 믿고 투자하기에, 금융은 말 그대로 '신뢰'와 '신용'의 분야라 할 수 있다. 그런 만큼 금융기관 리더와 구성원들은 진정 더 높은 도덕적 의식이 필요하다. 하지만 모럴 해저드를 가진 리더는 이러한 투자자들의 믿음을 저버리고 무리한 행보를 이어나가다가 서민들에게까지 직접적인 피해를 주게 된다.

2008년 당시 미국의 대형 은행은 무디스 Moody's(세계 3대 신용평가 기관)와 같은 신용평가 회사들과 은밀한 내부거래를 하면서, 부실채권의 신용등급까지 올리는 부도덕한 행위를 서슴지 않았다. 그 결과 세계적인 경제위기가 일어났고 국민의 세금으로 꾸려지는 대규모 공적 자금까지 투입되는 사태에 이르렀다. 그러나 정작 부도덕을 주도한 장본인들은 피해 하나 입지 않고, 몰래 인센티브까지 챙겼다. 도덕적 해이로 인한 손실은 고스란히 미국 국민 대다수의 서민들에게 돌아간 것이다.

한국에서도 몇 년 전 끔찍한 사건이 일어났다. 바로 '세월호 참사'이다. 나는 미국에서 AP나 CNN 뉴스를 통해 소식을 접하면서 분노하지 않을 수 없었다. 세월호 역시 기업 리더의 모럴 해저드가 만든 초유의 비극적 사건이다. 이는 대형 인명사고를 일으켰고 다른 관점에서 보면 대한민국이라는 윤리 기반의 합리적인 국가 실물 경제에도 악영향을 미쳤다.

모럴 해저드는 진정 신뢰를 깨는 행위다. 잘못된 관리 체계와 비도덕적 윤리관으로 선행되는 운영은 실무자들의 도덕적 불감증으로 이어져 결국 일반 시민들이 피해를 입으며 세상에 대한 불신으로 남게 한다. 한국은 삼 면이 바다인 실질적인 해양국가에 속한다. 이는 해운업이 발달하기 좋은 조건인데, 특히 한국은 이미 세계 해운업 톱 10 중 6개의 기업을 가진 절대 강국이기도 하다. 하지만 세월호 참사는 전 세계 사람들을 분노하게 했고 한국에 대해 크게 실망하게 만들었다. 그로 인해 현재 한국 해운업계는 큰 타격을 받았고, 기술까지 일정 기간 퇴보하고 말았다.

어느 분야이든 리더나 구성원들의 책임 있는 자세가 중요하다. 모럴 해저드로 인해 아이들의 소중한 목숨뿐 아니라 한국 정부와 해당업계 종사자들 모두가 심각한 피해를 입었음을 우리는 오랫동안 기억해야 할 것이다.

모럴 해저드적 사고를 가진 비양심적 리더가 있는 조직은 당연히 미래가 불투명하며 잘못된 선택을 하는 리더들은 결국 범죄자가 되어 죄 값을 치르게 된다.

조직의 리더라면 직원들에게 도덕적 해이의 의미를 잘 전달하고 체크할 책임이 있다. 직원들이 규정을 어기고 합법적으로 일하지 않는 것, 프로젝트 책임 실무 담당자가 긴장을 풀고 만일에 발생할 사고나 대비책을 알면서도 무시하여 손해를 불러 오는 것, 실무 담당자가 부정적인 방법을 동원해 공금을 유용하고 부풀려진 과잉 견적 행위를 하는 것을 사전에 체크하고 방지해야 한다. 조직의 리더가 먼저 이를 꼼꼼히 체크해야 직원들의 도덕적 해이도 막을 수 있다.

3. 융합적 사고력을 키우라

4차 산업혁명이 도래하는 현 시대에 리더는 어떤 리더십을 발휘하여 조직을 끌고 나가야 할 것인가? 이에 대한 대답은 매우 다양하다. 그중 융합경영은 종래에 없던 새로운 기술이 아닌, 기존에 활용되어 온 기술을 바탕으로 새로운 방식과 목적에 따라 결합하여 만든 것을 일컫는다. 열악한 환경에서 신기술을 개발해야 하거나 외부 인력을 도입할 여력이 부족한 중소기업들에게 매우 의미 있는 경영방식이다. 최근 세계적인 경제학자들은 제품이나 서비스를 개발하여 새로운 시장을 선도하고 개척해 나가는 융합경영을 미래 해법으로 제시하고 있다.

지금 시대는 '융합'이 경영의 필수조건이 되어 버렸다. 특히 소통의 패러다임까지 바꿔 버리며 이 시대 터닝 포인트로 자리매김을 하고 있다. 스마트폰에 이은 스마트 TV, 5G 네트워킹 무선통신, 홀로그램 통신까지 바야흐로 스마트한 기기들이 우리 환경과 생활 곳곳에 스며들어 시공간을 넘어서는 '스마트 퓨처 시대'로 나아가고 있는 것만 봐도 그렇다. 앞으로 개발되어 나올 모든 미래 통합적 스마트 시스템 기기들 역시 바로 '융합'이라는 미명 아래 미래를 향한 창의적 생각이 가져다주는 산물이라 하겠다. 이제 4차 산업혁명의 서막으로 융합의 패러다임을 알고 대처하는 인재가 없는 기업과 조직은 향후 몇 년 안에 소비자들에게 외면당하게 될 것이다. 그만큼 스마트 혁명 시대가 주도하는 융합 패러다임과 기술 경영을 이해하는 조직 리더의 역할이 매우 중요하다 할 수 있다.

이것은 곧 융합기술 경영과 관련된 연구와 다양한 실무가 대두되며 융합기술의 동향 파악, 새로운 융합 제품과 서비스, 비즈니스 모델 연구, 융합기술의 사업화 등을 고스란히 리더의 몫으로 편입시켜 보편적인 능력과 연계되는 리더십의 일환으로 재탄생될 것임을 명심해야 한다. 여러 기술이나 성능을 하나로 합치는 융합은 1인 기업이 중소기업을 따라잡고 중소기업이 거대 기업들을 이길 수 있는 유일한 기회를 만들어 줄 것이다. 그러기에 새로운 아이디어가 기반이 되는 차세대 융합기술이 기업 생존의 필수 요소가 된다.

융합적 사고의 접근은 곧 기업의 경영 목적을 이루는 방법이며, 이를 통해 서비스, 제품, 디자인과 관련된 사항을 최적화시켜 생산성, 경쟁력 및 품질을 향상시킬 수 있는 기회로도 마련될 것이다. 이제는 융합이 모든 패러다임을 바꾸어 버리고 변화의 축으로 자리를 잡아가고 있다.

수년 동안 세계 전자업계의 영원한 강자일 것 같았던 삼성과 소니의 양자 구도 경쟁 체제가 잠식되고, 융합경영을 기본전략으로 하는 새로운 강자들이 나타났다. 바로 애플과 구글이다. 이 새로운 강자들이 세계 경제의 판도를 완전히 새롭게 짜 맞추어 나가고 있다. 특히 융합의 합류 여부가 바로 기업의 쇠락의 길 또는 성공의 길을 결정하는 기준이 됨을 보여 수고 있다.

융합기술 경영을 통해 이 시대 현재 가장 주목을 받는 기업은 애플이다. 21세기 기업의 가장 중요한 역량인 기술력과 혁신성, 창의성을 고루 갖춘 기업으로 이미 세계가 인정했다. 현재 애플의 총 매출액이 에너지 기업이나 금융기업과 비교할 때 다소 적다고 느낄 수도 있지만, 기업의 미래 성장성이나 소비자의 충성도, 순익으로만 봤을 때는 세계의 어느 기업과도 비교할 수 없을 정도로 매우 높은 성과를 거두고 있다.

남이 하지 않는 것, 남이 안 될 거라고 생각하는 것을 새로운 시각으로 변화시킨 점이 바로 오늘날 애플을 가장 창의적이고 혁신적인 기업으로 성장하게 만든 융합경영의 원동력이었음을 이미 많은 사람들이 알고 있다.

국내 최강 기업 삼성전자와 애플의 영업 이익을 단순 비교해도 2015년 기준 8% 대 27%이다. 삼성전자는 1,000원을 팔아서 80원을 벌지만, 애플은 무려 270원의 수익을 내는 형태로 해석할 수 있다. 내용을 살펴보면 애플은 삼성보다 3.4배 수익성이 좋았는데 삼성은 반도체, 휴대폰, 텔레비전, 냉장고 등을 주력 제품으로 팔지만, 애플은 아이폰, 아이패드 단말기만 취급하지 않고 여기에 앱스토어처럼 제품에 서비스를 얹어 돈을 벌고 있다.

물론 삼성도 제조업을 넘어 융합 플랫폼이자 온라인 기반의 사업 혁명으로 새로운 정상권에 재진입하고 있지만 최근 총수가 구속되고 재판을 받는 상황이 생기면서 아쉽게도 세계 시장 흐름을 선도하지 못하고 있다. 향후 미래적 가치는 산업간 경계를 넘나드는 경쟁이 가속화됨에 따라 이러한 시장의 재편성으로 시장 지배력 강화나 전통적인 법칙의 파괴를 일으키며 말 그대로 융합이 선도하는 파괴적 혁신을 선보이게 될 것이다. 이제 세계 경제는 특정 산업이나 제품군 중심으로 경쟁하던 방식을 넘어 점점 더 경쟁자들을 특정할 수 없는 초 경쟁시대로 전환하고 있다.

애플, 구글, 페이스북, 트위터는 융합을 경영 전략으로 받아들여 적극적으로 스마트 기술경영 혁명을 이루어 나갔다는 점을 주목해야 한다. 융합기술 경영을 통해 창의성 제품의 사용성을 중요한 변수로 부각시키고, 양질의 콘텐츠로 기업의 성패를 좌우한다는 목표를 세워 서비스 중심으로 경영전략을 완전히 변화시켜 나가고 있는 것이다. 이제 미래 시장은 네트워크나 하드웨어 기반의 경쟁이 아닌 사용자 차원의 편의성, 창의성, 콘텐츠 같은 소프트 파워에서의 경쟁구도가 제일 중요한 것이 되었다.

최근 경제 상황의 단적인 예로 세계적인 하드웨어 기업 BMW는 2010년부터 사용자 상호작용을 강화한 '커넥티드 드라이브Connected Drive'[23]라는 프로젝트를 시장에 선보이며 미래 전략을 '소프트 융합기술' 쪽으로 변화시키고 사업 방향에 지속적인 박차를 가하고 있다. 미래 융합적 환경에서 기존의 분절적 경영 전략은 이제 한계를 보일 수밖에 없기 때문이다. 빌 게이츠Bill Gates, 스티브 잡스Steve Jobs, 델의 마이클 델Michael Saul Dell, 구글의 세르게이 브린Sergey Brin과 래리 페이지Larry Page 등과 같은 세계적인 경영 리더가 선보이는 경영 방침이 MBA 학위를 통해서가 아니라 융합적 사고를 통한 기술 전략안을 통해 마련되고 있는 것만 보아도 알 수 있다.

이제 새로운 시대의 미래 환경은 도메인이란 기본 경계선까지 허물며 하나의 거대한 플랫폼으로 전환되고 있다. 이런 플랫폼 위에서 모든 기술과 사람이 자연스럽게 연결되는 새로운 가치의 사고를 할 수 있는 자만이 현재와 미래의 최고 리더로 새롭게 발돋움할 수 있다. 일류 기업에서 초일류 기업으로 도약하기 위해 리더는 기존의 가치관을 버리고 조직 구성원의 일하는 방법, 사고하는 관점의 차이까지 새롭게 바꾸어야 할 것이다. 이제 본격적으로 융합기술 경영 리더십으로 변환시키기 위한 노력을 해야 한다.

2018년도 스위스 다보스 세계 경제포럼에서 많은 경제학자들이 언급한 융합기술 경영에 대해 스위스 제네바대학교 기업정책과 교수이며 세계경제포럼 회장인 클라우스 슈밥 Klaus Schwab은 전 세계에 화두를 제시하여 큰 주목을 받았다. 지난 다보스 포럼 발언록의 내용을 간단히 요약하면 다음과 같다.

"앞으로의 21세기는 디지털 역동성이 더 중요시되고 경제시장 체제가 우선시되는 시대가 될 것이기에 미래를 예측하고 기다리는 것이 아니라 새로이 창조하고 융합하는 것이 지금의 리더에게는 화두이며, 전 세계 모두가 긴장하고 맞이하는 4차 산업혁명 시대의 동일선상에 있기에 세계 여러 조직의 경영 리더십 또한 이에 발맞추어 빠르게 진화하고 변화해 나아가는 과제가 남아 있다. 이제 앞으로는 융합할 줄 아는 지도자를 가진 국가나 기업이 세계의 경제 패권을 차지할 것이며, '분절된 세계에서 공유하는 미래 창조'가 인류를 이끌어 나갈 수 있을 것임을 이 자리에서 분명히 밝힌다."

리더가 현재의 1위 기업을 따라잡기 위해 움직이는 것만을 생각하면, 그 조직은 시대의 흐름을 읽지 못하는 비대하고 느슨한 조직이 될 것이다. 이것이 제4차 산업혁명 시대가 시작되면서 우리 생활을 통째로 바꿔 놓을 혁명이자 경영의 현실이다. 현재 리더의 위치에 있는 사람은 앞으로의 조직과 미래의 모습을 잘 연결시켜 융합적 사고를 더한 통찰력을 발휘해야 하는 사명이 있음을 깨달아야 한다. 더불어 조직 내 사회적 불평등과 같은 문제점이 생기지 않도록 이끌고, 기술 과학 분야 학습을 기반으로 사회, 경제, 교육, 전자 관련 분야로 융합 발전시켜 나가는 것이 미래형 리더의 자세이다.

세계 최고의 축구 선수들이 뛰는 '잉글랜드 프리미어리그'는 세계적으로 우수한 감독들이 모여 새로운 전술을 창시하고 유례없는 창조적 플레이어를 탄생시키는 리더와 실무자가 융합되는 경연장으로 변화하고 있다. 기업 경영도 유럽 프리미어리그 방식을 적용해 변화를 이끌어 나가는 우수 인력들을 빠르게 조우하고 양성해 나가야 한다. 그간의 기술력을 정리하고 융합 전략을 발전시키는 노력이 시급하다.

특별한 리더를 만드는 융합경영 '마인드 셰어'

융합경영 중요 전략의 하나로 '마인드 셰어mind share' 전략을 꼽을 수 있다. 마인드 셰어란 소비자나 사용자들이 특정 기술이나 제품에 대한 공유 차원으로 자리 잡고 있는 생각들로, 그 생각은 사용 경험에서 생겨나게 된다. 예를 들어 "지금 생각나는 최고의 스마트폰 브랜드는?"이라는 질문에 몇 퍼센트의 사람들이 삼성의 갤럭시8을 떠올리며 거론한다면 이때 통계수치로 대두되는 숫자가 바로 마인드 셰어다. 한 상품이 가지고 있는 마켓 셰어market share가 중요한 성과 지표로 드러나면서 마인드 셰어, 즉 통계수치의 중요성도 함께 부각되고 있다.

하이 콘셉트 경쟁 시대에는 제품이나 서비스의 구체화된 경쟁력 수치가 곧 디자인, 창의력, 스토리 등의 감성적 가치로 전환되어 소비자들에게 명확한 브랜드 이미지로 각인될 수 있다는 사실을 알아야 한다. 과거 기술은 사용자들에게 제품을 판매하는 것에 머물렀지만 미래의 스마트 기술은 사용자들에게 신기술을 경험하고 사용하고 싶어지도록 감성에 먼저 호소해야 한다. 그래야 제품의 생명력이 발휘되기 때문이다. 이제 기업은 강력한 감성적 공감대로 형성된 마인드 셰어를 확보하지 못한다면 시장 점유율과 이익률까지 현저히 떨어질 것이다.

팀 쿡Tim Cook(애플 최고경영자 CEO)이 말했듯이 "미래는 마인드 셰어를 위한 싸움이고 고객의 잠재되어 있는 가치를 끌어내는 것이 관건이 되었다." 팀 쿡 체제의 애플은 마인드 셰어 전략을 이용한 독창적인 콘셉트를 가미시켜 최근 아이폰 X24을 발매했다. 이는 유럽 스마트폰 시장은 물론 일본 내 다양한 부가 가치 시장을 이끌며 애플의 위력을 더욱 키워 나갔다. 영국 〈텔레그래프〉 지에 따르면 애플은 현재 시장 가치가 860억 달러라고 한다. 십수 년 전 한때 한국 기업은 MP3 플레이어 시장에서 높은 점유율을 차지했지만, 그 당시 애플이 새로운 콘셉트로 무장한 제품들을 출시하면서 전 세계 MP3 플레이어 마켓이 애플로 흡수되고 한국의 기업은 실패하고 말았다. 이 점을 두고두고 명심해야 할 것이다.

4. 중요한 계획은 미리 직접 작성하라

리더는 언제나 찾아올 수 있는 조직의 위기를 기회로 생각하고 진행할 사업에 대해 미리 체계적으로 조사하고 계획해 나가야 한다. 자신이 취급하려는 상품이나 서비스에 대해 리더가 먼저 챙기고 준비하여 조직 내 누구보다 더 잘 이해하고 있어야 하는 것이다. 특히 제조업의 경우 해당 제품이 향후 몇 년 동안 어떤 지역, 어떤 사람들에게 사용될지 예측할 수 있어야 한다. 원자재 가격 현황 및 변동을 예상 전망하고, 그에 따른 국제적 동향과 제품의 실질적 타깃 대상이 누구인지까지 생각해 소비 추세와 해당 제품의 물건을 어떻게 PR하고, 브랜드 이미지로 심어 나갈 것인지 사전에 꼼꼼히 체크해야 한다. 그래야 본격적인 사업을 진행할 때 지시할 사항과 방향성 등을 가늠하고 사업 중심의 주도권을 가진 이니셔티브한 리더로 나아갈 수 있다. 가장 중요한 자금 부분도 실무자에게 전가하지 말고 사전에 조달문제 및 현금(동산)을 포함해 자금회전 등의 문제점이 없을지를 충분히 고민하고 정상 운영의 약 60% 정도까지 가정해 준비해 두어야 할 것이다.

사업의 원칙은 작은 9평짜리 가게를 여는 것이나 대형 인터넷 쇼핑몰, 소비재 사업, 대형 제조 공장을 차리는 것이나 크게 다르지 않다. 대개의 조직이나 기업 리더들은 어떤 아이디어가 떠오르거나 기회가 닿아서 사업을 생각하게 되면 자신의 화려했던 경력을 떠올리며 열정이란 말로 밀어 붙이거나 타인의 달콤한 말을 믿고 자만하여 일을 벌이는 경향을 보인다. 하지만 사업은 돌다리도 두드려 보면서 건너는 신중함을 가져야 한다. 자신이 먼저 해당 사업 전문 지식을 바탕으로 경영 전략을 준비하는 치밀한 사전 계획이 무엇보다도 중요한 것이다.

리더가 시장 정보를 제대로 알지 못하고 사업의 중요한 포인트를 놓치면 전략이 잘못 세워지게 되고 중도에 자금난과 시장의 변수까지 더해져 판로가 막히면 크게 실패하여 복구하기 어렵게 된다.

리더는 늘 자기 능력의 한계를 파악하고 겸손해야 한다. 그래야 또 무언가를 얻으며 배워 나갈 수 있다. 사전에 진단할 수 있도록 자신만의 사업계획서를 만들어 보자.

사업계획서에 꼭 들어가야 할 16가지 필수 요소

1. 사업 내용

2. 수급 실적 및 전망

3. 업계 현황

4. 기술 및 설비 규모

5. 소요 자금 및 조달

6. 입지

7. 원료 및 부품 조달

8. 작업 환경 및 안전

9. 판매 계획

10. 인력 계획

11. 원가

12. 손익 계획

13. 기존 사업과의 관계

14. 사업의 인허가 문제 및 변동 사항

15. 정부의 지원 정책 및 국내외 경제정책 변화 파악 및 예상

16. 경쟁사 동향

*위의 내용은 포괄적인 사업 분야 기준으로 작성됨

5. 경계성 성격 장애를 조심하라

리더마다 모두 각자의 다른 성격들을 가지고 있다. 그런 성격은 나만이 가지고 있는 특징이기에 설령 다른 사람이 나와 생각이 다르고 행동이 맞지 않는다고 해서 물리적으로 억지로 고치게 하거나 바꾸려고 하는 건 조직 리더로서 바람직한 자세가 아니다.

최근 리더 사회에서 상당한 속도로 확산되어 가고 있는 것이 '경계성 성격 장애Borderline Personality Disorder'이다. 먼저 경계성 성격장애의 대표적인 증상을 말하면, 리더가 감정의 기복이 심해 주변 사람들이 하루에도 몇 번씩 천당과 지옥을 오가는 것이다. 때로는 자기 부정과 자기 파괴 행동으로 인해 조직에 큰 문제점을 야기시킨다. 이러한 증상이 심할 경우에는 흥분을 자주하며 직원들에게 그대로 감정을 쏟아낸다. 한편으론 누군가 자신을 싫어하거나 멀리하며 비난하지 않을까 불안해하며 자신에게 집중하기를 원한다. 리더가 자신의 성격 장애 원인을 인식하지 못한 채 지낸다면 회사 입장에서는 매우 큰 손해가 아닐 수 없다.

경계성 성격 장애에 걸리지 않기 위해 가장 중요한 것은 충분한 수면과 기본 체력을 확보하는 것이다. 더불어 사람을 대하는 태도 역시 일관성이 있는 것이 좋다. 리더의 결정이 직원에게 정신적 질병이나 다른 문제점으로 보이지 않아야 한다. 오히려 상대보다 자신을 낮추고, 현실적이고 기초적인 문제로 마음을 전환시키며 소통해 나가야 한다. 상대가 잘 이해할 수 있게 구체적으로 이야기하되 짧은 시간 편한 대화를 이어나가는 배려 있는 대화법을 구사해야 한다. 상대의 비효율적인 방식을 문제 삼을 때는 절대 인격적인 공격이 되지 않도록 하며 단호하고 엄중하게 일의 잘못을 짚어 줘야 한다. 가능하다면 시간을 두고 서서히 풀어 나가는 게 좋다.

경계성 성격 장애가 시작되면 기분이 좋았다 나빴다를 반복하고 우울, 불안, 짜증을 자주 드러낸다. 처음에는 정말 좋아하며 칭찬을 하다가 조금이라도 마음에 안 드는 점이 발견되면 그때부터 맹렬히 비난하기도 한다. 이러한 불안정한 리더의 상태가 조직의 분위기를 망치고, 리더로서 자리를 오래 유지하기 어려워진다.

대부분 자존감이 낮아지거나 우울증이 생기면 본인이 장애를 알면서도 이를 감추는 경향이 생기는데, 솔직하게 인정하고 전문의나 주변의 도움을 받는 것이 절대적으로 필요하다. 정기적으로 휴식을 취하며 마인드 컨트롤을 할 수 있는 명상의 시간을 가지는 것도 좋은 방법이다.

조직의 리더는 자아 정체성의 문제를 직원들에게 쉽게 드러내거나 불안함을 보여서는 안 된다. 리더는 스스로 공인이라 생각하고 정신을 수양하는 것이 무엇보다 필요하다.

시대적 변화의 흐름이 워낙 빠르다 보니 강박에서 오는 정상과 비정상의 경계를 차지하는 정신적 질환이 리더들의 사회적 문제로 대두되고 있다. 반대로 기업이나 단체 조직 내 구성원들 사이에도 언제든 이러한 경계성 성격 장애 같은 일이 발생될 수 있기에 조직 환경을 개선하고 구성원 중 멘탈이 약해 분노 조절 장애를 보일 때는 그를 세심히 보살펴야 할 것이다.

유럽기업중앙회에서 직장 내 20~30대 심리 상태분석을 실시한 결과 최근 사회적으로 이혼 가정이 늘어나면서 어린 시절에 본인 스스로 버림받았다는 기억이나, 신체적·성적 학대를 받은 정신적 요인이 더해져 분노 상태가 자주 나타나는 구성원이 발견되었다. 이를 '경계성 성격 장애'라는 사회적 정신 질병으로 인정하여 예방 차원에서 정기적인 개인 심리치료나 조직 공동체 스트레스 해소 프로그램을 국가에서 무료로 지원해 주고 있다. 영국과 유럽 EU 국가에서는 필히 사회 보장 전문 상담사들이 각각의 행정 구역 내 기업들을 선별 방문하여 정기적으로 환경 요인들을 확인하고 심리 상담까지 하고 있어 정신적으로 약해진 구성원을 사회적 문제로만 치부하지 않고 국가적 차원에서 해결하려 한다.

기업이나 여러 사회조직 단체에서는 이런 정신적 문제가 조직 내 리더나 구성원에게 충분히 생길 수 있음을 인지하고 복지 정책을 세워 상담치료나 심리 검사를 정기적으로 받을 수 있도록 만들어 나가야 한다. 누구나 격무와 스트레스 속에서 일하며 한정된 시간 내에 업무들을 완수해야 하는 어려움이 있다. 리더를 포함한 사회구성원들이 조직 개선, 개혁, 창조, 융합, 창출 등을 이루기 위해서라도 조직 내 복지화 정책은 매우 시급하다.

일방 통행적인 조직 구조는 큰 틀로 볼 때 조직 내 정신적 갈등을 유발시키고 낡은 시스템에서 벗어나 참여, 화합을 저해시키는 요인이 된다. 윗사람은 후배들과 마음을 터놓고 사기 진작에 힘쓰며 신 성장 동력 창출을 위한 인적 기반이 핵심 조건이라는 확신을 갖고, 조직 구성원들의 처우 개선 및 복지화 정책에 힘써 나가야 한다. 그래야 제대로 조직을 끌고 갈 수 있다. 또한 '부드러움이 강함을 이긴다'는 리더의 자세로 정신을 수양하고 스스로 연구해 나갈 때 성격 장애 같은 위험에서 벗어날 수 있다.

세계 최고 경영의 신들에게 배우는
8가지 리더십 비밀 원칙

애플, 버진그룹, 스타벅스 등 세계 최고 기업의 리더들이 조직의 차기 리더를 길러 낼 때 사용하는 경영 비밀이 있다. 리더의 할 일은 따로 있다. 지위가 올라갈수록, 일의 경중과 완급을 조절하는 결단력과 추진력을 발휘하며 사람을 얻어야 성공할 수 있다.

1. 조직 내 가장 크게 우려되는 두려움 요소와 내부 구성원들의 공통 바람이 무엇인지 파악하고 노하우를 정리하는 장기적 계획을 세운다.

2. 가장 아끼는 리더 후보생은 조직에서 신뢰를 쌓을 수 있게 첫 3개월은 조직의 가장 말단으로 일하게 하고 말을 많이 하기보다는 경청하는 자세를 익히게 한다.

3. 직원들과 솔직하게 대화를 나누고, 철저한 비밀유지를 하며, 사내 정보통이 누구인지 파악한다.

4. 브레인스토밍에 자주 참여하여 직접 듣고 논의하고 창의적인 사람을 찾아낸다.

5. 자기의 생각이 상대의 생각과 같음을 느끼게 하는 전문화술을 가르친다.

6. 맨 아래 단계부터 순환보직으로 일하면서 위협을 줄 만한 관리자를 파악한다.

7. 중간 관리자들에게 끊임없이 회사의 문제점을 질문하고 조직의 현실적 문제와 해결 방안을 모색한다.

8. 최소한 한두 개의 사내 모임, 레저 활동, 정기적 회식을 기획하고 참여한다.

리더는 회사에 뭔가 잘못된 것이 있으면 해결할 수 있는 주도권 장악력을 키워야 한다. 차별화된 리더가 되기 위한 개선, 변화, 개혁, 융합 능력을 키우려면 반드시 단계별 계획과 솔선수범이 전제되어야 한다. 리더가 리더에게 가르칠 때 위의 8가지 비밀 원칙을 자존심을 걸고 지켜 나가자.

5장

차세대
슈퍼 리더십

ERA OF UNCERTAINTY

미래 시대를 대비해 조직의 벽을 허물고
신뢰를 바탕으로 한 네트워크를 조성하여
구성원들마다 개성적인 프로세스를 만들도록 이끄는 것이
슈퍼 리더십의 기본이다.

트렌드 커뮤니케이션
룰을 배워라

리더가 갖춰야 할 필수 트렌드 커뮤니케이션은 무엇일까? 137개국이 참여한 2017 세계경제포럼WEF의 화두는 '슈퍼 리더십'이었다. '슈퍼 리더십'은 21세기 글로벌 기업들이 차세대 리더들을 위해 새롭게 마련한 리더십 이론이다. 트렌드, 윤리, 팔로워십, 임파워먼트, 서번트 리더십을 총합한 새롭게 고도화시킨 학습이며 미래의 혁신과 창조를 꿈꾸는 구성원들이 노력했던 과정을 한눈에 들여다볼 수 있도록 한다.

현대 사회는 실패와 성공 확률을 반반으로도 보기 어려운 시대가 되었다. 앞으로 다가올 미래는 시대적 불안 요소가 더 많아지고 성공보다는 실패할 확률이 더 높아질 것이다. 만일 조직의 리더들이 성공 여부에 따라 구성원을 선별한다면 칭찬보다는 질책할 일들이 훨씬 더 많아질 것이다. 2017년 CNN 선정 세계 부호 1위는 아마존의 최고경영자 제프 베조스Jeffrey Preston Bezos[25]였다. 그는 최근 한 매체에서 이렇게 말했다.

"리더란 결과에 대해 칭찬하기보다 노력에 대해 칭찬해야 한다. 그것이 조직 내 많은 사람들의 심장을 뛰게 할 것이다."

다가올 21세기는 예전처럼 사업의 결과만을 따지는 시대가 아니기에 이제는 구성원을 칭찬하는 것부터 남달라야 한다. 그런 의미에서 21세기 차세대 리더는 꿈과 희망을 실현하는 '혁신적인 리더십'을 갖춰야 한다. 실제적 역량을 발휘하며 최상의 성과를 얻기 위해 조직의 변화를 주도하는 선각자적 리더로 거듭날 필요가 있는 것이다. 이것이 바로 앞으로 조직이 꿈꾸는 미래를 선도할 '슈퍼 리더십'이다.

일반적으로 리더십에 관한 정의는 경영학자들이나 리더들의 관심 영역에 따라 여러 각도로 풀이되지만, 21세기 리더십은 기계적인 관리를 떠나 조직 구성원의 내면에 있는 꿈과 성공, 특기, 열정을 깨우도록 만드는 과정이라고 할 수 있다.

결국 21세기 세상을 바꾸는 리더는 '일(꿈과 성공)이 실현되도록 만드는 존재'라고 정의할 수 있다. 꿈이 실현되도록 도와주는 리더는 리스크를 겁내지 않는 정신적 지주 역할을 해주어야 한다.

차세대 리더는 첫째 혁신적 교육과 배움이 필요하며, 둘째 상상력이 풍부하고 꿈을 가지고 있어야 한다. 셋째 미래 창의력을 발휘하며 보다 넓은 시각으로 볼 수 있어야 하고, 넷째 반드시 실패의 학습과 역경을 가르치는 교훈적인 지도가 필요하다. 이러한 내용이 담긴 실제적 통념들을 익혀 다가올 미래 환경적 변화에 대응

슈퍼 리더십의 기본 원칙

1. 성과도 중요하지만 노력의 과정을 기억하라.

2. 반드시 칭찬할 때는 미소를 지어라.

3. 같이 일하는 사람들의 이름과 얼굴을 기억하기 위해 노력하라.

4. 매사 화법은 구체적이지만 간략하게 말하라.

5. 모르는 부분이 있다면 솔직히 인정하라(인간미를 보여라. 두려움을
   감추지 마라).

6. 어떻게 성공할 것인지 깨우치고 아는 선에서 자주 메모하라.

7. 자신이 가장 추구하는 바가 무엇인지를 말할 때는 진정성 있고 유쾌
   하게 이야기하라.

8. 누군가에게 어떤 식으로든 도움을 받았다면, 그에게 감사하다고 꼭
   이야기하라.

할 수 있어야 한다.

어떤 사람을 내 사람으로 만들려면, 먼저 당신이 그의 진정한
친구임을 확인시켜야 한다.

_에이브러햄 링컨(Abraham Lincoln)

조직의 미래를 책임질 차세대 리더에게 가장 중요한 것은 솔선
수범하는 행동이다. 이것 없이는 조직 구성원의 지지가 있을 수

없고, 새로운 조직으로의 변화도 어렵다. 리더는 아무나 되는 것이 아니다. 자신을 스스로 탁마하는 각고의 노력이 있어야만 리더가 될 수 있다. 리더의 정도正道가 무엇인지를 알아야 조직의 미래를 창조하는 사람으로 성장할 수 있는 것이다.

1900년대 후반까지만 해도 세상에는 우수한 리더십 이론들이 존재했다. 그 당시 리더의 기본은 수기치인修己治人[26]이었다. 사람을 다스리기 위해서는 먼저 자신을 단련해야 한다는 엄격한 수양을 강조했던 것이다. 각고의 자기 성찰과 자기탁마 없이 리더의 자리에 설 수 없었다. 그러나 다가올 미래의 리더는 구성원과 함께 솔선수범하는 모습을 갖추어야 한다.

위대한 리더로서 솔선수범하는 모습을 잘 보여 주는 일화가 있다. 남북전쟁이 한창일 때, 링컨 대통령은 부상당한 병사들이 입원해 있는 병원을 일일이 찾아다녔다. 링컨은 중상을 입고 죽음 직전에 있는 한 병사에게 다가가 도울 일이 없냐고 물었다. 대통령의 얼굴을 알지 못하는 병사는 어머니에게 보내는 마지막 편지를 써 달라고 부탁했다. 링컨은 병사가 말하는 내용을 정성껏 편지지에 받아 적었다. 그리고 "당신의 아들을 대신해 에이브러햄 링컨이 씁니다"라고 서명했다. 병사는 쓴 편지를 보여 달라 했고, 편지를 읽고는 깜짝 놀랐다. "당신이 정말로 대통령인가요?" 링컨은 다른 도울 일이 없는지 물었다. "제 손을 잡아 주시면 편안히 떠날 수 있을 것 같습니다." 링컨은 병사가 숨질 때까지 계속 기도하며 손을 잡아 주었다.

예전 농경 사회조직의 부호들처럼 막대한 자본력만 가지고 씨를 뿌려 수확할 수 있다는 생각은 버려야 한다. 혁신적 리더로 성공하려면 오래된 조직 풍토부터 바로잡아야 한다. 수數의 이론을 질質의 이론으로 한 단계 업그레이드 해야 하는 것이다.

그렇다면 구체적으로 차세대 리더가 갖추어야 할 슈퍼 리더십은 무엇일까?

차세대
슈퍼 리더십 원리

1. 차세대 리더는 선공후사先公後私해야 한다

리더는 공인公人 의식이 있어야 한다. 사익을 추구해서는 바른 리더라 할 수 없다. 기업이나 조직의 선진화라는 공동선의 실현을 목표로 헌신할 의지가 불타야 하며 개인의 사익을 추구해서는 결코 안 된다. 조직 전체를 위해서라면 리더의 사익은 포기해야 한다. 최근 공인 의식이나 윤리적 리더십을 제대로 가지지 못한 리더가 우리 사회에서 많이 발견되는데, 이러한 사람은 한마디로 '형용모순Oxymoron,' 즉 똑똑한 바보이고, 자신과 조직 모두를 속이는 것과 같다. 이러한 비윤리적 의식은 본인과 공동체를 모두 피폐하게 만든다는 사실을 명심해야 한다. 따라서 돈을 추구하거나 권력 자체를 즐기는 사람이라면 '조직의 차세대 리더'가 될 자격이 없다.

2. 차세대 리더는 정직해야 한다

무엇보다도 리더로서 언행일치하고 솔선수범해야 한다. 지도자가 정직한지 아닌지는 말과 행동이 일치하는지, 어려운 상황에서 솔선수범하는지에 의해 결정된다. 리더에 대한 구성원들의 불신은 바로 리더의 말과 행동의 불일치에서 오며, 이로 인해 리더와 구성원 간의 신뢰가 깨지고, 조직은 더 이상 이상적인 방향으로 나아가지 못하고 침몰하고 만다.

예로부터 동양 역사를 보면 무신불립無信不立이라 했다. 지도자는 국민의 신뢰가 없으면 아무것도 할 수 없고 정치는 반드시 실패한다는 뜻이다. 서양의 대통령 정치학에서도 정직을 지도자의 가장 중요한 제1덕목으로 꼽고 있다.

3. 차세대 리더는 자신을 낮추고, 남의 이야기에 귀 기울여야 한다

리더는 존대를 망상하는 사람이 아니다. 오히려 자신을 낮출 수 있는, 즉 하심下心할 수 있는 사람이어야 한다. '하심'하여야 타인의 말을 잘 들을 수 있고, 선청善廳할 수 있는 것이다. 훌륭한 리더라면 다른 사람의 말을 잘 듣는 것에서 끝나는 것이 아니라 구성원들의 마음을 읽을 수 있어야 한다. 그래야 조직이 안정적으로 오래 지속될 수 있다. 조직 내부의 목소리에 귀를 기울이지 않고 자신의 개인적 코드 혹은 성향을 구성원에게 강요하는 리더는 반드시 실패하고 만다. 리더가 조직 내 인재를 사랑하지 않고는 그러한 인재들이 모일 수가 없다. 자신을 아끼고 사랑하는 리더에게 인재가 모이는 것은 당연한 세상의 법칙이다.

4. 차세대 리더는 미래의 방향과 비전을 만들 수 있는 역량이 있어야 한다

자신이 속한 조직을 어떻게 선진화해야 할지에 대한 뚜렷한 의식과 사업 전략들을 가지고 있어야 한다. 비전과 정책에 대한 소신 없이 리더가 되겠다는 것은 동료와 자신을 속이는 일이다. 차세대 리더라면 끊임없이 고민하고 연구하여 미래를 자기 것으로 만들어야 한다. 어떤 리더는 회사의 비전과 정책은 전문경영인이 세우는 것이라고 생각한다. 하지만 이는 매우 잘못된 생각이며, 리더 스스로 깨우쳐 조직의 미래 비전을 제시할 줄 알아야 한다.

5. 차세대 리더는 국제적 감각과 경험을 키워야 한다

지구촌 시대에 국가 경영, 단체 경영, 기업 경영, 심지어 학교 경영도 우물 안 개구리 식의 방법은 통하지 않는다. 최근 중국의 경제 부상이 눈부시며, 9.11 이후 동북아에서는 새로운 세계군사안보질서까지 형성되고 있다. 중국과의 정상적인 교류도 현재 차세대 리더가 생각하고 풀어야 할 과제이다. 세계 경제전經濟戰의 파고波高는 높고, 헤쳐 나가야 할 문제들로 가득하다. 이처럼 급변하는 시대에 꼭 필요한 리더는 탁월한 국제 감각과 통찰력을 갖춘 사람이다. 이제 리더들은 동물적 감각과 경륜만으로는 조직을 끌고 나가기 어렵다는 것을 깨닫고, 세계의 흐름을 보고 메가트렌드 megatrends[27]를 읽을 수 있어야 한다. 또한 글로벌한 시야를 바탕으로 국제적 상거래 관행과 글로벌 스탠다드에 익숙해져야 하며, 국제적인 언어 능력도 한 가지 이상 갖추어야 한다.

6. 차세대 리더는 변화의 유연성이 있어야 한다

유연성은 새로운 가치나 변화의 흐름을 자신의 것으로 체화시킬 수 있는 능력을 말한다. 사회 전반적으로 디지털화 됨에 따라 새로운 네트워크 기술이나 문화적 차이를 충분히 이해하고 있어야 시대에 뒤떨어지지 않는다. 따라서 디지털 신기술과 관련된 세미나에 참석하거나 책을 통하여 새로운 지식을 습득하고 신세대 사고에 어울리는 유머 감각을 갖추도록 노력해야 한다.

7. 차세대 리더는 기본적인 소양으로 '헌신'을 가져야 한다

이것이 슈퍼 리더십의 가장 핵심 개념이다. 슈퍼 리더는 꾸준한 자기계발과 함께 조직원을 위한 헌신의 노력이 조화를 이룰 때 가능하다. 헌신은 행동으로 평가받으며, 사람들에게 영감을 주고 그들을 매혹시킨다. 좋은 리더와 나쁜 리더의 차이는 전력을 다하는 헌신이 있느냐 없느냐에서 확연히 드러난다.

슈퍼 리더십을 보여 준
세계의 리더들

변화와 혁신이 가능한 리더에게는 늘

그에 어울리는 훌륭한 리더십이 존재한다. 조직 내 변화와 혁신은 명령이나 통제가 아닌 구성원의 자발성이 있어야 가능하다. 미래 시대를 대비해 조직의 벽을 허물고 신뢰를 바탕으로 한 네트워크를 조성하여 구성원들마다 개성적인 프로세스를 만들도록 이끄는 것이 슈퍼 리더십의 기본적인 의미라 할 것이다.

지금의 불확실성 시대에는 한 명의 리더가 모든 걸 해결할 수 없다. 함께해야 조직을 더 강하게 만들 수 있다. 최근 미국과 영국을 포함한 유럽 내에서 가장 이상적인 미래형 리더십에 대한 연구 사례들이 쏟아져 나오고 있다. 이 시대 최고의 리더로 칭송받는 사람들은 천편일률적인 리더십으로 조직을 이끌지 않는다. 위키피디아의 창립자 지미 웨일스Jimmy Wales나 구글의 창립자 래리 페이지는 지식 기반의 오픈 소스형 플랫폼 시스템을 도입했는데, 이는 구성원들의 다양한 기술과 아이디어를 이끌어 낸 리더십이 있어 가능했다. 또 IBM 최고경영자 루 거스너Louis Gerstner[28]는 분야별 대표들과 돌아가며 전체 회의를 갖는데, 합리적 혁신을 위한 고민을 먼저 제시하고, 다양한 질문을 던지며 끊임없이 대화하여 결국 구성원들이 스스로 해답을 찾을 수 있도록 이끈다.

조직의 구태의연한 경영방식을 없애면서 구성원들의 지지를 이끌어 내어 새로운 통찰력과 창의력을 심어 주고자 하는 리더십이 슈퍼 리더십이다. 새로운 아이디어와 기술을 만들고 유연한 조직 문화를 이루는 중심에는 바로 슈퍼 리더가 있다.

다음은 하버드 명예교수이자 영국 런던 비즈니스 경영대 총장을 맡았던 린다 그래톤Lynda Gratton[29]의 '리더십의 변화 전략' 논문 가운데 일부를 인용하여, 실존했던 혹은 실재하는 리더를 통해 본 슈퍼 리더십 스타일을 이야기해 보겠다.

1. 소크라테스의 자기성찰형 스타일

반성하지 않는 리더의 삶은 가치가 없다.

_고대 그리스 철학자 소크라테스

벤자민 프랭클린은 생을 마감할 때까지 주변 사람들에게 소크라테스의 리더십을 강조하여 말했다고 한다. 리더는 용기와 자신감을 가져야 하며, 늘 새로운 질문을 던지고 새로운 방식으로 기존 문제들을 함께하는 사람들과 눈높이를 맞추고 엄격한 원칙까지 세워 문제의 핵심을 찾도록 만드는 것이라고 말이다. 현재까지도 유럽 내 최고 리더의 양서로 꼽히는《소크라테스의 변명》은 제자인 플라톤이 법정에서 했던 소크라테스의 주옥같은 말들과 감옥에서 제자들과 나눈 대화 내용들을 정리한 것이다.

소크라테스는 누구나 아는 세계의 4대 성인의 한 사람이자 고대 중국의 사상가인 공자와 더불어 인류 최고의 지도자로 꼽히는 인물이다. 고대 아테네 대표 철학자이기도 한 그는 늘 어떠한 주제에 대한 깨달음을 얻기 위해서 아테네의 현자들과 대화를 나누며 끊임없이 진리를 찾고자 하였다. 일반적인 현자들은 자신의 지식에 자만하여 남의 의견에 귀 기울이지 않았지만 소크라테스는 달랐다. 늘 자신이 무엇을 모르고 있는지에 대한 인지에서부터 깨달음을 얻어나가려고 노력했으며, 제자들도 늘 그렇게 가르쳤다. 자신에 대해 긴장을 늦추지 않았으며 논제에 대한 해답을 찾는 대화에서 상대방을 이해시키려 하지 않았고 자신에게 포커스를 맞춰 자신의 깨달음이 진실하다면 상대방도 그 깨달음을 이해할 거라고 믿었다.

소크라테스의 리더십이란 나 스스로 먼저 깨우치고 나를 다스려 다른 이를 이끄는 리더십 스타일이다. 자신의 부족한 점을 알고 세상의 변화를 깨우쳐 나가자는 상호 보완적인 관계 형성에 중점을 두는 리더십인 것이다. 배움을 통해 부족함을 채우고, 다른 이를 위한 빛이 되기를 소망하는 슈퍼 리더십의 표본이라 할 수 있다.

2. 마크 저커버그의 우정 창조자 스타일

리더의 우정은 받는 것도 주는 것도 아닌, 함께 느끼는 것이다.

_페이스북 창업자 마크 저커버그(Mark Elliot Zuckberg)

우정 창조자 리더십은 기존의 관료적이고 딱딱한 조직 문화를 타파하고 구성원들과 소통하며 아이디어를 나누고 변화와 혁신의 불씨를 지피는 발명가형 스타일을 말한다. 조직 내에서 '우정'이란 흔하게 사용되는 단어가 아니다. 그러나 최근 많은 젊은 차세대 리더들이 글로벌 기업을 맡았을 때 이끄는 리더 전략으로 사용되면서 알려졌고, 기업 내 집단 구성원들과의 우정 창조 문화가 얼마나 사내 질서에 중요한 영향을 미치는지 잘 보여 주고 있다.

특히 기업 조직 내 주요 구성원들에게 회사에 필요한 것이 무엇인지 편하게 전달하고, 또 구성원들이 회사에 요구하는 것이 무엇인지 대화를 통해 들을 수 있으며, 즐겁고 자유롭게 일할 수 있는 동기부여를 해 주니 부드러운 조직 문화를 만드는 데 적합한 리더십이라 할 수 있다. 단, 우정 창조자 리더십은 정착되는 데 시간이 오래 걸리며, 구성원들의 참여와 전폭적인 지지가 없을 때는 실현되기가 어렵다는 것이 단점이다.

3. 팀 브라운의 프로세스 설계자 스타일

시장을 가치 있게 평가하고, 시장의 기회를 이용할 수 있는 역발상은 관찰을 통해 나오는 혁신 리더의 슈퍼 전략이다.

_IDEO CEO 팀 브라운(Tim Brown)

프로세스 설계자 리더십은 단순한 관리가 아닌 조직을 움직이는 힘을 강화하는 리더십을 말한다. 수평적이고 기능화 된 조직으로 탈바꿈하는 데 도움이 되는 프로세스 설계자 리더십은 전략과 목표를 향해 구성원들이 함께 논의하고 움직이는 데 적합한 리더십이라 할 수 있다. 최근 들어 세계적인 기업 중 신 성장 핵심 계열사 또는 국가 산하조직단체 조직의 수많은 리더들이 선호하는 스타일로 새로운 리더가 조직의 가치 및 자신의 신념과 비전을 빠르게 전파시키는 데 유용하다. 미국 44대 대통령 버락 오바마 정권

21세기 슈퍼 리더의 이노베이션(Innovation) 전략 6단계

1. 관찰 → 2. 시각화 → 3. 평가 → 4. 개선 → 5. 헌신 → 6. 실행

L-listen : 상대의 말을 관찰하고 잘 듣는다.
E-explain : 상대를 납득하려는 마음을 담아 잘 설명한다.
A-assist : 상대를 도우려는 마음을 갖고 있다.
D-discuss : 상대와 대화하려는 마음을 갖고 있다.
E-evaluate : 상대를 정확히 있는 그대로 평가한다.
R-respond : 상대를 언제라도 적절히 대응할 수 있는 마음을 갖고 있다.

이노베이션의 획기적인 방식은 관찰부터 실행까지 6단계로 나뉘며, 그 중에서 관찰이 가장 큰 비중을 차지한다. 슈퍼 리더들은 사물을 '동사'로 풀이하여 관찰한다. 예를 들면, 휴대폰을 볼 때 '휴대하여 전화하기'라는 관점으로 바라보는 것이다. 상품을 동사화할 때 제품, 공간, 서비스, 이용방식에 대한 이해가 깊어질 수 있다.

의 직속 자문기관들이 실제 기술력, 자금력, 아이디어 성장을 이끌어 내기 위해 사용된 전략 중 하나이며 오바마 행정부 정권 말 국민들의 높은 평가와 지지를 이끌던 국가 기관 안정화 부분에 프로세스 설계자 리더십 전략은 매우 주요했다.

1978년에 창립하여 1991년 이후에 본격적으로 성장하기 시작한

IDEO(아이디오)[30]는 세계에서 가장 혁신적인 디자인 컨설팅을 이룬 대표 기업 중 하나다. IDEO의 CEO인 팀 브라운 대표는 회사의 글로벌 도약을 위해 조직의 기술력을 키울 때 이 리더십을 발휘하여 디자이너의 감수성과 작업 방식을 완전히 탈바꿈시켰다. 팀 브라운은 자신을 디노베이터 D-innovator[31]라고 말한다. 여기서 'D'는 디자인으로, 디자인을 통하여 혁신을 이룬다는 의미이다. 프로세스 설계자 리더십은 구성원의 조직에 대한 지지도와 호감도를 끌어내어 기술적 가능성과 경제적 생존 능력을 높이는 결과를 만들어 준다. 그러나 프로세스 설계자 리더십은 최고경영자와 중간관리자 사이의 괴리를 만들기도 한다. 최고경영자 입장에서는 인내와 헌신이 더 필요하기에 때때로 조직에 대한 관심도와 집중력을 떨어뜨리는 문제를 발생시키는 것이다. 그럼에도 불구하고 프로세스 설계자 리더십은 구성원들이 조직의 전략과 목표를 통해 미래에 대한 비전을 제시하고, 그 비전에 몰입할 수 있도록 한다.

4. 잭 웰치의 헌신하는 스타일

전 GE 회장인 잭 웰치 John Frances Welch jr 는 그의 저서 《위대한 승리 Winning》에서 규율의 달인을 넘어 혁신적이고 미래지향적인 리더로 서기 위해서는 큰 내기를 할 수 있는 용기와 비전을 가지고 있어야 한다고 말한다. 그는 수많은 강연회에서 조언을 구하는 기업 리더들에게 다음과 같은 말을 아끼지 않았다.

"모든 기업이 직면할 수 있는 위기를 극복할 수 있는 힘, 즉 열정적인 몰입과 반드시 해내고야 말겠다는 불굴의 의지를 갖춘 헌신(섬김)의 리더십을 가져야 한다. 물론 이때마다 어떤 이유를 들어서든 리더의 생각과 열정의 불꽃을 방해하려는 방해 공작은 끊임없이 펼쳐질 것이다. 그럴 때마다 식어가는 조직에 다시 불을 지필 수 있는 것은 바로 리더의 헌신뿐이다."

헌신이란 조직의 강도를 유지시키는 촉매제일 뿐만 아니라 식어가는 열정 에너지를 회복시켜 주는 기폭제 같은 것이다. 조직 내 헌신이 뒷받침되는 리더의 원칙이 있어야만 그 안에서 오래 타오를 수 있다. 리더가 위기를 극복할 수 있는 유일한 힘은 구성원들과 함께 머리를 맞대는 것이다.

치열한 경쟁의 삶을 살았던 잭 웰치는 1984년 미국에서 가장 무자비한 경영자 1위에 올랐던 인물이다. 늘 경쟁과 도전, 용기와 헌신을 강조했지만, 그에게 돌아오는 것은 개혁을 비난하는 사람들의 비난과 혹평이었다. 하지만 그는 조직 내외부에서 나오는 비판에 크게 신경 쓰지 않았고 언제나 묵묵하게 성과로 답했다. 그는 자신감 있는 결단력으로 위기에 빠진 GE를 여러 번 구했고 치열한 기업 전쟁에서도 승리를 거두었다.

사실 그는 어릴 적 심각한 말더듬이였다고 한다. 종종 식당에서 주문할 때면 웨이트리스는 "차-참치tu-tuna 샌드위치요"라는 그의 주문을 "참치two tuna 샌드위치 두 개요"라고 알아듣고 가져오곤 했다. 그런데 그의 어머니는 잭 웰치를 꾸짖거나 말더듬이 버릇을 억지로 고치려 들지 않았다. 오히려 그의 마음을 다독이고 격려해 주는 말을 해주었다. "웰치, 네가 말을 더듬는 건 네가 너무 똑똑하기 때문이야. 누구의 혀도 네 똑똑한 머리를 따라갈 수는 없어." 어머니의 칭찬과 격려는 결국 그를 세기의 경영인으로 만들었다. 탁월한 위기관리 능력과 강력한 리더십으로 퇴임 시까지 단 한 번도 개혁을 위한 리더의 헌신을 멈추지 않았다. 늘 사람에게 가치를 두었고 개인과 기업, 국가와 사회 모두에게 "사람이 중심"이라고 외치는 인재 경영을 했다. 이처럼 누군가의 헌신은 변화를 만든다.

트위터와 페이스북의
슈퍼 리더십 7가지

1. 커뮤니케이션

리더와 구성원의 협력을 통해 업무를 처리하는 파트너십 관계는 리더십의 기본 원칙으로, 조직의 대인 관계에 있어 효과적인 커뮤니케이션 기술은 가히 절대적이다. 마크 저커버그는 조직의 리더들에게 "직원들과의 효과적인 커뮤니케이션 기술은 뛰어난 리더가 되기 위한 가장 기본적인 자질"이라고 늘 강조한다. 지속적으로 대화를 나누다 보면 사고가 유연해지고 각자 자신의 의견을 자유롭게 교환할 수 있게 되어 결국 합의점을 찾을 수 있기 때문이다. 적극적이고 효율적인 커뮤니케이션을 할 수 있는 리더는 대화를 통해 가능한 모든 문제의 해결 방법을 찾는다.

2. 동기 부여

리더는 구성원들에게 도전적인 업무를 부여하고 창조적이고 건설적인 피드백을 확실히 함을 원칙으로 한다. 한편, 그 결과로 누구든지 성과를 내면 제대로 보상할 수 있어야 한다.

3. 임파워먼트

임파워먼트Empowerment는 조직 구성원에게 업무 재량을 위임하는 것이다. 자주적이고 주체적인 체제 속에서 사람이나 조직의 의욕과 성과를 이끌어 내기 위한 '권한 부여', '권한 이양'의 의미로 보면 된다. 고객에 대한 신속한 대응과 함께 구성원이 직접 의사 결정에 참여하여 현장에서 개선과 변혁이 신속정확하게 이루어지기 위해 필요한 것이다. 임파워먼트의 주목적은 직원들이 기업의 발전과 성공에 매우 값진 기여를 하고 있다는 점을 인식하도록 하는데 있다. 직원에게 권한을 위임하여 책임의식을 느끼도록 하면 리더와 권한을 위임받은 직원과의 신뢰는 더욱 돈독해진다.

4. 리더형 상사의 차별화 역할

조직 내 상사형 리더들은 절대 많은 실무를 맡지 않는다는 것이다. 기업의 성장과 발전을 위해 프로젝트나 방법의 기획만을 주로 맡아 한다. 세부 업무들은 실무 직원에게 위임하고, 자신은 비전을 발전시키고 이루는 데 전력을 기울이는 것이 리더의 임무라 믿는다.

5. 인재 채용

정기 공채는 줄이고 리더의 권한으로 뽑는 인재 채용을 원칙으로 한다. 채용 과정이 대단히 중요하다는 사실을 인식하는 리더만이 최고의 인재를 얻을 수 있으며, 궁극적으로는 훌륭한 인적 자원을 얻음으로써 강력한 작업 환경까지 조성하게 된다.

6. 직원 평가

리더는 조직이 문제없이 돌아가도록 그들의 업무 성과를 철저하게 평가한다. 업무 평가는 연중행사 식으로 하는 일회적인 것이 아니며, 연 3회 이상 지속적으로 이루어진다. 직원을 평가할 때는 긍정적인 평가와 부정적인 평가를 동시에 한다.

7. 감성 리더십

신세대들이 경제 주체로 부상하면서 이들과의 소통 문제가 당연히 생기게 된다. 이들의 뛰어난 잠재적 역량을 살려 기업 경쟁력 강화로 이어지게 하기 위해서는 자연스럽게 소통할 수 있는 공간과 자리를 우선적으로 제공하고, 리더가 먼저 들어 주는 1:1 커뮤니케이션을 실천해야 한다. 특히 신입사원 관리는 핵심 인재로 선별해 효율적으로 유지 관리하는 것이 중요하다. 감성적 리더십을 바탕으로 소통하고 내재적 보상을 많이 할 수 있는 시스템을 기본 원칙으로 한다.

21세기 새로운 변화의 시대는 이미 시작되었다. 디지털 세상은 변화의 속도로 더욱 신속하고 정확한 의사 결정을 할 수 있는 '리더와 리더십'을 필요로 하고 있다. 진정한 리더가 되기 위해서는 꿈dream, 꼴boss-type, 끈network, 끼competency, 깡courage, 꾀creativity가 있어야 한다. 다시 말해 지도자가 되기 위해서는 미래의 비전을 창출할 수 있어야 하고dream, 통이 크고 자신감이 있어야 하며boss-type, 많은 사람들과 인맥 네트워크를 형성하고 양질의 정보를 소통할 수 있어야 하고network, 미래의 비전과 업무에 대한 열정과 역량을 가지고 있어야 한다competency. 전략적 의사 결정에 대한 결단력과 추진력이 있어야 하며courage, 창의성이 풍부한 아이디어creativity를 제시할 수 있어야 한다. 미래 변화의 시대를 이끄는 효과적인 차세대 리더십은 이제까지와는 다른 혁신적 리더십이어야 한다.

21세기 슈퍼 리더란, 직원으로 하여금 자기 자신을 스스로 리드할 수 있도록 해주는 솔선형 헌신 리더를 말한다. 즉, 직원을 셀프 리더로 만들 수 있어야 한다.
_기입 커뮤니케이디 찰스 C. 맨즈와 헨리 P. 심스 Jr.

6장

액팅 파워
트렌드

E R A   O F   U N C E R T A I N T Y

리더가 확고한 주관과 가치관으로
자신을 단단히 세워 나갈 때
적절한 균형감각을 지키며 트렌드 전략을 펼칠 수 있다.

유행의 흐름과 소비자 욕구에
집중하고 행동하라

'경제는 심리의 흐름'이라 할 수 있다. 일반 소비자들의 심리의 흐름을 읽기 위해서는 그들의 감정과 욕구를 확인하는 과정이 필요하다. 조직 내 리더는 여러 경로의 수많은 소비자들에게 얻은 리서치 데이터를 분석하고 면밀한 조사와 연구를 통해 변화의 흐름을 읽는 액팅 파워 트렌드를 꼭 기억해야 한다. 다시 말해 반짝하는 유행이 아니라 한 해를 지배할 중장기적 트렌드를 전망해야 하는 것이다. 일반적으로 우리가 알고 있는 트렌드의 정의는 '소비자들이 일정 기간 동조하는 변화된 소비가치'를 의미한다. 그러나 최근 트렌드 기조는 사회 대다수 사람들이 동조하고 10년 이상 지속되는 사회 경제 문화의 거시적 경향으로 풀이된다. 어떤 현상이 단순히 한 영역의 트렌드에 그치지 않고, 한 공동체의 변화를 수반할 때 그것이 진정한 '트렌드'가 되는 것이다. 트렌드의 3대 동인으로는 '경제, 기술, 인구'가 꼽힌다. 이 3가지 요인은 사회 전체의 변화를 가져오는 리더에게는 매우 의미 있는 혁신적 키워드이다.

시대의 흐름과 동향을 읽고 자기 자신을 리드할 수 있는 슈퍼 리더라면 시장 내 소비 욕망을 읽고 지표와 통계 대신 유행하는 일상을 통해 다가올 트렌드를 전망하여 많은 사람들이 몰랐던 일상 속 진짜 기조를 파악해야 한다.

액팅 파워 :
자신을 믿고 실행하라!

21세기 리더가 최신 트렌드를 전망할 때는 매우 중요한 포인트가 있다. 바로 한 분야에 집중할 수 있는 인간의 자존감을 상승시키고 내일은 오늘보다 나아질 것이라는 희망 키워드를 기본 바탕에 두는 것이다.

최근 금융계의 조지 소로스George Soros[32]와 투자의 귀재로 불리는 워런 버핏Warren Buffett의 인생을 다룬 책을 3년 만에 다시 정독했다. 두 사람 모두 1930년생으로, 무일푼으로 시작해서 엄청난 투자 수익을 거둔 것으로 유명하다. 무엇보다도 이들의 공통점은 자기 철학에 대한 뚜렷한 확신으로 인생에 큰 획을 그었다는 것이다. 그들이 긴 세월 동안 꽃길만을 걸은 것은 아니다. 그럼에도 불구하고 세계적인 대부호의 자리에 오를 수 있었던 것은 자신에 대한 굳건한 확신과 믿음 때문이었다.

조직의 운명이란 경영의 최종 키를 잡은 사람의 선택에 따라 성패가 갈린다. 그래서 경영자들은 늘 알 수 없는 두려움에 시달린다. 소로스와 버핏 역시 그러했다. 그들은 다음과 같은 말을 자주 했다.

"나의 인내와 자존감을 키우는 방법은 바로 '자기 확신'self conviction뿐이다."

그렇다. '자기 확신'은 말 그대로 자신을 믿어야 가능하며, 결코 남의 도움으로는 커질 수 없다. 리더의 '자기 확신'이란 단순히 자신의 성공을 대변할 때 필요한 것이 아니라 수많은 역경과 실패를 맞아 이겨 낸 경험, 스스로 가치 있는 일을 하는 존재임을 자각하는 인식, 누군가의 도움을 받기보다는 자신의 노력으로 충분히 목표를 달성할 수 있다는 강한 신념을 나타낼 때 비로소 제대로 빛난다. 물질적 성공이든, 정신적 성공이든 절대로 '자기 확신' 없이는 불가능하다. 리더란 확고한 주관과 가치관이 합쳐져 자신을 단단히 세워 나갈 때 적절한 균형 감각을 지키며 두려움을 이겨 트렌드 전략을 펼칠 수 있는 것이다.

지난해 킹스 칼리지King's College의 대학원 최고경영자 과정을 밟고 있는 세계 경영자 150명을 대상으로 리더로서 어려운 판단 결정 기준이 무엇인지 조사한 적이 있다. 그들이 준 답을 바탕으로 다음의 결과가 나왔다.

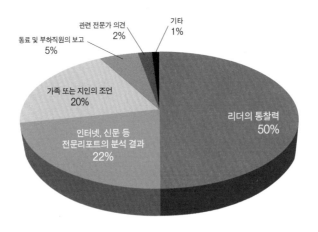

리더의 결정 기준 요인

- 관련 전문가 의견 2%
- 기타 1%
- 동료 및 부하직원의 보고 5%
- 가족 또는 지인의 조언 20%
- 인터넷, 신문 등 전문리포트의 분석 결과 22%
- 리더의 통찰력 50%

21세기 리더의
통찰력

　　리더의 긍정적 자기 확신은 스스로 바라고 노력하는 것들을 꾸준히 되뇌어 무의식에 닿아 실제로 목표를 이루게 하는 통찰력을 말한다. 긍정적 확신을 통한 리더의 통찰력은 뇌 과학이나 인지과학, 실험심리학의 발달로 인해 재조명을 받고 있으며, 실제로 많은 연구 결과에서 개인의 가치 평가와 의사 결정에 영향을 준다는 사실도 입증되었다. 자신이 바라는 상태나 원하는 바를 짧은 문장으로 정리해 자기 확신 실행 목록을 만들어 보길 권한다. 그 목록들을 눈에 잘 띄는 곳에 붙여 두거나 끊임없이 되뇌이는 것도 좋은 방법이다.

　　이처럼 자신에 대한 새로운 믿음을 만들고 각인시키는 데는 끈기와 노력이 절대적으로 필요하며, 간절히 이루고 싶은 목표가 있다면 자신의 무의식 속에 새로운 믿음이 자리 잡게 해주어야 한다. 당신의 뇌가 무의식적으로 긍정적인 새로운 믿음을 받아들인다면 그때부터 눈앞에 펼쳐지는 기적 같은 일들을 목격하게 될 것이며, 짧게는 십여 년, 길게는 수십 년 동안 기업을 일구며 겪었던 자신의 경험을 바탕으로 얻은 통찰력을 신뢰하게 될 것이다.

'자신을 믿는다는 것'은 사실 어려운 일이며, 한 개인이 자신의 판단을 확신하고 실행에 옮기는 일은 더 힘들다. 하물며 경영하는 리더의 입장이라면 어떻겠는가? 자신의 판단 하나가 적게는 수십 명에서 많게는 수천 명의 직원의 생계를 좌지우지하니 그야말로 매일매일 솔로몬의 지혜를 구해도 모자랄 판이다. 그렇다면 자기 확신을 갖기 위해서는 무엇이 필요할까?

답은 바로 두 가지다. 하나는 인내이며, 다른 하나는 미래를 보는 통찰력이다.

조선 시대 다산 정약용은 유배지에서 《목민심서》, 《경세유표》, 《흠흠신서》 등 500여 권에 달하는 방대한 저술을 남겼다. 만약 그가 유배지에서 자신의 슬픈 현실을 비관하고 한탄하기 바빴다면 어땠을까? 그는 자신 앞에 놓인 암울한 상황을 자기 확신과 통찰력을 가지고 인내하며 그 시간을 즐겼으며, 위기를 기회로 탈바꿈시키고자 사력을 다했다.

당신에게 기회가 없음을 한탄하지 말라. 세상을 보는 안목을 넓히고 생각을 키워 다가올 기회를 행동으로 낚아채라. 미국의 대

'If' 증후군을 버리고, 'As if' 법칙으로 움직여라!

기업 경영주, 정치가, 문화계 거장 등 각계 리더들을 만날 때마다 자주 듣는 말이 있다. 과거의 실수를 생각하면서 "만약에(If) 내가 그때 다르게 행동했다면 어떻게 되었을까?"라고 묻는 것이다. 물론 인간이라면, 과거의 일에 대해 아쉬움과 미련이 남기 마련이다. 그러나 이런 생각은 비생산적일 뿐 아니라, 과거의 실수를 만회하는 데 전혀 도움이 되지 않는다.

절대 자신이 무엇이 안 되거나 못 되는 것은 그리 걱정할 일이 아니다. 인생에서 'As if' 법칙은 언제나 통하기 때문이다. 'As if'는 '마치 ~인 것처럼 행동하는 것'을 말한다. 이것은 인생에서 가장 아름다운 열매를 맺게 해주는 불변의 법칙 같은 것이다.

리더의 자리에서는 가능한 두렵지 않은 것처럼 행동하라. 그러면 마침내 당신은 헌신할 수 있는 용감한 리더가 될 것이다. 자기 확신을 가지고 행동하다 보면 필히 당신 곁에서 도와줄 사람도 발견하게 된다. 주인공처럼 행동하라. 그 결정적 한 가지로 인해 당신은 인생에서 엑스트라가 아닌 통찰력을 가진 주인공으로 우뚝 설 것이다.

철학자이자 하버드대학 교수인 윌리엄 제임스William James[33]는 죽기 전 자신의 마지막 수업에서 이런 말을 남겼다.

"성공의 열매를 맺기 위해서는 당신이 지금 당장 해야 할 것을 행동으로 옮겨야 한다."

자기 확신을 기회로 바꾸려면 반드시 행동하고 움직여야 결과의 열매를 낼 수 있다.

미래의 리더가 주목할
트렌드 신조어

1. 있어빌리티

글로벌 시장조사전문기업 스트래티지애널리틱스SA는 2018년 1월 미국 캘리포니아 지역 만 19세~59세 성인남녀 1천 명을 대상으로 '라이프 스타일'과 관련된 설문조사를 실시한 결과 나이, 성별 통합 공통 1위로 오른 것이 '인생은 단 한 번뿐, 나를 보여 주고 자유로운 라이프 스타일을 추구하는 것'이었다. 나를 잘 보이고 싶어 하는 능력, 즉 유행처럼 번지고 있는 '있어빌리티'를 말하는 것이다.

신조어 '있어빌리티'는 '있어 보인다'와 'Ability(능력)'의 합성어이다. 한때 SNS를 하는 사람을 조롱하는 부정적인 표현으로도 쓰였고, 유럽에서는 '쇼 블러프Show Bluff' 같은 허세의 뜻으로도 통용되었다. 이처럼 인스타그램, 페이스북 등 SNS에 허세 가득한 삶을 끝없이 올리는 현상들이 전 세계로 확산되면서 20~30대 트렌드 문화로 빠르게 자리 잡았다. 이것이 기존의 유행과 다른 점이 있다면, 단순히 고가의 명품을 자랑하는 '과시' 형태의 스타일이 아닌 평범한 일상이나 물건을 통해 자신만의 개성을 부각시키는 '차별화' 문화로 탈바꿈되고 있다는 점이다.

원래 인간이란 자신보다 더 좋은 조건을 가진 사람에게 관심을 갖고 동경하게 된다. '있어빌리티'는 바로 이런 점과 부합되며 SNS에서 포토샵과 화려한 연출이 더해진 사진과 영상을 통해 드러나고 있다. 자신의 모습과 삶이 실제와는 다르게 부풀려지는 면이 있지만, 개성 있는 나를 보인다는 면에서 긍정적인 평가를 받고 있으며, 이런 신드롬은 2018년에도 여전히 유행처럼 번져 세계적인 SNS 라이프스타일 핫 키워드로 자리 잡고 있다. 특이한 점은 신세대 온라인 문화에서 시작된 것이지만 앞으로도 지속될 미래적 트렌드로 평가되며 향후 젊은 층 소비 패턴까지 영향을 주고 있어 영국에서는 2017년도 영국 파이낸셜과 미국 LA 타임지가 뽑은 '핫 앤 이슈 스타일 트렌드 아이콘'으로 선정되었다. 한국 서울대학교 소비트렌드 분석센터가 쓴 《트렌드 코리아 2018》[34]에는 현재의 행복을 가장 중시하고 저축보다는 소비를 선택하며 자극적인 것보다는 일상 속 소소한 즐거움과 안락함을 추구하는 '있어빌리티'의 증가폭을 전망했다. 또한 세계 경영 전문가들도 한 장의 사진만으로 '나'라는 사람이 설명되는 문화인 '있어빌리티'가 가까운 미래에도 엄청난 소비문화 아이콘으로 클 것으로 예측하고 있다.

최근 한국 인터넷 포털 다음Daum에서 20~30대 성인남녀 2,000명을 대상으로 실시했던 설문조사 결과 발표가 있었다. SNS에서 자신의 행복한 모습을 더 많이 보이고 싶어 하는 사람들이 10명 중 6명꼴이었는데, 조사에 참여한 남녀 성별을 따져 보니 남성

53.1%, 여성 69.3%로 비슷한 비율을 나타냈다. 오히려 그 모습이 진짜가 아니어서 싫다는 답변은 고작 6.4%에 그쳤다. '적당한 허세'는 이제 우리 사회에서 치열한 경쟁 속에 남과 비교당하며 낮아지는 자존감을 회복하고, 스스로를 다잡는 계기를 만드는 아이콘이 되어 가고 있다. 미래 직업군에서도 사람을 자주 만나는 직업군은 낭비하지 않는 선에서 좋은 옷과 패션 아이템, 적절한 자기 PR로 허세를 부리는 것이 자신을 업그레이드하여 미래의 라이프스타일을 펼쳐나가는 데 도움을 줄 수 있다. 21세기 젊은 층에서 거론되는 허세는 팍팍한 삶에 활기를 더해 주는 양념이 될 수 있다.

2. 덕후

21세기 신조어 중 '덕후'라는 단어가 있다. '집'이라는 뜻의 일본어 오타쿠Otaku, 御宅에서 '타쿠'를 한글식으로 발음한 것으로, 본래는 애니메이션 분야에서 쓰는 전문용어였으나 최근에는 '자기가 좋아하는 하나의 것을 파는 사람', '한 가지 일에 몰두하는 사람'으로 그 뜻이 광범위해졌다. 한국에서는 같은 의미로 '~광', '~마니아' 등이 함께 쓰이기도 한다.

미래 경영 트렌드로 떠오른 '덕후' 열풍은 사실 모든 사람들이 무겁고 힘든 현실에 눌려 있기 때문에 일어난 현상이다. 합리적인 제품보다는 재미있고 매력적인 제품을 소비하는 시대가 도래하면서 마케팅이나 커뮤니케이션 분야의 핵심 트렌드가 되었다. 인생

사진 한 컷 건지기 위해 여행을 가고, 자신이 좋아하고 즐거워하는 물건을 소비하며 열광하는 시대가 된 것이다. 이러한 '덕후'의 중요 포인트는 바로 한 분야에 열중하고 집중하는 것이다.

최근 세계적 기업 중 성공한 덕후로 불리는 리더들이 많아지고 있다. 미래의 매력적인 소비 시장을 만들기 원하는 기업 리더라면 제품이나 서비스에서 반드시 리미티드 에디션 등 다양한 프로모션과 관련한 사고를 할 줄 알아야 한다. 앞으로는 '덕후' 성향의 소비자들이 좋아하는 취향과 가치, 추억과 경험을 고려하여 제품과 서비스를 개발해야 할 때다.

최근 미국 미시간주립대학교Michigan State University 제임스 매디슨 강단에서 열린 '2017년 신 경영산업 연구학회 세미나'에서는 5년간 기업, 법학, 문화, 정치, 과학(원자핵물리학 포함)계 분야에서 최근 시장을 선도해 나가는 성공한 신 리더들의 삶의 패턴을 분석 연구한 사례가 발표되어 많은 사람들의 주목을 받았다. 이들 내용 중 특이한 것이 있는데 바로 리더의 '덕후' 기질이 사업에 지대한 영향을 끼친다는 것이었다. 이 발표 내용은 지난 2017년 4월 미국산업자원부 산하 트렌드 경영센터에도 채택되어 해외 외신을 통해 세계 초 인류 기업 CEO 및 임원들에게 소개되기도 했다.

3. 욜로

2017년 젊은이들의 폭발적인 지지를 받았던 트렌드 신조어 중 '인생을 즐겨야 잘 산다'라는 뜻의 '욜로Yolo' 라이프가 있다. 미국 내 젊은 20~30대 층에서부터 빠르게 번지기 시작했는데, 자신의 현재의 행복을 최우선으로 추구하는 삶의 자세와 태도를 표현한 것이다. 사람들이 지향하는 삶의 태도는 결국 현재 내가 하고 싶은 것을 하면서 살아야 후회가 없고 잘사는 것보다는 즐겁게 살고 싶다는 바람을 내비치고 있다. 그만큼 한 번뿐인 인생을 즐기면서 '나'를 위해 살고 싶어 하는 사람들이 점점 더 많아지고 있으며, 먼 미래의 일보다는 현재 내 삶의 만족이 더 중요하다고 생각하는 생활 문화가 확립된 것이다. 이는 무엇인가를 하지 않고 후회하는 것보다는 하고 나서 후회하는 것이 더 낫다는 생각을 수반하고 있기에 충동구매이긴 해도 내 기분이 좋아진다면 그만한 가치가 있다는 새로운 소비 패턴을 형성한다. '현재'를 중시하는 시대적 '라이프' 스타일의 특성이라 볼 수 있다. 이미 유럽에서는 기업 단체 행사나 문화 행사에서 '욜로족'을 새로운 신세대로 부각시키고 있으며, 리더라면 꼭 알아야 할 시대적 트렌드 문화로 자리 잡았다.

원래 욜로는 'You only live once'의 줄임말로 '인생은 한 번뿐, 현재를 즐기자'는 뜻을 포함하고 있다. 나의 오랜 지인 중에 '욜로 라이프' 인생을 꿈꾸며 사회와 타인의 시선에 구속되지 않고, 자신의 행복을 가장 중요하게 생각하는 태도를 보여 준 한 사람이 있어 소개해 본다.

뉴욕에서 인도 카페를 운영하는 로리 사이먼Laurrie Simon은 5년 전까지만 해도 번듯한 은행에서 기업투자 담당자로 일하는 매우 전도유망한 뉴요커의 삶을 살고 있었다. 좋은 성품에 능력까지 인정받아 높은 연봉으로 회사를 다녔지만, 어느 날 단 한 번뿐인 인생을 살면서 자신이 하고 싶은 일을 해보자는 마음이 불현듯 들었다고 한다. 주변 동료들의 만류에도 불구하고 불쑥 사표를 내고 새로운 도전을 하게 된 그녀는 1년여 동안 사업을 구상하고 계획을 세워 마침내 뉴욕5번가에 멋진 카페를 차렸다. 그녀는 갑자기 회사를 그만둔 이유로, 자신의 상사처럼 회사에 몸 바치며 그저 그런 삶을 살기가 싫었다고 했다. 경력이 쌓이면 으레 얻게 되는 직책과 책임, 회사를 위해 내 삶은 없는 인생살이에 회의가 든 것이다. 그녀는 자신이 진정으로 원하는 삶이 무엇인지 곰곰이 생각하고, 하루를 보내더라도 원하는 일을 하기로 결심했으며, 결심한 후에는 흔들림 없이 과감하게 자신의 꿈을 위해 앞으로 나아갔다.

한국에도 로리와 같은 삶을 꿈꾸는 젊은이들이 늘어나고 있다. 자신을 위해 쓰는 돈을 아까워하지 않고 마음껏 투자하는 라이프 스타일인 욜로 열풍은 젊은 20~30대층을 중심으로 한국 사회에 급속도로 번지고 있다. 2017년 금융권에서 '욜로족' 관련 재테크 상품을 출시했다고 하니 한국 사회도 이러한 현상이 단발성으로 그칠 것 같지는 않다. 다가오는 미래에는 눈치 보지 않는 나만의 삶을 즐기려는 사람들이 점점 늘어날 것이며, 그에 따라 시장의 소비 트렌드도 지향점이 완전히 달라질 것이다. 이 점에 대해 기업 조직의 리더라면 관심을 갖고 살펴보아야 한다.

욜로족은 자신의 집을 유니크하게 꾸미기를 좋아하고, 청소기, 커피머신, 공기청정기, 냉장고 등의 가전제품까지 독특한 자신만의 개성을 살려 주는 디자인을 선호한다. 또 장난감이나 피규어를 모아 진열하는 키덜트(kid+adult)[35]들도 늘어나고 있다. 자신의 개성 적인 집을 사진 찍어 페이스북이나 인스타그램에 올리는 일은 그들에게 평범한 일상이 되어 버렸다. 기성세대 입장에서는 요즘 사람들이 무분별한 과소비를 한다고 눈살을 찌푸릴 수도 있지만, 젊은이들은 자신의 관심사 외에는 철저히 절약하고 아끼는 소비 성향을 보여 주고 있음도 잊지 말자.

한국의 신세대 젊은 직장인들은 물가가 올라 돈 쓰기가 겁난다 면서도 벼르던 명품 백을 사거나 자신이 좋아하는 자동차를 구입 하는 데는 아낌없이 지갑을 연다고 한다. 이것 역시 '욜로 소비'로, 그들은 돈을 쓸 곳과 아끼는 곳을 철저히 나눠 계획하며 자신을 위한 일을 제1순위로 둔다는 점이 특징이라 할 수 있다. 돈을 쓸 때 나의 '가치소비'를 지향하는 세대들이 바로 '욜로족'이며, 화장품, 자동차, 여행 등 제조와 서비스 기업의 리더라면 반드시 이러한 트렌드를 알고 시장을 준비해 나가야 한다. 유럽은 최근 50대 욜로 족을 타깃으로 한 고가의 맞춤형 융합상품들이 시장에 넘쳐나고 있다. 유럽 내 50대 소비 계층은 10여 년 전부터 EU를 포함, 북유럽과 서유럽 시장의 40%를 넘어서고 있고 점점 더 연령층이 높아지고 있다. 한국 사회도 몇 년 뒤 고령화 사회를 본격적으로 맞아, 좀 더 다양한 연령층의 욜로 상품들이 시장에서 늘어날 것이다.

한국을 포함한 일본, 중국, 싱가폴 기성세대들 중에도 평생을 자식과 부모님을 위해 '계획소비'만 하던 이들이 은퇴 후 자신의 삶을 위해 소비하고 즐거움을 누리려는 트렌드가 나타나고 있다. 이 점을 간과하면 안 되는 이유는 욜로가 새로운 소비 트렌드로 떠오르면서 미래 시장 사이즈도 덩달아 커질 것이기 때문이다. '여행 덕후'인 싱글족뿐 아니라 은퇴 후 삶을 즐기는 세대까지 욜로 라이프가 빠르게 퍼져나가고 있어 머지않아 욜로족이 시장의 큰 손이 될 것이다. 이제 구시대적인 관점을 가지고 신세대를 바라보면 안 된다. 젊은이들은 국가의 미래이며 단체와 기업의 고객이자 주인이다. 그들의 라이프 스타일을 비난하기보다는 이해하고 분석할 필요가 있다. 최근 전 세계적으로 젊고 유능한 경영자들이 신세대와 함께 가기 위한 전략으로 '유스 마케팅'Youth Marketing[36]을 선포한 것만 보아도 알 수 있다.

혁신 비법을 행한
트렌드 세터

미래를 내다보고 준비하는 능력이 뛰어난 젊은 인재에게서 영감을 얻는 것은 어떤 전략보다도 현실적이고 혁신적이다. 21세기 들어 만났던 젊고 유능한 리더들 중에 자신만의 차별화된 노하우를 준비해 큰 그림을 그려나가는 혁신적인 리더를 꼽으라면 "DJI의 프랭크왕, 테슬라의 엘론 머스크, 알리바바의 마윈, 페이스북의 셰릴 샌드버그"이다. 각기 다른 성향과 색깔을 가진 이 네 사람은 전 세계가 인정하는 21세기 트렌드

▶▶▶

미래의 가치적 고객 확보를 위한 트렌드 전략 '유스 마케팅'

'유스 마케팅'은 다소 개념이 생소한 트렌드 마케팅 전략이다. 새로운 개념이다 보니 잘못된 의미로 사용되기도 한다. 일반적으로 '키즈 마케팅'과 비슷한 전략이라고 혼동하는데, 키즈 마케팅은 아동복이나 캐릭터 상품을 파는 전문 기업들이 자신들이 확보한 고객을 대상으로 단기적 판매를 늘리기 위해 하는 판촉 활동을 말한다. 기업의 미래를 체계적으로 다져나가기 위해 성장 세대에 집중하는 유스 마케팅과는 그 목적부터가 확연히 다르다.

유스 마케팅은 전략적 브랜딩 마케팅으로 특정적 상품 판매보다는 기업 브랜드를 긍정적으로 인식시키는 것을 주된 목적으로 한다. 하지만 일반적인 브랜딩과 다르게 유스 마케팅은 유스 세대라는 명확한 타깃이 존재한다. 유스 세대 뒤에는 자녀에게 정성과 애정을 쏟는 막강한 부모들이 있다. 그들은 현재 시점의 상품 소비층이다. 그러므로 유스 마케팅은 '유스 세대 + 부모' 층을 집중적으로 공략하는, 타깃이 분명한 차세대 브랜딩 전략이다.

한마디로 유스 마케팅은 유스 세대(성인이 되기 전의 어린 시절)의 성장 시기에 친근한 이미지를 심어 미래의 잠정적 고객으로 이끄는 전략전술이다. 기업의 미래를 좌우하는 마케팅과 브랜딩이라는 영역의 가치가 어우러진 메가트렌드_{megatrends} 경영 전략의 핵심이라고 할 수 있다.

세터trend setter 리더라 말할 수 있다.

나 역시 이들을 주저 없이 꼽는 이유는 리더로서 내향적인 면과 외향적인 면 어디에도 치우치지 않고 시대의 풍조나 유행 등을 조사하고 선도하는 진정한 프로의 모습을 보이며, 놀라울 정도의 창의력과 시대의 트렌드를 읽는 통찰력을 겸비하고 있기 때문이다. 젊은 차세대 리더들은 이런 배울 점이 많은 혁신 리더를 자신의 조직에서 만나길 원할 것이다. 단순히 회사 규모와 실적보다는 기업의 성장 잠재력을 보고 일하는 것을 더 중요한 선택적 가치 기준으로 생각하기 때문이다. 그렇다면 최신 트렌드를 읽고 혁신 기법을 통해 성공을 거둔 리더들의 내면에는 어떤 숨은 비법들이 있을까? 폭발적인 속도로 가치를 창출하는 자수성가형 리더들은 억만장자라는 수식어까지 붙었다. 이제부터 그들이 어떻게 리더이자 억만장자로 성장할 수 있었는지 하나씩 살펴보자.

1. 드론계의 스티브 잡스, 프랭크왕

몇 년 전부터 세계 상업용 드론Drone 시장이 급격히 커지고 있다. 2년 동안 시장 가치 기준 약 2조 7천억 이상으로 성장했다는 보고도 있다. 해외 외신 '비즈니스 인사이더'는 〈BI 인텔리전스 보고서〉를 통해 전 세계 드론 시장이 약 80억 달러(약 10조 원)이며, 2020년이 되면 약 120억 달러(약 14조 원)로 시장이 확대 성장할 것이라고 발표했다. 이러한 드론업계에서 독창적인 기술로 세계 시장을 주도하며 '드론계의 애플'이라는 수식어까지 붙은 젊은 기업이 있다. 2016년에 전 세계 상업용 드론 시장의 60퍼센트를 장악한 이 기업은 세계가 한때 짝퉁 왕국이라고 부르던 중국 내 기업 '다장촹신커지'DJI이다. DJI의 슬로건인 'The Future Of Possible'을 만든 장본인은 바로 젊은 CEO 프랭크왕[37]이다. '청년 드론왕', '드론계의 스티브 잡스'라 불리며 몇 년 사이 세계적인 억만장자로도 등극했다.

어릴 적 프랭크왕은 하루 종일 아버지 창고에서 모형 헬기를 조립하고 하늘로 날리며 놀았던 모형 헬기 '덕후'였다. 10살 때 늘 창고에서 무언가를 만들며 몰두하던 그를 지켜보던 그의 아버지는 집 안에만 있는 아들을 위해 도시락을 싸줄 정도로 아들의 열정을 응원했다. 결국 그는 홍콩 명문의 과학기술대학에 재학 중이던 26세 때 자기가 가장 좋아하는 모형 비행기 사업을 구상하고 행동으로 보이기 시작했다. 사무실을 구해 한 귀퉁이에 간이침대를 두고 일주일에 80시간 이상 쉬지 않고 기술 개발에 힘을 쏟았으며 집에 가는 시간까지 아까워할 정도였다. 그러다 보니 해마다 3배 이상의 고속 성장을 거듭하며 불과 10년 만에 세계 상업용 드론 시장을 이끄는 기업으로 성장하며 5조 원에 이르는 자산까지 보유했다. 현재 기업 가치는 11조 원까지 치솟았다. 젊은 CEO 프랭크왕은 중국 관영 환구시보環求時報와의 인터뷰에서 이렇게 말했다.

"내가 만일 단순하게 중국 최고를 꿈꿨다면 지금 결과는 많이 달랐을 것이다. 어려움이 많더라도 한번 세계무대를 상대로 승부를 해보고 싶었다. 난 오로지 '세계 최고'를 목표로 삼았고 이것을 위해 직원들과 포기하지 않고 10년을 함께해 온 것이 자랑스럽다. 이것이 나를 지탱해 주는 힘이기도 하다."

집에서 모형 헬기를 가지고 놀던 어린 시절의 꿈을, 자신이 정말 좋아하는 일로 끝까지 밀어붙여 현재의 영광적인 성공을 거둔 그의 성공 신화는 우리에게 큰 도전을 준다.

오늘날의 글로벌 경쟁 시대에서는 리더의 덕후 기질이 사업의 승패를 가늠할 수 있는 중요한 기준이다. 애플의 스티브 잡스도 한때는 디자인 덕후였다. 대학을 중퇴하고도 서체 수업 하나만큼은 결코 포기하지 않고 끝까지 수강했다는 그의 일화는 매우 유명하다. 잡스에게 그런 철학이 없었다면 오늘날 애플이 세계를 재패하고 시장을 이끌어 나갈 수는 없었을 것이다.

지금 이 순간 진정으로 하고 싶은 일을 하고 있는지, 또 그것이 당신을 기쁘게 만드는지 스스로에게 묻길 바란다. 혁신할 수 있는 사람은 반드시 이 점을 먼저 묻고 알아야 한다. 의지를 벗어나 타인에 의해 강요된 일은 절대로 성공하기가 어렵다. 직원들도 리더가 먼저 실행하고 열정을 유지하며 가치 있는 일을 행할 때 비로소 함께 나아갈 것이다.

누구나 궁극적으로 성공을 바라는 일로 인해 행복해야 한다. 또한 아무리 지위가 높아지고 돈을 많이 벌었다 해도 일이 행복하지 않다면 그 길을 계속 가야 할지 고민할 필요가 있다. 사람마다 자신의 가치 기준이 있다. 자신이 성취하고 획득할 수 있다고 믿어야 생각하는 대로 성장해 나갈 수 있는 것이다.

리더가 조직의 전체 목표를 세울 때 단순히 달성률만을 높이기 위해 낮은 기준치를 잡는다면 중국의 프랭크왕 같은 사례는 결코 일어나지 않을 것이다. 리더는 늘 외롭고 상황이 어렵더라도 주변 동료들을 먼저 다독이고 함께 인내하며 목표를 제시할 때 비로소 진정한 리더로 인정받는다.

세계 경영학의 아버지로 불리는 피터 드러커Peter Drucker의 책을 보다가 다음과 같은 글귀를 노트에 적었던 기억이 난다.

"일이란 너무 벌려 놓거나 하던 일을 자주 바꾸면 아무런 성과가 없다. 어떤 일을 하든 한 가지 일에만 집중하여 그 일을 즐기면서 끝까지 오래해야 성공할 수 있다."

이 말은 모든 리더들에게 자양분이 되는 말이다. 꿈을 키우고 끝까지 한 우물을 팔 수 있는 단단한 의지를 갖춘 리더가 되기를 바란다.

2. 미래를 행동으로 만드는 테슬라의 엘론 머스크

영화 아이언맨의 실제 모델이었던 엘론 머스크Elon Musk[38]는 애플의 스티브 잡스의 뒤를 잇는 세계적인 혁신 기업가의 대표 아이콘이다. 1999년 온라인 결제의 대명사 페이팔PayPal의 전신 엑스닷컴 X.com을 창업하였고, 페이팔을 가장 안전하고 빠른 거래 지불 수단이자 인터넷 상거래의 초석으로 다지며 세계 경제의 흐름을 순식간에 바꾸어 버렸다. 2002년 이베이ebay가 15억 달러에 페이팔을 인수하며 그는 억만장자의 반열에 올랐지만, 그때부터가 자신의 꿈을 펼치는 시작점이라고 생각했다.

2002년 우주화물회사 스페이스 엑스Space X[39]를 설립한 엘론은 우주탐사 시대 정체의 원인이 바로 비싼 로켓 발사 비용에 있다고 판단하고 우주 발사체 비용을 10분의 1로 줄이는 혁신적인 기술개발에 돌입하였다. 2017년 미국의 IT 전문매체 '엔가젯Engadget'은 최근 스페이스 엑스가 24시간 이내로 재사용할 수 있는 로켓 발사체의 완성 단계를 이미 넘어섰다는 인터뷰 기사를 싣기도 했다. 실제 스페이스 엑스는 지난 2017년 3월 재활용한 로켓을 지구 궤도 밖으로 쏘아 올려 안전하게 착륙시키며 세계를 향해 우주여행 시대를 선포하기도 했다.

한 걸음 더 나아가 세계적인 전기차 회사 테슬라Tesla Motors를, 자동차 회사로선 특이하게 실리콘 밸리에 설립한 후 기존 자동차의 성능과 디자인을 뛰어넘는 고급 전기차 생산에 도전하여 성공했고, 세계적인 자동차 제조사 모두가 주목하는 신생업체 중 최고가 되었다. 물론 그것은 테슬라만이 할 수 있는 기술을 통해 만든 전기 자동차 때문에 가능했다. 이 밖에도 수많은 혁신적 도전은

2006년 태양에너지 기업 솔라 시티SolarCity를 설립하여 가정용 태양광 발전 설치, 관리를 통한 융합 서비스까지 선보였다.

그러나 그에게 늘 성공 스토리만 있었던 것은 아니다. 테슬라의 품질 관리 실패에 따른 기업 위기설과 초기 스페이스 엑스 로켓 발사 3회 연속 실패 같은 뼈아픈 일들도 있었다.

이처럼 수없는 아픔과 고통이 있을 때마다 그는 쉽게 무너지지 않았다. 영화 〈아이언맨〉의 토니 스타크처럼 늘 유머를 잃지 않았고 가슴에는 진취적인 에너지와 뜨거운 열정으로 새로운 도전을 이어 나갔다. 미래를 향한 꿈이 그를 진정한 아이언맨으로 만든 것이다.

재계나 학계에서는 많은 이들이 그의 성공을 외부적 성과로 이야기하지만, 나는 그의 성공 요인이 '실패를 혁신의 옵션으로 삼는 리더의 정신'이라고 생각한다. 그는 단순히 자신의 꿈을 좇는 사람이 아니며 꿈을 향해 가는 야심가로, 거대한 비전과 분석적 사고를 통해 만들어진 기술적 능력으로 의사결정을 행하는 21세기 혁신 리더이다. 구글의 창업자 래리 페이지도 다음과 같이 말하며 엘론 머스크를 극찬했다.

엘론은 스스로 세상을 위해 무엇을 해야 할지 '설득력 있는 목표'와 '흥미로운 주제'를 알고 논하는 사람이다. 실패를 해보지 않는다면 혁신하지 않는 것이라고 생각한 그는 로스앤젤레스~샌프란시스코 구간을 35분 만에 주파하는 초고속 진공튜브열차(Hyperloop)를 구상해 발표했고 거대한 인프라 비용과 비현실적이라고 지적하는 수많은 전문가들의 비판에도 뜻을 굽히지 않았으며 지금까지 여전히 미래의 새로운 가능성을 제시하고 있다. '인터넷, 청정에너지, 우주'까지 기업을 설립하고 정상 궤도까지 올려놓은 그가 진짜 아이언맨이다. 몇 해 전 케임브리지에서 열린 내 강연을 찾은 그가 강단에 나와 이렇게 말했다.

"저는 리더로서 늘 고민합니다. 그 고민은 '돈을 벌 수 있는 최고의 방법은 무엇인가?'가 아니라 '인류의 미래에 지대한 영향을 줄 수 있는 또 다른 문제는 무엇인가?'입니다. 실패는 하나의 옵션입니다. 당신이 실패하고 있지 않다면, 그건 충분히 혁신하고 있지 않은 것입니다."

3. 수많은 실패 경험을 통해 만들어진 알리바바의 마윈

중국 최대 전자상거래그룹 알리바바Alibaba의 창시자 겸 회장으로 유명한 젊은 기업인 마윈馬雲[40]은 현재 보유한 자산이 무려 283억 달러(약 31조 1,498억 원)로 아시아 최대 자산가이다. 지금의 마윈을 떠올리면 그에게 수많은 실패와 경험이 있었다는 건 상상하기가 어렵다. 그러나 그는 대입 시험에서 수학 성적이 나빠 삼수 끝에 전문대학에 들어갔고 무능하고 폭력적인 아버지처럼 되지 않으려고 악착같이 영어와 경영학 공부를 했다. 처음으로 창업한 번역회사의 매출은 정말 턱없이 적은 액수였고, 직원의 급여와 사무실

임대료를 내기 위해 직접 시장에서 발로 뛰며 물건을 팔아야만 했다. 그토록 평범했던 마윈이 엄청난 세계적 기업가로 성공한 데에는 그만의 독특한 성공철학이 한 몫 했다.

거의 무일푼으로 시작한 창업 초기, 그가 일어설 수 있었던 것은 자신의 통찰력을 기반으로 한 '자기 확신 행동' 덕분이었다. 마윈은 서른다섯이 될 때까지 자신을 믿고 확신이 가는 일에 도전하며 수없이 넘어지는 과정을 반복했는데, 그 일을 돌이켜보면 지금의 삶을 이루는 근간이 되었다고 말한다.

스물넷에 시작한 영어강사 마윈은 안정적인 조직에서 평생 보장된 삶을 살 수 있었지만, 그는 결코 '편안함'에 안주하지 않았다. 힘들고 참혹한 실패들을 수십 차례 겪었지만, 그는 자신의 확신을 믿었고, 어려움 앞에 자신의 뜻을 굽히지 않았다. 세상을 향해 열정을 유지하고, 힘든 일에도 즐거움을 찾으려 애썼다. 마윈의 충고를 들어보자.

"뜻을 굽히지 말고 목표를 시도해 보라. 혹 그것이 깨지는 실패를 겪어도 절대 부끄러워하거나 두려워하지 말라."

단언컨대 누구든 이러한 실천이 가능하다. 꿈을 잃지 않고 어두운 터널을 참고 지나간다면, 그 꿈을 반드시 이루게 될 것이다. 새로운 트렌드를 찾는 아이콘 마윈의 촌철살인 같은 충고 하나를 더 들려주겠다.

"어려워서 못하는 것이 아니라 못해서 어려운 것이고, 당신이 가난한 것은 야망이 없기 때문이다. 많은 사람들이 실패하는 이유 중 잘못 알고 있는 사실 하나가 있는데, 결국 돈이 없어서가 아니라 오히려 돈을 벌려고 하지 않아서일 수 있다. 오늘 힘들고 내일 더 고통스러우면 모레는 아름다운 성과를 반드시 거둘 것이다. 대부분의 사람들이 성공 직전에 포기해 버리기 때문에 다음날 뜨는 태양을 보지 못한다."

아시아를 넘어 세계 최대 부호로 이름이 오르내리는 마윈, 그의 원시적이고 기상천외한 생각에서 나오는 발언과 독특한 행보는 바로 세간의 주목을 받는 리더란 증거이다. 리더로서 그의 영향력은 정말 어마어마하다. 중국 내에서 '제2의 마윈'을 꿈꾸는 청년들이 계속 늘어나고 있으며, 전 세계적으로 그의 도전 정신을 본받고자 하는 사람들이 수천만 명이 넘는다.

4. 구글과 페이스북을 날아오르게 한 여성 CEO 셰릴 샌드버그

페이스북의 최고운영책임자인 셰릴 샌드버그Sheryl Sandberg[41]는 2017년 초 여성 CEO로는 처음으로 16억 달러(1조 7,600억 원) 자산가 대열에 합류하였다. 미국 타임지가 선정한 '세계에서 가장 영향력 있는 리더 100인'에도 포함되며, 현 시대 일하는 여성들의 롤모델 제1순위에 오르기도 했다.

2007년 페이스북은 사용자의 인터넷 활동을 수집해 공유하는 광고 시스템 '비콘Beacon'이 사생활 침해 논란으로 사회적 지탄을 받게 되자 큰 곤경에 빠졌다. 마크 저커버그는 비콘의 실패를 인정하며 셰릴 샌드버그를 새로운 최고운영책임자로 영입하기 위해 총력을 쏟았다. 그녀는 구글에서 '소비자 참여형 광고' 아이디어를 개발하여 첫 해 1억 달러의 순수익을 올렸다. 또한 테드TED 강연을 자청하며 전 세계인을 대상으로 여성 문제에 대해 목소리를 높였고 미국 사회에서 여성이 바로 설 수 있는 방법에 대해 끊임없이 이야기하며 많은 여성들의 롤모델이 되었다. 2013년 샌드버그는 《린 인Lean In》을 출간하며 남성들로 가득한 조직사회에서 여성 리더로 오랫동안 살아남는 방법을 제안했는데, "남성이 세계를 경영하는 이유는 여성보다 (능력이 아닌) 야망이 높기 때문이다. 직장에서 여성은 자기 실적을 과소평가하는 경향이 있다. 야망을 가지면 사랑받지 못할 것이란 두려움을 떨쳐 버려라. 다시 한 번 말한다. 여성들이여! 두려움을 지금 당장 떨쳐 버려라!"고 목소리를 높였다.

셰릴 샌드버그는 학창 시절 대단한 수재였다. 하버드 대학 경제학과를 수석으로 졸업했고, 최고 학생에게 수여하는 존 윌리엄스상까지 받았다. 또한 미국 재무장관 비서실장을 거쳐 구글에서 부사장으로 6년간 일한 엘리트 여성이다. 그러나 그녀는 기자들의 공식질문 중 수재라는 수식어를 붙일 때마다 늘 이렇게 대답한다.

"난 수재라기보다는 그저 다른 길을 걸어도 목표에 도달할 수 있다는 스스로의 믿음이 있었을 뿐입니다."

이 말은 그녀가 구글에서 촉망받는 리더가 된 결정적인 이유이 기도 하다. 그녀가 입사할 당시 구글은 이미 최고의 기업으로 주 목받는 벤처기업 중 하나였다. 그러나 당시 미국 사회는 닷컴 버 블dot-com bubble[42] 현상이 생기며 인터넷 관련 사업들이 급성장하는 거품 현상이 일고 있었다.

이러한 부분을 잘 아는 그녀는 회사를 먼저 꼼꼼히 파악하기 시 작했고 들여다보자마자 하나둘씩 문제를 발견해 찾아 나갔다. 구 글은 직원 300명뿐인 인프라가 약한 조직이었음에도 불구하고, 기 술력을 인정받아 투자를 꽤 많이 받은 회사였다. 그러나 안정적인 수익 모델이 없었고, 직원들은 대부분 엔지니어뿐이었으며, 시스 템을 만들 여력이 없는, 일처리가 뒤죽박죽인 아마추어 조직이었 다. 심지어 조직 내 재무를 담당할 인재가 없어 말 그대로 총체적 난국이었다.

구글을 선택한 셰릴은 안정적인 수익 모델을 찾는 일부터 했다. 그때까지도 조직 내 이렇다 할 큰 수익 모델이 없었기 때문에 말 그대로 혁신적인 아이디어가 필요했다. 그녀는 시장조사를 철저 히 하며 1년을 꼬박 노력한 끝에 검색광고 사업을 내놓았는데 그 것이 바로 검색 엔진 '애드워즈Google Adwords'[43]였다. 이 사업으로 그 녀는 보란 듯이 검색 광고 시장에 한 획을 긋는 혁명을 일으켰고, 구글의 매출도 1년 사이 4배 이상 성장하며 불투명한 회사에 날개를 달아 주었다.

그 후에도 중책을 맡아 회사를 키우며 자신의 입지를 굳힌 그녀는 또 다른 도전을 하게 된다. 그건 바로 페이스북으로 자리를 옮기는 충격적인 행보였다. 그것도 당시 25살에 불과한 젊은이가 이끄는 작은 회사로 말이다. 우연히 연말 크리스마스 파티에서 셰릴 샌드버그를 처음 만난 저커버그는 이후 6주 동안 그녀를 찾아다니며 회사의 비전을 설명했다. 그 내용이 너무나 구체적이고 아이디어가 훌륭했다고 그녀는 자신의 책에서 회고했다.

이니셔티브한 계획과 진중함에 그녀는 네 번째 만남에서 저커버그의 제안을 받아들이게 된다. 세 번이나 거절했음에도 불구하고 포기하지 않고 그녀를 설득하여 영입한 저커버그의 끈기도 대단하다는 생각이 든다. 많은 사람들은 구글을 떠나는 그녀를 만류했다. 하지만 그녀는 자신을 알아주는 젊은 창업주를 믿고, 페이스북으로 미련 없이 자리를 옮기게 된다. 보통 강심장의 남자라도 이러한 중대 결정을 하기는 어려웠을 것이다. 바로 이 점이 그녀의 남다른 면이기도 하다.

그 후 그녀는 페이스북에서도 수익 모델뿐 아니라 운영과 영업, 마케팅, 인사 정책 등 전방위적인 영향력을 미치며 사실상 2인자 역할을 수행해 나갔다. 특히 조직의 근간을 세우는 일에 몰두하며 2년 반 만에 페이스북을 SNS 시장에 등극시키며 연매출 10억 달러를 안겨 주는 쾌거를 보였다. 이러한 상승세는 창립 3년 만에 회원 수 7천만 명에서 8억 명이라는 놀라운 성장을 이루어 냈다. 현재

페이스북은 미국 내 일반인이 가장 근무해 보고 싶어 하는 기업이 되었다.

세릴 샌드버그가 가진 성공 노하우 중 하나를 이야기하자면, 그것은 바로 인재를 발탁하는 능력이다. 그녀는 특히 여성 인재를 중요하게 생각했고, 사람을 제대로 보는 안목을 갖추고 있었다. 이와 관련한 흥미로운 이야기가 하나 있다.

어느 날 아침 세릴 샌드버그는 중요하고 급한 업무를 처리하기 위해 비서가 출근하기도 전에 사무실에 도착했다. 그런데 사무실에서 전화벨이 계속 울리고 있었다. 그녀가 전화를 받자 한 여성의 차분한 목소리가 들려왔다. 전화를 건 여성은 페이스북에 꼭 입사하고 싶었으나 서류심사에서 몇 번 떨어진 지원자라고 자신을 밝혔다. 그러면서 자신이 페이스북의 가장 큰 문제를 알고 있으며, 그 문제에 대한 해결책을 제시할 수 있으니 자신을 꼭 한 번 만나 달라고 했다.

세릴 샌드버그는 전화를 끊으려다 말고, 페이스북 조직 내의 문제점과 해결책이 무엇인지 갑자기 궁금해져 그 지원자를 한번 만나보고 싶다는 생각을 했다. 최근까지 수천 명의 직원을 채용하며 인터뷰를 해보았지만 이처럼 절실하고, 당돌하며, 엉뚱한 사람은 처음이라 오히려 그녀에게 신선하게 다가왔다. 쇠뿔도 단김에 빼다고, 세릴은 그 지원자에게 당장 한 시간 내로 올 수 있겠냐고 말했고, 그녀는 한 시간도 안 되어 회사에 도착했다.

심도 깊은 이야기 끝에 극적으로 페이스북에 입사한 그 지원자는 페이스북 직원들 중에서 셰릴 샌드버그가 가장 신임하고 인정하는 직원이 된다. 그녀의 이름은 바로 로리 콜러Lowry Coleler이다. 이베이eBay 마케팅에서 일했던 그녀는 페이스북으로 옮긴 후 회사 리크루팅 인사 담당을 맡았고 5년 만에 페이스북 핵심 임원이 되었다.

우리는 여기서 인재에 대한 안목을 배울 수 있다. 어떤 태도로 회사를 바라보는지, 또 그 안에 절실함이 있는지가 인재의 요건 중 하나라는 것이다. 인재를 알아보고 선택하는 것도 리더에게 달려 있기에 인재를 선택하는 기준은 매우 중요하고 필요한 일이다. 셰릴 샌드버그는 많은 여성들에게 "린 인(달려들어라)"이라고 외치며, "당신은 크고 작은 편견 때문에 기회가 생겨도 주춤하거나 뒤로 물러나기 쉽다. 이제 더 이상 피할 수 없고 피할 곳도 없다. 용기를 내어 유리 천장을 깨고 꿈을 꾸어라! 스스로를 지지하고 격려하며 자신을 부추겨 깨워야 한다"라고 말한다.

지금까지 알아본 네 명의 리더의 각 사례를 통해서 실패를 두려워하지 않고 앞을 내다보며 준비하는 모습과 뛰어난 젊은 인재에게 영감을 주는 것이 얼마나 중요한가를 깨달을 수 있었다. 어쩌면 새로운 혁신 전략이란 이미 당신이 잘 알고 있는 내용일 수 있다. 그러면 이제 그들처럼 행동하는 것만 남았다. 지금부터라도 리더의 액팅 파워를 실천하고 트렌드의 흐름과 소비자 욕구에 집중하는 사안들을 체크해 나가야 한다. 예를 들어 '전 세계 소비자들은 무엇에 지갑을 열고 있을까? 그들의 마음을 사로잡은 상품과 서비스는 무엇일까? 새롭게 도전해 볼 만한 신사업 아이템은 없을까?'를 끝없이 궁리하고, 세계 시장에서 포착한 기발한 소비자들과 그들의 필요에 따라 탄생한 이색적인 서비스와 상품 등을 묶어 트렌드로 정리하려는 노력과 행동이 필요한 것이다. 다양하게 활용되는 스마트기기 시장과 오직 나 한 사람을 위한 미래 맞춤형 상품, 자연과 더불어 사는 플랜테크Plant-tech⁴⁴에 이르기까지 세계 시장에서 성공한 비즈니스 사례를 찾아보고 선점해 나가는 것도 방법이다.

반짝하는 유행이 아니라 세상을 지배할 트렌드를 안다는 것은 한 번도 경험하지 못한 모습을 가늠해 볼 기회를 제공해 준다. 끊임없이 변화를 거듭하고 있는 시대의 흐름 속에서 변화의 경향과 방향을 예측하는 것도 가능하다. 유럽 내 시장 명언 중 "승리는 준비된 자에게 찾아오며, 사람들은 이를 챔피언이라 부른다"라는 말이 있다. 세계 시장에서 한발 앞서 나온 글로벌 트렌드를 이해하고 찾아보는 사람은 그렇지 않은 사람보다 성공을 거머쥘 가능성이 크다.

다름의 경영을 꿈꾸고 미래를 선도할 신사업을 고민하는 조직 내 리더는 물론, 획기적인 아이템으로 무장해 '혁신의 길'을 찾길 원하는 차세대 젊은 리더까지 최고보다 나은 최초의 기회를 얻을 수 있는 방향으로 자신 있게 나아가기를 바란다.

7장

결국 답은
리더 안에 있다

ERA OF UNCERTAINTY

앞으로 펼쳐질 시장의 변화와 가치를 가늠하고
활용하는 리더가 불확실성 시대에
새로운 길을 제시할 차세대 리더이다.

동양의 고전을 통해 배우는
'다름 경영'

중국 오나라 출신의 전략가인 손무孫武 가 지은《손자병법》에는 국가 지도자가 전쟁에서 이기기 위해 필요한 전술 전략과 국가 경영에 필요한 중요하고 비범한 내용들이 담겨 있다. 이는 오늘날까지 세계 경영 리더들의 최고의 필독서 중 하나로 꼽힌다. 그중 가장 백미라 불리며 수없이 인용된 전술 전략을 소개하면 다음과 같다.

지피지기 백전불태 知彼知己 百戰不殆

상대를 알고 나를 알면 백 번 싸워도 위태롭지 않다는 뜻으로, 상대편과 나의 약점과 강점을 충분히 알아 싸움에 임하면 이길 수 있다는 것이다. 또한 전쟁에서 이기는 것보다 전쟁하지 않고 이기는 것이 최선의 전술 전략임을 나타낸 것이기도 하다.

또 하나의 전략이 '이이제이以夷制夷'다. 오랑캐를 오랑캐로 대적하여 다스린다는 뜻으로 한 나라를 이용해 다른 나라를 제압하는 것이다. 옛 중국 본토 국가들이 주변 국가들을 다스릴 때 많이 사용하던 전략이다. 그 당시 중국 본토 국가는 수많은 소수민족들을 오랑캐로 보았는데, 그 오랑캐들과 전쟁을 치를 때 자신들의 힘으로만 제압하기 힘든 상황을 이이제이 전략으로 해결했다.

한국인들이 잘 아는 이 두 가지 전략을 여기서 제시한 이유는 지금의 글로벌 시장 경제에서 이 전략들이 유용하게 쓰일 수 있기 때문이다. 경쟁사의 상품과 서비스, 전략 전술을 재해석하면 기업의 다름 경영 전략으로 탈바꿈시킬 수 있다. 21세기 비즈니스에서 '다름'이란 결국 원래 세상에 있던 것을 연구하여 새롭게 활용하는 것을 말한다. 숨 가쁘게 변화하는 현실에서 리더는 어김없이 경쟁 대결 구도와 마주하게 되는데 만일 자신의 능력을 과대평가하거나 기고만장한 태도를 보인다면, 그가 이끄는 조직은 결코 살아남을 수 없다.

특히 차세대 리더로 예견되는 인재들 중 간혹 젊음과 패기로 시장에 뛰어들었다가 상대방의 전략에 휘말리거나 잘못된 판단으로 사장死藏되는 경우가 있다. 자신이 어느 위치에 있으며, 조직이 나아가야 할 방향을 냉정하게 판단하지 못한다면, 리더십을 제대로 펼쳐보지도 못하고 조용히 역사의 뒤안길로 사라질 것이다. 만일 당신이 리더의 자리에 있다면, 다음과 같은 질문을 자신에게 먼저 던져 보기를 권한다.

1. 나는 어떤 가치적 판단을 옹호하는가?

2. 내가 가진 삶의 원칙과 목표는 무엇인가?

3. 진정 무엇으로 다름의 경영을 펼쳐보고 싶은가?

이 질문에 대한 답을 반복해 끊임없이 찾으며 자신의 내면을 다스리고 조직을 만들어 나간다면, 실패할 확률을 크게 줄일 수 있을 것이다.

미국 트럼프 정권에서 경제, 외교 분야의 정책 개발을 맡고 있는 헤리티지The Heritage Foundation의 에드윈 퓰너Edwin Feulner[45]는 "시장 경쟁에서 성공하는 리더는 경쟁자보다 중요한 변화들을 빨리 알아내는 차별화된 능력이 있어야 한다"고 말한다. 이것은 대중이 원하는 새로운 시장의 가치와 흐름을 정확히 파악해야 함을 뜻한다. 이를 통해 리더는 변화에 발 맞춰 문제를 능동적으로 풀어 나가야 한다. 관리 능력이 아주 출중한 리더라 해도 시장의 흐름과 동떨어진 경영방식은 좋은 성과를 낼 수 없다. 앞으로 펼쳐질 시장이 어떻게 변화할지 예상해 보고, 또 예상된 흐름이 어떤 가치로 바뀔 수 있는지도 가늠해 보라. 그 가치를 제대로 활용할 수 있는 리더가 불확실한 시대를 대응하고 이끌어 갈 새로운 희망이 될 것이며, 이것이 바로 '다름 경영'의 핵심이다.

새로운 가치와
다름 경영에 도전하라!

　　　　　　시대의 변화와 흐름은 결코 기다려 주지 않는다. 1990년대 한국 내 PC시장은 격동기 그 자체였다. 그중 중심에 우뚝 선 기업이 있었는데 한국 IT 벤처기업 중 세계경제인연합회 멤버사로도 참여할 만큼 기술력이 뛰어났던 '삼보 컴퓨터'다. 삼보는 1980년 7월 서울 청계천의 한 사무실에서 자본금 1,000만원으로 시작되었는데, 그 당시 이용태 대표 등 7명이 함께 모여 공동 창업방식으로 운영되었다. PC 보급이 많지 않았던 시기에 삼보의 첫 PC 'SE 8001'은 거센 돌풍을 일으켰고 1984년에는 컴퓨터만을 전문으로 연구하는 기업연구소까지 만들며 소비자들의 눈길을 끄는 데 성공했다.

　삼보는 삼성과 LG 등 전자업계 선두 기업들까지 PC시장에 진출시킬 만큼 국내 PC시장을 성장 발전시킨 주역이라 해도 과언이 아니다. 세계적인 전자기업 엡손Epson과 OEM 공급계약을 성공함으로써 국내 입지를 굳히며 상장기업이 되었고, 삼성전자를 2위로 밀어내며 소비자들에게 선도 기업의 이미지를 확실히 심어 주었다. 그러나 아쉽게도 삼보의 역진은 거기까지였다. 2000년 초반 삼보는 PC산업의 전반적인 침체기를 맞으며 시장의 흐름 파악에 실패하였고 변화하는 트렌드를 따라가지 못하고 점차 흔들리기 시작했다. 이러한 부침浮沈으로 삼보는 냉엄한 기업 생존의 법칙인 '시대의 변화와 흐름은 결코 기다려 주지 않는다'는 교훈을 뼈저리게 실감했다.

삼보컴퓨터 경영난 원인은 과거의 성공에만 취해 있던 조직 수뇌부의 안일함을 꼽지 않을 수 없다. 기능과 다양성 위주에서 가격 위주로 바뀌는 PC시장의 트렌드를 읽지 못했고, 노트북과 개인 사용자 시장이 확대되는 변화를 외면했다. 뒤늦게 삼보는 조직의 가치적 판단 기준을 바꾸며 사용자에게 PC 판매 후에도 무료로 업그레이드 해주는 '체인지업'change-up 정책들을 발표하고 시장의 점유율을 높이기 위해 노트북 '에버라텍'을 개발했다. 그러나 이미 변화의 타이밍을 놓친 삼보는 체인지업에 수백억 원의 교체비용만 쏟아 부었고, 고군분투한 에버라텍마저 실패하고 말았다. 이러한 내수 부진은 설상가상 글로벌 정책에서도 중국과 대만 업체의 견제에 밀려 기업의 회생 자체가 어렵게 됐다. 회사가 법정관리까지 들어가게 되자 CEO는 경영 일선에서 물러나고 신임 사장을 전문 경영인으로 세워 외부 자본을 투자받아 2008년 1월 경영이 잠시 정상화 되는 듯했다. 그러나 결국 삼보컴퓨터는 기업 워크아웃 퇴출 대상이 되면서 맥없이 주저앉았다.

2012년 삼보컴퓨터는 다행히도 신임 경영진의 노력과 전략을 통해 '나래텔레콤'의 신규 투자를 유치하고 워크아웃에서 벗어났다. 이후 회사를 부동산 임대업과 컴퓨터 제조업, 두 개 법인으로 나누며 분할 작업에 착수했고, 컴퓨터 관련 사업부문도 'TG 삼보'로 재출범했다. 2013년부터는 공공부문에서 PC 및 서버 제품을 공급하는 PC 업체로서의 기틀을 다지고 전자칠판 및 랙Rack PC 등 학교 교실 환경에 맞는 차별화된 제품을 개발해 교육용 B2G 시장으로 사업을 넓히며 기존과는 다르게 경영을 펼쳐나갔다. 2013년 'TG BIG Display 70'을 발표하며 이제까지 TV가 차지했던 거실을 디지털 라이프의 핵심 공간으로 변화시키는 데 성공했다. 새롭게 개발된 IPTV와 연결해 TV 시청은 물론 영화, 게임, 인터넷 서핑 등 다양한 기능과 큰 화면으로 즐기는 융합형 기술사업, 즉 '다름 경영'으로 새로운 도약을 해 나가고 있다.

TG의 '다름 경영' 전략의 이념은 기본적으로 시장을 열린 마음으로 바라보자는 것이다. 무엇이 자사 제품과 다르고, 어떤 차이가 있는지 등 변화에 대한 끊임없는 경영 리더의 욕구와 질문이 준비되어 있어야 가능한 전략 시스템이다. 당신도 성공한 조직의 리더로 남고 싶다면 최고라는 자만심에 빠지지 말고 최고의 품질과 명성을 유지하기 위해 고민과 노력을 해 나가야 한다. 무엇보다도 기업의 명성을 계속 지키기 위해 경쟁자들이 예상하지 못하는 가치적 감동을 소비자들에게 일관되게 제공하는 것이 중요하다. 또 하나 명심해야 할 것은 쌓여진 명성이 있고 원조 기술 제품이 있다 할지언정 계속 인정받고 승승장구한다는 보장은 없다는 것이다. 기업에게 소비자들이 선사해 주는 '시장의 감동'이란 결국 다름 경영으로 차별화되는 리더의 스토리에서 나오는 것임을 꼭 기억하길 바란다.

창조 혁신의 아이콘,
영국 다이슨

실패를 즐기는 정신, 성공한 제품엔 혁신이 없다는 철학을 가진 세계적인 리더가 있다. 1970년 영국 왕립 예술대학을 졸업한 산업 디자이너 제임스 다이슨James Dyson[46]은 대표적인 창조혁신의 아이콘이다. '영국의 애플'이라고 불리는 세계적인 가전기업 브랜드 다이슨Dyson은 날개 없는 선풍기, 먼지봉투 없는 진공청소기, 소음 없는 초음속 헤어드라이기까지 내놓는 상품마다 대성공을 거둔다. 다이슨 성공신화 뒤에는 창업주이자 발명가였던 한 사람의 끊임없는 노력이 있었다. 젊은 시절 믿고 다니던 회사로부터 배신을 당하고 실직자로 살아가던 제임스 다이슨은 어느 날 집에서 청소를 하다가 성능이 안 좋은 청소기 때문에 화가 머리끝까지 났다. 이리저리 살펴보던 다이슨은 진공청소기의 성능 저하는 자체 결함보다는 먼지 봉투에 박히는 미세먼지 때문임을 깨닫고 '혹시 먼지 봉투 문제만 잘 해결된다면 청소기의 성능이 좋아지지 않을까?'라는 의구심을 품었다.

그로부터 몇 달 뒤 우연히 제재소 앞을 지나다가 목재의 먼지를 빨아들이는 원뿔형의 집진장치를 본 그는 번뜩 진공청소기를 떠올렸다. 그리고 청소기에 마분지로 만든 원뿔형 장치를 넣어 테스트한 결과 효과가 기가 막히게 좋다는 사실을 알아냈다. 이것이 세계적인 혁신의 대표작인 다이슨의 먼지 봉투 없는 사이클론 청소기의 시작이었다. 새로운 돌파구를 알아내며 열정이 되살아난

다이슨은 집을 담보로 대출을 받았고 앞마당 창고에서 칩거하며 5년간 청소기 개발에만 몰두하게 된다. 총 5,126개의 시제품을 개발하였으나 번번이 실패한 그는 5,197번째 시제품에서 마침내 완벽한 사이클론 진공청소기를 얻게 된다.

실패를 이겨 내고 혁신의 결정체를 얻으며 기업가로 우뚝 올라서게 된 그는 가족들과 상의한 후 그냥 평범한 엔지니어의 삶을 살기로 마음먹었다. 새로운 청소기 디자인 아이디어와 생산 노하우를 대기업에 팔기로 한 것이다. 그러나 그 당시 먼지 봉투 판매로 큰 수입을 거두던 대기업들은 다이슨의 혁신적 제안을 거부하며 오히려 그를 조롱하였다. 분노한 다이슨은 결국 스스로 회사를 차리기로 마음을 바꾸었다. 마침내 시장에서 대성공을 거둔 다이슨 청소기는 유럽 가전 점유율 1위, 미국 시장 진출 3년 만에 판매 1위를 차지하였고, 계속해서 혁신적인 제품들을 쏟아 내고 있다. 수천 번의 실패를 통해 터득한 노하우와 철학은 결국 그를 진정한 리더로 만들었다. 끊임없이 혁신을 추구했고 실패를 두려워하지 않았던 시대의 진정한 발명가, 제임스 다이슨은 세계 가전제품 시장의 판도를 바꿈은 물론 제조업 현장에서 조금씩 멀어지던 영국을 다시 제조업 강국으로 바꿔놓았다. 최고의 기업을 키워 낸 그는 한 강연장에서 청중을 향해 이렇게 말했다.

"나는 브랜드 명성을 믿지 않습니다. 사람들은 우리의 제품을 사는 것이지 회사를 사는 것이 결코 아닙니다. 제품이 좋다면 고객들은 언제나 생각을 바꿀 것입니다. 여러분, 실패를 즐기고 배움을 추구하며 어렵더라도 스스로 스토리를 만들어 보길 바랍니다. 제가 한 가지 확실히 말할 수 있는데, 성공을 통해서는 결코 배울 것이 없습니다."

'후츠파' 정신으로
전환점 앞에 나서라!

조직에서 변화의 기술을 대처하는 리더는 많은 공감과 파장을 보여 준다. 그리고 위기를 제대로 마무리하는 기술을 가질 때 위대한 리더로 재탄생할 수 있다.

_헨리 워드워스 롱펠로(Henry Wadsworth Longfellow)[47]

고대 히브리어 중 '후츠파 Chutzpah'라는 말이 있다. '무례, 시건방짐, 철면피' 따위의 부정적인 뜻을 나타낼 때 주로 쓰인다. 그런데 후츠파에는 동전의 양면처럼 용기와 배포 같은 긍정적인 의미도 내포되어 있어 새로운 것에 대한 과감한 도전을 뜻하기도 한다. 이스라엘인은 세계 최고의 자긍심이 높은 민족으로 잘 알려져 있다. 이런 높은 자긍심 탓에 다른 민족을 눈 아래 두는 무례한 기질이 다분하다는 평을 받기도 한다. 그러나 역대 20%가 넘는 노벨상 수상자를 배출했고, 전 세계 500대 기업의 최고 경영 리더 중 40%가 유대인이라는 건 전 세계가 인정하는 사실이다. 수많은 인류학자들이나 정치인들은 말한다. 아마도 이스라엘 민족이 그러한 결과를 배출할 수 있었던 건 그들만의 후츠파 정신과 기질 덕분이었다고. 이는 실제로 내가 만난 성공한 유대인 기업가들을 볼 때 어느 정도 인정할 수 있는 부분이다. 원래 영국이나 북유럽 쪽에서는 조직의 리더에게 '후츠파 기질이 있다'란 말을 자주 쓰곤 하는데, 고정화된 규칙에 고개 숙이지 않고, 과감하게 새로운 것을 창조하고 혁신하는 리더를 일컫는다.

지금도 전통적인 영국 사회에서 리더는 늘 상황에 따른 원인을 분석하고 그를 토대로 성공을 모색하는 것이 본분이라 말하며, 그 점을 갖춘 리더에게는 사회적으로 걸맞는 대우를 반드시 해준다. 기업 같은 영리 추구 조직의 리더는 '변하는 것'만이 존재하는 모든 것을 보존할 수 있는 유일한 방법이며, 끊임없이 성공의 의미를 재조정하지 않고서는 오래 버티기가 어렵다. 다시 말해 오랫동안 시장을 선도했던 기업일지라도 혁신과 변화의 수단을 새롭게 갖지 못한다면 제대로 유지하기가 어려운 시대가 된 것이다.

앞에서 말한 대로 리더가 조직의 목표나 방향에 대해 변화를 추구하는 기본적인 생각을 못한다면, 결과적으로 그 조직의 미래는 아무것도 남는 것이 없게 된다.

지금처럼 불확실한 세상에서 모든 것이 빠르게 변화할 때, 조직을 이끄는 리더는 걱정이 앞서고 상황이 매우 위협적으로 느껴질 것이다. 그러나 잘 생각해 보라! 이 점은 사실 과거에 견고하고 편안하고 필수적이었던 것들이 현 시대로 넘어오면서 갑자기 불편하고 거북한 것들로 변한 것임을 알 수 있다. 시대의 변화는 반드시 필요하고 정신은 이에 마땅히 저항하게 되는 것이다. 아인슈타인 박사는 말했다. 인간은 늘 현재에 집착하는 것이 본성이라고.

자유경쟁 시장에서 오랫동안 성공의 자리를 지키며 최고의 리더로 군림하던 사람들의 경영 원칙들을 들여다보면 한 가지 깨닫는 바가 있다. 그들은 늘 찾아올 변화를 먼저 예상하고 자신의 구성원들에게 경각심을 불러일으키는 고도의 심리 전략을 자주 펼친다. 이는 매우 합리적으로 구성된 조직 내부 구조를 개선시키는 방안이다. 리더는 조직 내 위기를 시간차를 두고 조직 구성원들에게 공개하며, 지금까지 운영하던 방식으로는 더 이상 이익 확보나 조직의 안위를 지킬 수 없음을 분명히 알린다. 그런 다음 암묵적으로 해결책을 인지시키고 과감한 조직 재건 작업을 펼치는데, 일종의 사업 구조나 조직 구조를 보다 효과적으로 바꿔 효율성을 높이고자 실시하는 개혁안이다. 이것이 조직 사회에서 많은 구성원들이 두려워하는 기업 구조조정 Restructuring이다.

그러나 시대적인 변화와 위기 속에서 부실기업이나 비능률적인 조직을 미래지향적인 사업구조로 개편하거나 리더가 앞장서 합리적으로 펼치는 구조개혁안들은 조직 구성원 대부분도 찬성하는 일이다. 왜냐하면 위기 속 적자 경영은 조직의 최대 적이며 함께 공멸하는 길임을 잘 알고 있기 때문이다. 기업의 리더는 존재하고 도약하기 위해 어려운 상황 가운데서 냉철한 이성과 판단을 유지해야 한다.

어떠한 이유라도 일시적인 연명책이나 평등한 불행보다 현재는 아프지만 미래의 행복을 취하는 결정을 내려야 하는 것이다. 회사가 약해지면 결국 구성원들 모두가 가난해짐을 알리고 이 점을 최우선 원칙으로 설명해야 한다. 여기서 중요한 것은 개혁안이 반드시 직원들의 사기를 고려하여 진행되어야 한다는 것이다. 구조조정 카드를 꺼낼 때 모두의 마음속에 자리 잡을 수 있는 '다음 차례는 나'라는 두려움을 깨고 구조조정 되는 사람들이 왜 조직을 떠나야 하는지를 충분히 이해시키며 그 과정 하나하나를 투명하고 합리적으로 보여 줘야 한다. 혹시 인맥으로 위기를 극복하려는 안일한 생각을 가진 구성원이 남는 일이 없도록 리더는 철저하게 공론화시키고, 노사 간 회의 체제로 끌고 가며, 내부에 있는 친인척 관계로 이어지는 구성원부터 먼저 본을 보여 주는 게 현명한 선택이다. 또한 변화를 읽고 두려움 없이 대처하는 구성원은 최우선으로 독려하고 포상해 눈치만으로 자리를 유지할 수 없음을 조직 내부에 보여 줘야 한다. 장기적인 시각으로 조직을 이끌며 상황을 마무리하는 기술을 가진 리더의 후츠파 기질을 잘 드러내는 것이 필요한 것이다.

책임자는 자신의 문제점을 먼저 인정하고, 구조조정의 본질은 회사를 지키기 위한 절대적인 법칙으로 여길 수 있게 행동해야 한다. 또한 불확실성의 시대, 대외 경제의 저성장이 심화되는 가운데 경기 위축에 따른 소비 감소를 예상하고 국내외 사업 모두 브랜드 경쟁력 강화와 차별화된 제품 개발을 통해서 수익성을 강화할 수 있는 시장전술을 최우선으로 모색해 나가야 할 것이다. 여기서 한 가지 사례를 이야기해 보겠다.

2017년 유럽 글로벌 수출 부문에서 선두 기업의 자리를 고수하던 런던의 식자재기업 P사는 신시장 발굴을 통해 성장 동력을 강화시키는 전술을 전개해 나가며 기업의 전환점을 만들어 낼 글로벌 인재 발굴 프로젝트를 선언했다. 동시에 부실 계열사나 책임자를 정리하는 '대규모 인사 구조 조정안'도 함께 발표했다. 미래의 새로운 분야에 도전하고자 하는 취지였지만 이로 인해 수많은 노동 시위가 벌어졌고 갑질 논란으로 언론에 오르내리며 사회적으로 부정적인 평가를 받았다. 이에 P사 리더는 정면 돌파를 선택하며 법과 원칙을 준수하고, 상황을 부정적으로 바라보는 소비자들의 시선을 설득하기 위해 모든 채널을 동원했다. 다채로운 사회공헌 행사들을 기획하고 직원과 동반 성장하기 위해 최선을 다하겠다는 기업 성명서를 준비하여 유럽 전역에 방송되는 시사프로그램employee stage hour show에 직접 출연, 패널들과 시민연합구성원 대표들 앞에서 대담을 펼쳐 나갔다.

그날 방송에 출연한 조직의 리더들은 참여자들의 날카로운 질문을 받을 때마다 기업의 상황을 잘 설명하고 공통적으로 목표한 바를 단순 명쾌하게 대답했다. 어렵고 힘든 결정이었지만 앞으로 글로벌 기업으로 위상을 한층 높여 나가겠다는 사명을 내걸으며 전 국민을 대상으로 약속을 지키겠다는 의지를 강하게 공개적으로 표명한 자리였다.

인권의 신뢰를 최우선으로 하는 영국과 유럽 시민 사회도 최선을 다하는 이들의 모습에 서서히 마음을 풀었다. 사회적으로 공론화된 이날 방송은 기업을 어떻게 이끌 것이냐는 공감대를 형성하며 다른 기업들에게 올바른 구조조정을 하기 위한 귀감으로 편성되었다. 기업 내부의 문제는 언제나 일어날 수 있으며 해결을 위해서는 정면 돌파가 중요하고, 리더의 역할이 얼마나 중요한지를 잘 보여 주는 사례이다.

기업 구조조정은 어려운 시장 생태계를 헤쳐 나가기 위한 새로운 인프라 구축과 기술 발전을 위해 어렵게 내린 결단일 수 있다. 생각과 발상을 바꾸면 오늘이 바뀌고, 오늘이 바뀌면 미래는 반드시 바뀌게 되어 있다. 또한 리더가 믿었던 사실을 용기와 배포로 과감하게 진전시키면 새로운 전환의 상황으로 만들어 갈 수 있다. 이것이 바로 '후츠파' 정신이다.

위기를 경영하여
신화로 이끈 사례들

1. 오리온 혁신 신화

세계적 기업 델, 소니, 마이크로소프트, 코카콜라의 공통점이 무엇일까? 오랫동안 탄탄한 조직을 기반으로 리더가 선택한 핵심 전략을 통해 전환점을 만들어 차별화 상품을 시장에 브랜드화시켰다는 점이다. 여기에는 기업 최고 리더들의 비결이 각각 숨어 있다. 기본적으로 그들은 자신이 가장 잘할 수 있는 부분에 집중하여 브랜드화시키는 핵심 전략을 기본으로 삼았다.

한국의 우수한 기업들 중 동양그룹은 기업 리더의 핵심 전략을 경영 철학으로 삼고 60년 넘게 한국 제과 시장을 이끌어 온 대표 기업이다. 1980년대 말부터 진행해 온 오리온 판매촉진 전략 중 OMP_{Orion Merchandising Program}[48]는 소비자가 원하는 시간과 공간에 제품을 만날 수 있도록 해주는 스마트한 판매 전략으로, 한국 경영학의 교과서처럼 후진 기업들에게 전해지고 있다. 이는 한국인의 대표 정서라 할 수 있는 '정情'을 오리온의 상품인 초코파이와 연결시킨 것이다. 한국은 인간관계에서 '정'을 중시하는데, 이 점에 착안한 그룹 리더의 탁월한 안목과 핵심 전술이었다. 초코파이에 '정'을 접목시킨 전략은 소비자들의 마음을 움직였고, 엄청난 매출 증대로 이어졌다. 이처럼 '남과 다름'을 경영의 핵심으로 삼겠다는 리더의 고집은 동양그룹이 세계적인 글로벌 기업으로 성장하는 기반을 만들어 주었다.

그러나 창업주가 세상을 떠나면서 동양그룹은 두 개로 나뉘었고 새로운 리더의 도덕적 해이에 따른 오너 리스크까지 터져 힘든 시간들을 겪었다. 오너 리스크로 점점 그룹 내 구성원들의 사기도 떨어질 수밖에 없었고 소비재 기업의 이미지 하락은 바로 실적으로 연결돼 치명적인 타격을 입었다. 악재가 겹치자 조직 구성원들도 끝내 참지 못하고 총수의 비리 의혹을 공개적으로 제기하며 엄중한 수사와 처벌을 촉구하는 탄원서를 국가에 제출했다.

최근 몇 년 사이 한국에서는 리더들의 잘못된 처신과 부정으로 벌어진 사건들이 줄줄이 터졌다. 국내의 한 치킨업체는 최고경영자가 성추행 범죄를 저질러 사회적으로 불매 운동이 벌어지면서 기업 퇴진까지 이어졌다. 국내 MP그룹 역시 그룹 총수의 폭행, 배임, 횡령 등의 사건이 세상에 알려지며 소비자 불매운동이 거세져 가맹점 매출이 감소하고 결국에는 60여 개 매장이 폐점되는 사태까지 발생했다.

오리온 그룹같이 큰 기업도 변화되는 시점을 통해 새로운 조직으로 탈바꿈시킬 내부적 기운이 절실히 필요했고, 위기의 전환점을 타계하고 자신감으로 새로운 것을 창조하는 리더의 정신만이 해답이 될 수 있었다. 오리온은 실추된 기업 이미지를 쇄신하고 신상품 개발을 통한 품질 경영으로 시장 대응전략을 만들어 불신과 의혹을 해결하기 위해 신세계 경영전략실장 출신 리더를 새로운 오너로 앉혔다. 한편 총수였던 일가 모두가 등기임원에서 물러나고 당면한 위기를 극복하기 위해 새로운 리더를 적극적으로 도왔다.

내부의 전폭적인 지지를 받으며 오리온 지휘봉을 잡은 경영인은 취임 후 3년 만에 조직 슬림화, 품질 경영 등 이른 바 '오리온 혁신'을 이루어 내며 꺼져가는 불씨를 살리기 시작했다. 그는 취임 첫해부터 품질 혁신인 '착한 포장 프로젝트'를 가동했고 해로운 질소 포장 논란을 정면으로 돌파하는 데 총력을 기울였다.

그 당시 한국 제과업계는 해외 원자재 인상폭이 커지며 불가피하게 가격 인상을 할 수밖에 없는 상황이었는데, 오히려 오리온은 품질은 높이고 가격은 낮추는 상반된 행보로 승부를 걸었던 것이다. 위기를 피하지 않고 정면승부를 택한 새로운 리더의 야심찬 프로젝트는 대성공이었다. 이후 오리온의 제품들은 빠른 시간 내 시장에서 '착한 과자' 이미지를 갖게 되었다. 이는 매출 상승으로 이어졌고, 오리온의 부채도 감소되었다.

최근 오리온은 글로벌 실적 호조를 이어가며 한국, 중국, 베트남, 러시아 등 4개 법인 모두의 합산 매출이 2조 4,927억 원으로 늘어날 정도로 최고의 성장세를 달리고 있다. 신임 리더의 혁신 노력이 성과로 이어지며 오리온은 글로벌 제과산업 전문지인 '캔디 인더스트리'Candy Industry가 발표하는 '제과업계 글로벌 Top 100'[49]에서 14위에 오르며 국내 제과기업 중에서는 가장 높은 순위를 얻었다.

2. 애플의 혁신 신화

2011년 8월 24일 애플 이사회는 스티브 잡스의 왕관을 이어받을 한 사람을 세상에 알렸다. 그의 이름은 바로 팀 쿡Tim Cook이다. 2007년 1월 스티브 잡스는 아이폰 개발 사실을 정식으로 세상에 알렸다. 그 당시 많은 전문가들의 평가는 매우 비판적이었으며, 아이폰이 100만 대만 팔려도 대성공일 것이라고 입을 모아 말했다. 그러나 얼마 지나지 않아 그들의 예상은 깨졌고, 아이폰은 세상을 순식간에 바꾸어 놓았다. 2017년 6월 29일 아이폰은 탄생 10주년을 맞이했다. 지난 10년간 아이폰은 약 13억 대가 팔렸으며, 애플은 무려 9,000조 원이라는 천문학적 매출을 이루어 냈다.

애플은 단순한 휴대폰 수준을 넘어 '앱 스토어'라는 IT 라이프 스타일 생태계를 만들었다. 미래 혁신을 꿈꾸던 세상 사람들은 한 손에 잡히면서 손가락 하나로 모든 것이 제어되는 아이폰을 보며 열광했다. 세상은 스티브 잡스를 혁신의 아이콘이라 불렀고, 이후 그가 만드는 모든 것들은 IT계의 기준이 되어 버렸다. 잡스의 말들은 마치 경전처럼 여겨지며 애플을 넘어 세계를 지배해 나아가기 시작했다.

과거의 명성에 안주하며 아이폰을 대수롭지 않게 여기던 휴대폰 최강자 노키아NOKIA와 모토로라MOTOROLA는 어느새 찬란한 영광을 뒤로 하고 소리 없이 사라져 버렸다. 다행히도 삼성전자가 애플 못지않은 막강한 기술력을 바탕으로 시장에서 Big 2를 형성하고 있다. 이처럼 휴대폰 시장의 지난 10년간을 정리하면 애플의 전성시대였다고 할 수 있다.

'애플의 교주'라 불리던 스티브 잡스는 이해하기 힘든 괴팍한 성격과 일중독으로 한때 마약에 손을 대기까지 했지만 그래도 그는 조직의 리더로서 혁신을 주도하고 변화를 추구하며 애플의 전성기를 이끌고 창조했다. 잡스의 큰 장점은 리더로서의 통찰력을 가진 것이었다. 한치 앞을 알 수 없는 미래의 트렌드와 변화를 읽으며 절대 현실에 안주하지 않았는데, 이를 단적으로 보여 주는 유명한 말이 있다.

"애플은 적어도 시장이 기다리는 것만을 만들지 않겠다. 다만 우리가 이것을 사용해 보라고 세상에 제시하는 것일 뿐, 나는 애플이 곧 미래를 여는 것이라 생각한다."

그는 자신감으로 무장하였고, 그 누구도 따라 할 수 없는 신성 불가침의 영역을 만들고자 했다. 그러나 시간 앞에 영원한 절대 강자는 없는 법! 예로부터 영웅은 운명의 기박함이 많다고 했던가! 이를 반증이라도 하듯 전성기를 누리던 애플에 위기가 찾아오는데, 그것은 후발 기업에서 애플을 위협한 것도, 애플의 제품이 시장에서 경쟁력을 잃은 것도 아니었다. 스티브 잡스의 건강 악화에 따른 사망, 곧 '리더의 부재'였다.

혁신과 세상의 변화를 추구하던 스티브 잡스도 결국 자신의 몸을 제대로 돌보지 못했고, 2011년 10월 5일 췌장암으로 그만 세상을 떠나고 말았다. 전 세계 기업들과 언론들은 큰 충격에 휩싸였고 위대한 영웅의 죽음을 애도하는 물결이 전 세계로 퍼져 나갔다. 그러면서도 과연 누가 애플의 새로운 후계자가 되는가에 주목했다.

그러나 애플의 후계자는 잡스가 살아 있을 때 이미 정해져 있었다. 스티브 잡스는 죽기 전 자신의 운명을 예측하였고, 자신을 대신해 애플을 이끌 인물로 팀 쿡을 점찍어 두었다. 2011년 8월 24일

통찰력을 앞세운 스티브 잡스는 영예의 왕관을 팀 쿡에게 전달했지만, 세상은 쉽사리 팀 쿡을 애플의 다음 리더로 인정해 주지 않았다. 그를 의구심 가득한 눈길로 바라보며 그가 과연 스티브 잡스의 빈자리를 채울 수 있을지 지켜보았다. 그러한 눈길 속에는 그를 향한 시기와 견제가 담겨 있기도 했다. 애플 그룹 이사회도 팀 쿡이라는 의외의 인물에 회의적인 반응을 보일 정도였다. 한때 뉴욕타임스는 '스티브 잡스 없는 애플은 도산할 날이 멀지 않았다'라는 기사를 헤드라인 1면 TOP에 올리기도 했다.

살아생전 스티브 잡스는 팀 쿡을 매우 신뢰했다. 잡스는 자신과 다른 리더십을 갖춘 그가 애플의 차세대 리더가 되는 것이 맞다는 뜻을 이사회에 전했고, 자신이 병으로 자리를 비울 때마다 팀 쿡을 자신의 대행자로 내세웠다. 수많은 신화를 이룩하며 강력한 카리스마로 애플을 지휘했던 스티브 잡스의 차기 리더 선택은 많은 이들에게 충격 그 자체였다.

사실 생전에 잡스가 '나의 영적 파트너'라고 칭찬을 아끼지 않았던 조나단 아이브Jonathan Ive[50]라는 천재적인 인물이 있었다. 누구든 애플의 차세대 리더라는 영예로운 자리는 그에게 주어질 것이라 생각했다. 그러나 결과는 완전히 달랐다. 늘 조용하고 상대방을 설득하며 소통하려 하고, 열린 귀를 가진 팀 쿡이 애플의 미래를 이끌어 가게 된 것이다. 세상은 애플의 새로운 CEO 팀 쿡에게 좋은 점수를 주지 않았고, 그저 그를 애플의 평범한 재고담당 관리자 정도로만 여겼다. 스티브 잡스의 DNA인 '혁신'을 팀 쿡에게서는 찾을 수 없다는 혹평이 끊임없이 이어졌다.

하지만 팀 쿡은 이런 소문들과 혹평을 듣고도 걱정하거나 동요하지 않았다. 오히려 잡스가 완성하지 못한 애플의 파워를 조금씩 키워 나가는 데만 집중했다. 그는 애플에서 스티브 잡스의 흔적을 억지로 지우고 자신의 리더십을 전파하려 하지 않았다. 스티브 잡스가 현장을 직접 찾아가 강력한 리더십을 펼쳤다면, 팀 쿡은 조용히 기다리며 사람들이 오히려 자신을 찾아오게끔 하는 흡수의 리더십을 발휘했다.

2011년 애플의 매출액은 1,087억 달러를 훌쩍 넘었고, 2016년까지 약 2,300억 달러 매출 성장을 이어갔다. 근무하는 직원수도 6만 4천 명에서 11만 명까지 증가했다. 또한 집중 타깃층을 중국으로 잡고 모든 역량을 총동원해 중국 시장 진입을 노렸다. 그 결과 중국에서 애플은 45억 달러 초반에서 무려 185억 달러라는 매출 성과를 이루어 냈다. 현금 보유량도 2011년 759억 달러에서 무려 약 2,400억 달러로 3배 이상 늘리며 애플의 제2도약기로 만드는 계기를 실현시켰다.

아직도 이에 대해 수많은 사람들은 "누가 애플의 CEO가 되었어도 애플은 변함없이 성장했을 것이다"라고 말한다. 물론 맞는 말일 수 있다. 애플의 모든 가능성의 시작은 '스티브 잡스가 남긴 유산'이라는 점에는 동감한다. 하지만 유산을 이어받는 것보다 더 중요한 것이 유산을 잘 지키는 것이다. 경영학에서 창업과 비견될 정도로 중요한 것이 성공 유산을 유지하는 것이다. 매우 단순해 보이는 논리지만, 지금까지의 역사를 보면 유산을 지키는 것이 결코 쉽지 않았다. 그런 면에서 팀 쿡은 분명 '성공한 후계자'이다. 팀 쿡은 스티브 잡스가 개설한 예금통장에서 돈만 빼내 쓴 것이 아니라 애플의 혁신을 지속시키기 위해 자신부터 바꾸어 나갔다. 스티브 잡스가 태풍 같은 카리스마가 넘치는 카이사르 시이저Gaius Julius Caesar 같다면, 팀 쿡은 로마를 안정시킨 온화한 리더십을 발휘한 아우구스투스Augustus 같다고 말할 수 있다.

1960년 미국 남부 앨라배마 주 로버츠 데일에서 태어난 팀 쿡의 아버지는 조선소에서 근무했다. 어릴 적 성실하고 남을 배려할 줄 알았던 팀 쿡은 오번 대학에서 산업공학을 전공했고 미국 명문 듀크 대학에서 경영학 석사MBA를 받았다. 그의 아버지는 아들 팀 쿡을 위해 자신의 회사를 네 번이나 옮길 정도로 헌신적이었다. 팀 쿡의 첫 직장은 IBM이었고, 1998년 그는 비로소 인생의 전환점이었던 애플에서 스티브 잡스를 만나게 된다.

당시 애플은 실적이나 성과, 비전 면에서 시장의 주목을 전혀 받지 못하고 있었기에 팀 쿡은 솔직히 애플 합류를 고민했다고 한다. 그러나 그의 아버지는 고민하는 아들에게 애플의 미래성을 이야기하며 애플 입사를 강력히 추천했다는 일화가 있다. 그것을 계기로 천재 스티브 잡스와 같이 일할 수 있게 되었는데, 과연 팀 쿡의 아버지의 예감은 틀리지 않았다.

팀 쿡이 애플에 들어와 처음 한 일은 유통 공급을 정비하는 임무였다. 전 세계 약 100곳의 핵심 공급업체들을 꼼꼼하게 체크했고, 등급을 매겨 24개 회사로 분리 축소시키며, 시스템을 정비해 나갔다. 단순히 본사와 하청업체의 관계가 아닌, 신뢰를 바탕으로 상생하는 시스템을 기획해야 기업이 더 크게 발전할 수 있음을 알았던 것이다. 부품 공급의 안정은 회사의 미래를 바꿀 수 있는 중요한 요인이었다.

이러한 팀 쿡이 애플의 최고 자리에 앉았을 때 그를 긍정적으로 바라보는 사람들보다 폄하하는 사람들이 더 많았다. 그럼에도 불구하고 그는 리더인 자신이 해야 할 일에 집중했다. 언제나 자신을 낮추고 묵묵히 자신의 일을 하는 모습을 보인 것이다. 이 점이 스티브 잡스가 그를 차세대 리더로 지목한 이유이기도 했다. 팀 쿡은 애플의 비전을 붙들고 자신의 판단을 믿으며 앞으로 나아갔다. 스티브 잡스의 리더십을 흉내 내지 않고 자신의 스타일대로 리더십을 발휘한 것이다. 팀 쿡은 현재까지도 계속 혁신을 펼쳐 나가고 있다. 애플을 강력한 1인 체제에서 집단지도 체제로 변화시켰고, 리더 자신이 스스로 잘못을 인정하고 남의 말에 귀 기울이는 휴머니즘이 담긴 소통 능력을 보여 주었다. 예를 들어, 팀 쿡은 애플의 새로운 운영체계 iOS6의 오류에 대해 공식적으로 사과했다. 스티브 잡스라면 상상도 할 수 없는 태도이지만, 그는 자신의 스타일대로 애플을 경영해 가고 있다. 조용한 리더십, 다름 경영을 보여 준 팀 쿡의 노력 덕분에 구글과의 오랜 전쟁을 종식시켰고, 스티브 잡스의 그림자에서 벗어나 그가 남긴 유산을 잘 지키는 리더로서 인정받기 시작했다.

또 하나 놀라운 사실은 팀 쿡이 아직 미혼이며, 앞으로 어쩌면 결혼을 하지 않을 수도 있다는 것이다. 그는 어느 유명 매체와의 인터뷰에서 "나는 동성애자이다. 나는 세상의 편견을 넘어서고 어떤 어려움도 극복할 자신이 있다. 나는 이 사실이 부끄럽지 않으며, 성적소수자들이 나를 보며 작은 용기를 가질 수 있기를 바란다"라고 자신의 정체성을 스스럼없이 밝혔다. 결과적으로 이 선언은 애플의 CEO로 일하는데 아무런 영향을 미치지 않았고, 오히려 세상은 그의 당당함에 박수를 보냈다. 그의 용기 있는 발언을 긍정적으로 받아들인 것이다. 이러한 팀 쿡의 커밍아웃은 세계적인 리더가 보여 준 배려의 삶이고, 넓은 의미의 '노블레스 오블리주'였다.

'고대 로마에는 지도자가 자신과 비슷한 유형의 관리자를 선호한다'는 말이 있다. 어쩌면 팀 쿡도 스티브 잡스와 유전자는 똑같지만 다른 버전의 리더라는 생각을 하게 된다. 지금도 그는 현재 진행 중이며 조용하고 혁신적인 리더십으로 세상과 소통하고 있다.

혁신의 또 다른 이름
'히든 챔피언'

'히든 챔피언Hidden Champions'[51]은 일반적으로 대중에게는 잘 알려져 있지 않으나 시장 경쟁력을 보유한 중소기업을 가리키는 경영학 용어다. 혁신을 바탕으로 기술 및 품질 측면에서 특화된 제품을 생산하고 세계 시장의 틈새를 공략하여 혁신을 일으키며 시장을 지배하는 특징을 가진 중소기업을 말하는 것이다.

최근 성공한 히든 챔피언 기업들을 살펴보면, 이들이 이룩한 혁신이 결코 하루아침에 이루어진 것이 아님을 알 수 있다. 꾸준히 축적된 기술력과 생산 공정, 유통, 마케팅, 판매까지 완벽하게 준비했기에 이룬 성공이었다. 특히 유럽의 히든 챔피언 기업들은 평균적으로 조직 전체 인력 중 25~50%를 고객 서비스 업무에 투입시킨다. 이유는 제품 혁신을 이룬 다음에는 수요 친화적인 방향에 집중할 필요가 있기 때문이다. 이렇듯 소비자들이 느끼는 기업 이미지를 긍정적으로 갖추는 것이 중요하며, 소위 VIP 고객 관리는 리더가 최우선으로 여기고 특별 관리해야 한다.

히든 챔피언이라 불리는 기업은 남보다 항상 두 걸음 앞서가는 전략, 남들이 시도하지 않는 제품 개발에 관심을 기울인다. 또한 구성원들에게 긍정적인 동기를 부여하고, 회사와 일체감을 갖도록 하여 오랫동안 근무할 수 있는 환경을 만들어 준다. 한국 사회도 이런 히든 챔피언 기업이 활성화되기 위해서는 정부가 성장할 수 있는 법적 토양을 다져 주고, 금융 및 세제 혜택을 함께 마련해 주어야 한다. 또한 다가오는 4차 산업혁명에 대비하기 위해 국내 강소 중소기업 사례들을 새로운 성상 기회 지표로 삼아 이익을 창출하고 글로벌 경쟁력을 확보해 나가는 정책들을 세울 수 있도록 육성 지원해 주어야 한다.

한편 혁신적인 아이디어를 필요로 하는 중소기업 리더들은 해외의 히든 챔피언 사례 정책을 경영원칙으로 접목시켜 기업의 자양분으로 삼아야 한다. 또한 현장을 부지런히 살피고, 최고 경영자와 조직의 중간 관리자들이 조화를 이루어 히든 챔피언이 되기 위한 목표를 향해 전진해야 한다.

새로운 경제의 탄생과
생존 전략 '마켓 4.0'

우리는 시시각각 변화하는 새로운 세상에 살고 있다. 고객들은 더 이상 그저 그런 수준으로는 만족하지 못한다. 특별히 뛰어나지 않으면 아무것도 아니다. 대부분의 분야에서 한때 흥미진진했던 것이 금방 지루해지고, 지루한 것은 짜증들을 불러일으킨다. 고객들은 점점 더 놀랍고 기억에 남을 만한 강력한 것을 원한다. 새로운 경제의 탄생으로 기업은 이제 새로운 전략과 결과물을 내놓지 않으면 안 되는 상황에 처했다.

시장 경쟁이 치열한 요즘 시대에는 다른 기업들보다 나은 정도가 아니라 유일한 존재감을 만들고 성과를 달성하는 기업이 되어야 한다. 다른 기업이 하지 못하거나 하지 않는 초연결성과 수평적 트렌드 시장을 재창조하는 기업 말이다.

최근 전 세계적으로 가상화폐 열풍과 블록체인이 각광을 받고 있는 가운데, 블록체인 4.0 기술 선점을 위한 정부와 기업들의 노

일본 살충제 기업의 '다름 경영'

일본 살충제 제조업체의 영업이사는 거의 일주일에 한 번씩 살충제를 사러 오는 한 중년 여성 고객에 대한 이야기를 본사를 방문한 거래처 사장을 통해 듣게 되었다. 일반적으로 살충제 한 통을 사면 한 철 내내 쓰는 것이 보통인데, 이 고객은 왜 매주 같은 제품을 사러 오는지 궁금해졌고, 고객의 사용 습관을 파악해 보는 것이 좋겠다는 판단이 들었다.

며칠 후 영업이사는 살충제 6개월 치를 선물로 드린다는 조건으로 그 고객의 사용 습관을 체크하기로 했다. 여성 고객의 집은 오래된 집이었는데, 딱 보기에도 다양한 벌레들이 서식하기에 좋은 환경이었다. 여성 고객은 수시로 살충제를 뿌렸는데, 버둥거리는 벌레가 완전히 움직임을 멈출 때까지 계속해서 살충제를 뿌린다는 사실을 새롭게 알게 되었다. 이 여성은 '벌레가 살았는가, 죽었는가'보다는 '벌레가 움직이는가, 안 움직이는가'가 더 중요했다. 다른 고객들도 확인한 결과 비슷한 생각을 갖고 있었다. 이 점에 착안하여 영업이사는 벌레를 순간적으로 마비시키는 성분을 보강한 신제품을 개발하게 되었다. 이 상품은 살충제 시장에 파란을 일으켰으며, 소비자들의 빠른 입소문으로 불티나게 팔렸다. 이로 인해 매년 하락세를 면하지 못하던 회사가 기사회생하게 되었고, 시장에서 큰 주목을 받았다. 위기를 극복할 수 있는 해답은 언제나 뜻하지 않은 곳에서 찾게 된다. 생각의 전환과 지속적인 관찰력 덕분에 회사가 성장곡선을 그리게 된 것이다.

혹시 지금 당신의 조직도 포화시장을 경험하며 어려움에 빠져 있지 않은가? 그렇다면 한 발짝 뒤로 물러나 상황을 객관적으로 바라보고, 꾸준히 관찰하고 분석하여 돌파구를 모색해야 할 것이다. 새로운 전략을 수립할 경우, 기존 시장 데이터만으로는 한계가 있으며, 핵심 열쇠를 찾는 것이 불가능하다. 상품이나 서비스에 대한 고객의 생각을 읽으려 하고, 소비자의 입장에서 고민하는 것이 혁신적 경영 전략의 키포인트이다. 지금부터 무심코 흘려보낼 수 있는 작은 변화에 관심을 기울여 보라. 그것이 당신을 다른 리더와 차별화시키는 '다름 경영'의 지혜를 안겨 줄 것이다.

력이 점점 본격화 되고 있다. 특히 중국 정부는 블록체인을 4차 산업혁명의 핵심 기술로 보고 산업 육성에 발 벗고 나섰으며, 현지 중국 내 IT기업들은 주력 사업으로 블록체인 기술을 적극 활용, 시장 선점에 집중하고 있다. 가상화폐에 대한 강력 규제를 하는 미국이나 일본과 달리 중국 정부 당국은 블록체인 기술을 적극 육성하고 있다. 최근 중국 최대 전자상거래업체인 알리바바는 블록체인 기술을 활용해 추적 가능한 글로벌 식품 공급망 구축 사업에도 대대적인 투자를 했으며, 이 외에도 자회사인 앤트파이낸셜을 통해 금융 분야에서의 블록체인 기술 도입을 적극적으로 육성해 나가고 있다.

중국 글로벌 인터넷 기업 텐센트Tencent도 블록체인 기술 연구 개발 및 개방형 서비스 플랫폼 구축 계획을 최근 세계경제인연합회 기조연설을 통해 상세하게 밝힌 바 있다. 이 외에도 중국 2대 전자

상거래업체 징둥京東, JD.COM은 위조품 방지 및 식품안전 등에 대한 블록체인 기술 도입을 3년 전부터 서두르며 적극 추진 중이다. 이처럼 중국은 블록체인 활용 및 4차 산업혁명과 궤를 같이 하는 시장의 새로운 변화들과 기업의 생존 전략에 촉각을 곤두세우고 있다.

한편 세계에서 인구가 가장 많은 국가는 중국과 인도가 아니라 두 나라를 제친 미국의 유명 소셜 네트워크 서비스 기업 페이스북이라는 말이 있다. 페이스북은 자그마치 16억 5천만 명의 국민을 둔 셈이다. 이제 사람들이 몰리는 곳은 물리적 공간에만 있지 않으며, 수요는 분산되어 있고, 이질적인 시장이 공존하는 세상에 우리는 살고 있다.

유통업계의 역사를 다시 쓰는 아마존, 전통 미디어 업계를 긴장시키는 넷플릭스, 음악의 유통 방식 자체를 바꿔놓은 스포티파이와 애플뮤직, 우버와 에어비앤비의 등장까지 과거에는 예측하지도 못했던 산업사회 신흥 기업들의 출현이 계속해서 이어지고 있다. 기업의 경쟁력은 이제 규모나 출신국가, 과거의 강점에 의해 결정되지 않으며, 보다 작고, 보다 젊고, 지역에 기반을 둔 기업이 글로벌 무대에 우뚝 서게 될 것이다.

중국 유명 게임업체 왕이網易(넷이즈)는 블록체인을 접목한 게임 '자오차이먀오招財(재물을 불러다 주는 복고양이)'를 개발했다. 이는 디지털 화폐로 거래하며 반려 고양이를 양육하는 게임으로 오픈 10일 만에 중국 현지 780만 명이 가입하는 시장 장악력을 보였다.

이제 이를 계기로 중국뿐만 아니라 한국에도 곧 블록체인 게임의 대중화가 앞당겨지지 않을까 조심스레 전망해 본다.

아마존의 제프 베조스는 프린스턴 대학교의 졸업식 축사 강연에서 졸업생들에게 자신이 일과 인생에서 배운 중요한 질문들을 던졌다. '교리를 따를 것인가, 독창성을 발휘할 것인가?', '비판에 풀이 죽을 것인가, 신념을 따를 것인가?', '안전지대를 고수할 것인가, 위험을 감수할 것인가?' 등등이었다. 특히 현재 아마존 내부에서 아직 답을 찾고 있다고 한 맨 마지막 질문인 '남을 희생시키며 똑똑해질 것인가, 아니면 덜 똑똑하면서 함께 갈 것인가?'가 특히 인상적이었다.

이제 21세기 미래형 리더는 구성원이 기대하지 못한 일, 꼭 하지 않아도 되지만 의미가 있고 오랫동안 잊혀지지 않을 일을 스스로 찾게 하는 문화를 만들어 줄 의무가 있다. 이런 문화는 상부의 지시를 그대로 따르기만 했던 과거의 조직문화에서는 생길 수가 없다. 진정으로 이니셔티브한 진취성과 결단력을 가지고 행동으로 옮기며 함께하는 조직에서 가능하다. 이니셔티브 리더십의 달인이며 세계적인 억만장자 제프 베조스가 이야기한 리더의 '다름 원칙' 4가지를 골라 좀 더 자세히 소개해 본다. 여기에는 기존 규칙에 따라 기계적으로 고객을 상대하는 고리타분한 방식에서 벗어나 보다 실질적인 예시를 통해 혁신적이고 새로운 가치관과 태도 발전에 도움이 될 것이다.

1. 고객을 우선하는 서비스 마인드를 키워라

경쟁 구도가 복잡해질수록 기업의 목표는 고객에게 집중하고 고객의 가려운 곳을 긁어 주는 서비스가 중요하다. 조미료 제조업체인 '다이쇼'는 거래처 고객의 주문을 절대 책상 앞에 앉아 기다리지 않는다. 그들의 영업은 언제나 현장인 시장에서 시작된다. 상품의 기획 및 주문부터 상품의 진열 제안, 메뉴나 레시피의 제안, 계절에 따른 매장 인테리어까지 현장에서 직접 발품을 판다. 고객이 오케이 하는 순간까지 서비스가 진행되기 위해서는 마음속에 오로지 고객뿐이어야 한다. 고객의 표정과 작은 몸짓 하나 놓치지 않는 집중력과 고객의 마음을 읽어 내고 고객이 원하는 것을 찾을 수 있는 예리한 센스를 갖춰야 하는 것이다. 가정용 공구 등을 판매하는 기업 '한즈만'도 장화 한 짝, 못 하나 등 다른 곳에서는 결코 팔지 않는 사소한 물건까지 낱개로 판매하고 있다. 이것이 바로 고객이 찾는 것은 다 구할 수 있다는 기업 철학을 실천하는 기업이다.

2. 차별화된 가치를 제공하는 전문성을 키워라

고객 친화적인 세일즈 마인드를 뒷받침해 주는 것이 바로 기업이 가진 차별화된 전문성이다. 자신만의 특화된 가치를 제공할 수 있어야 차별화로 성공한다. 아마존의 고객을 위한 성기 배송의 차별화된 강점은 소비자가 편리하고 손쉽게 제품 단계 변경을 할 수 있다는 점이다. 예를 들어 아기가 성장하면 분유나 기저귀 등을 성장 개월 수에 따라 바꿔야 하는데 고객이 미처 챙기지 못했을 때 이런 단계 변경을 검색엔진과 인공지능이 대신 고객에게 제시하고 변경해 준다. 또한 전달된 정기 배송 상품 목록에서 상품이 잘못 제시되지는 않았는지 고객센터에서 24시간 만족도 조사를 실시한다. 여기에는 사용자 경험 연구를 기반으로 상품 전체를 목록화한 데이터 관리 기술과 고객의 의도를 미리 짐작해 원하는 결과를 제공해 주는 인공지능 검색 엔진 기술이 적용된 것이다.

이것이 무분별하게 적재되어 있는 다양한 데이터들을 빅데이터로 정리하고 상품들 간의 상호 유사성을 찾아내는 차별화된 전문성이다.

3. 장기적인 시각으로 미래를 바라보라

제프 베조스는 인터넷 가상서점을 열기 위해 1994년 D. E. 쇼사를 그만두고 워싱턴의 시애틀로 이주했다. 자신의 차고에서 5명의 직원과 일을 시작한 그는 서점 사이트를 위한 소프트웨어를 개발했고 회사 이름을 세계 최대 강의 이름을 따 아마존 닷컴이라고 정했다. 베조스가 처음부터 인터넷상에서 책을 팔려고 한 것은 아니었다. 전자상거래의 미래를 생각하면서 주력 상품을 찾다 보니 가장 표준화된 형태의 상품인 책이 적합하다는 결론을 내린 것이다. 이렇게 탄생된 아마존은 곧 전자상거래의 선두주자로 떠올랐다. 1일 24시간, 주 7일 운영되는 아마존은 사용하기 편리하게 꾸며져 있다. 아마존은 이용자들이 서평을 싣도록 북돋우고 할인된 금

액과 개인별 추천 정보를 제시하며 절판 서적을 찾아준다. 1998년 6월부터는 콤팩트디스크를 취급했고, 그해 후반부터는 비디오테이프도 팔기 시작했다. 아마존이 큰 성공을 거두자 반즈앤드노블과 보더스 같은 대형서점도 인터넷 서점을 열었다. 베조스는 그간 타임이나 포브스에서 올해의 인물 또는 올해 최고의 경영인으로 선정됐다. 그는 2000년에 나사로부터 보조를 받아 민간우주여행업체 '블루 오리진'을 설립해 지구 궤도를 비행하는 상업적 우주여행사업까지 추진하고 있다. 분야를 가리지 않고 점점 확장되는 그의 행보를 눈여겨봐야 할 것이다.

4. 틀을 깨는 창의적 역발상으로 임하라

리더에게 있어서 눈에 보이지 않는 미래를 간파하고, 자기 철학에 따라 독자적이고 창의적인 실행 능력을 보여 주는 것은 매우 중요하다. 인간이 사랑하는 동물 중 말은 훌륭한 조련사를 만나야 좋은 경주마가 될 수 있다. 조련사 역시도 기술이나 능력에 따라 여러 등급으로 나뉘는데 2급 조련사는 주로 회초리로 말을 때려서 길들이고 1급 조련사는 당근과 회초리를 함께 쓴다고 한다. 못할 때만 회초리를 쓰고 잘하면 당근을 주는 방법이다. 그러나 특급 조련사는 회초리를 절대로 쓰지 않는다. 마음의 노력, 애정과 정성을 담아 훈련하고 천천히 교감해 나가면서 최고의 말을 키워 낸다.

명화 〈벤허〉에서도 이러한 예를 찾아볼 수 있다. 영화 후반부에 나오는 전차 경주 장면이 최고의 명장면으로 꼽히는데, 이 장면을 자세히 떠올려 보면 주인공 벤허와 멧살라가 말을 모는 스타일이 완전히 다른 것을 알 수 있다. 멧살라는 채찍으로 강하게 후려치면서 달리는데, 벤허는 채찍질 없이 말과 교감하며 달려 결국 승리를 거두게 된다. 이는 마치 2급 조련사와 특급 조련사를 보는 것 같다. 벤허가 경기를 치르기 전날 밤 네 마리의 말에 얼굴을 비비며 말들과 소통하는 장면이 나온다. 애정을 담아 한 마리 한 마리 어루만지면서 사랑을 쏟는 모습이 매우 인상적이다.

우리는 강한 게 강한 것이라 생각하지만, 부드러운 것이 오히려 강력한 무기가 될 수 있음을 깨달아야 한다.

8장

발상의
전환

ERA OF UNCERTAINTY

스스로 움직이는 문화를 만드는 리더는
사람에 대해서는 따뜻한 마음을 가지고,
숫자에 대해서는 차가운 머리를 가진다.

지금까지의 원칙과
이론은 잊어라

영역과 경계를 뛰어넘어 서로 묻고 답하고 협업하고 제휴해야 생존력을 높일 수 있는 시대가 도래했다. 한 가지 유의해야 할 것은, 기업이나 전문가가 찾은 답이 소비자가 찾은 답과 다를 수 있다는 것이다. 결국 중요한 것은 소비자가 찾은 답이다.

_스콧 디가모(Scott Degarmo, 〈석세스 매거진〉 그룹 CEO)[52]

리더로 성공하고 싶다면 조직을 흘러가는 대로 내버려둘 것이 아니라 주도적으로 이끌어 가치를 극적으로 높이는 데 중점을 두어야 한다. 조직의 리더는 자신만을 위해 결코 시끄럽게 걷지 않는 법이다. 리더의 역량은 언제나 개인이나 조직의 성공의 한계를 결정짓는다. 리더가 강하면 조직의 성공의 한계는 높지만 그렇지 않으면 한계는 낮아진다. 그 때문에 조직이 어려움에 봉착하면 자연스럽게 새로운 리더를 찾게 되는데, 국가가 어려움에 처하면 새로운 대통령을 선출하고, 기업이 이익을 내지 못하면 새로운 최고 경영자를 고용하듯이 성적이 좋지 못할 때 조직은 반드시 새로운 리더십을 찾을 수밖에 없다.

리더십은 누군가에 의해 주어지거나 지명되거나 위임받는 것이 아니다. 리더십은 오직 자신의 영향력에 의해서만 가능한 것이고, 그 영향력은 강제할 수 있는 것이 아니다. 위기의 순간에 리더가 줄 수 있는 첫 번째는 바로 시간을 버는 것이다. 그 시간 동안 리더가 어떻게 하느냐에 따라 조직의 영향력은 커질 수도 있고, 줄어들 수도 있다.

물론 실무를 하며 뛰어야 할 사람은 리더가 아니라 구성원들이다. 기업이 목표를 향해 나아가려면, 리더는 구성원들에게 달성해야 할 목표와 비전을 분명히 제시하고, 구성원들이 몰입하고 자기 목표를 달성하도록 돕는 역할을 해주어야 한다. 리더가 해야 할 일들은 비전 수립, 목표 공유, 조직문화 혁신, 인재 양성, 시스템 점검, 리스크 관리, 새로운 지식 전달 등 실용적인 노하우부터 항구적인 전략까지, 조직 관리 전반에 걸쳐 조직 내 갖춰야 할 실천적 내용들로 가득하다. 그 전에 리더가 빠뜨리지 말아야 할 가장 중요한 것은 현장에서 빈번하게 일어나는 사례를 분석해 맞춤 해결책을 제시해 주는 것이다.

그동안 기업조직에서 가장 기본적 요소로 꼽던 4P, 즉 제품 product, 가격price, 유통place, 판촉promotion은 이제 시장에서 크게 먹히지 않는다. 미래의 기업은 소비자와 함께 제품을 공동창조co-creation 하는 통화currency, 공동체 활성화communal activation, 대화conversation 라는 4C 의 상품화 전략을 펼쳐나가야 생존 확률을 높일 수 있다. 최근 많은 리더들이 바로 이런 변화에 흔들리고 있다. 그러나 리더는 결국 현재의 위기를 돌파해 나가는 사람이다. 결과는 선택할 수 없겠지만, 현실적인 대응은 선택할 수 있다. 항상 그렇듯 위기를 극복하고 성공을 이루는 열쇠는 가까이에 있다. 리더가 먼저 행하면, 구성원들도 따라간다. '아는' 것과 '실행'하는 것은 다르다. 머리로만 알고 있는 내용과 실제 현장에서 실행되는 것의 차이는 크다.

또 하나 잊지 말아야 할 것이 있다. 새로운 이론과 스킬도 중요하지만 리더에게 필요한 건 리더로서의 '격'이다. 누구나 리더가 될 수 있지만, 아무나 좋은 리더가 될 수는 없다! 하루 빨리 피상적인 리더십, 이론만 번지르르한 리더십을 탈피하여 '좋은 리더'로서의 삶을 실천하고 노력해야 한다. 좋은 리더는 구성원들의 마음을 잘 이끄는 사람이다. 다시 말해 강압적인 명령이나 권력에 의해 일방적으로 끌고 가는 것이 아니라 사람들이 자발적으로 움직일 수 있도록 하는 것이다. 도전하는 자세를 보여 주는 것을 리더의 본분이라 믿고 구성원들과 함께 움직이는 것, 그것이 진정 21세기 리더에게 필요한 역량이자 원칙이다.

독일 기업 폭스바겐의 CEO 허버트 디에스Herbert Diess는 먼저 행동하는 정신을 기본으로, 미래를 대비하는 통찰력과 직관력을 더하는 21세기 리더의 가치 투자 전술을 몸소 행하는 사람으로 딱 한 사람을 꼽았다. 그는 최초로 서양 열기구 횡단에 성공하며 영국 왕실의 기사 작위를 보유한 탐험가이자, 현재 무려 4조 7천억 원의 자산을 지닌 영국의 거부, 약 300여 개의 계열사를 거느리고 있는 버진그룹의 리처드 브랜슨Richard Branson[53]이다.

리처드 브랜슨은 원래 재벌 2세도, 수재도 아니었다. 오히려 난독증에 시달리며 학습능력이 현저히 떨어지는, 고등학교도 제대로 졸업하지 못한 평범 이하의 학생이었다. 오직 그의 어머니만이 그를 믿어 주었다. 1967년 17세가 된 그는 가족의 도움과 용기를 통해 자신의 난독증에 도전하고자 잡지 〈스튜던트〉를 1인 기업으로 설립하고 창간했다.

그는 자신의 잡지에 존 레넌, 믹 재거 등 유명 인사와의 인터뷰를 실으면서 〈스튜던트〉를 세상에 알렸다. 20세에는 '버진 레코드' 라는 이름으로 음반 사업에도 도전했다. 보수적인 레코드 시장의 빈틈을 파고들어 연주곡으로만 구성된 마이클 올드필드의 데뷔작을 만들어 내 대성공을 거두기도 했다. 1984년 34세에는 여행 중 비행기 결항으로 공항에 발이 묶이자 비행기 한 대를 전세 내고 본래 요금의 4분의 1 수준인 39달러를 받고 승객들을 태워 무사히 목적지에 도착했다. 후에 이 경험을 바탕으로 저가 항공사인 '버진 아틀란틱'까지 설립하게 되었다.

먼저 움직이며 행동하는 도전적인 사업가 리처드 브랜슨은 여섯 번의 시도 끝에 열기구로 대서양 횡단에 성공했고, 웨딩 사업 진출을 위해 자신이 만든 드레스를 직접 입었으며, 콜라 사업을 위해 뉴욕 시내에 탱크를 조종하고 나타나는 기행까지 일삼았다. 모두 본인이 낸 아이디어를 스스로 실행하고, '도전'이라는 리더의 브랜드 가치를 만들기 위해서였다. 2004년 54세가 된 그는 최초의 민간 '버진 갤럭틱'을 창업하고 십여 년을 꾸준히 준비하여 우주여행을 실현시키기 위해 노력했다. 2014년 우주선 시험 비행 중 동체가 폭발하며 조종사가 사망하는 위기를 맞았으나 새 우주선을 준비하는 정면 승부로 어려움을 이겨 냈다. 2016년 승객 6명을 태우고 고도 1만 5천 미터를 올라가 모선을 분리하여 승객이 안전하게 중력을 체험하고 아름다운 지구를 감상할 수 있는 우주여행 시험 비행에 성공하며 스티브 호킹 박사나 안젤리나 졸리 등 유명 인사들에게 약 700장의 티켓을 팔았고 2018년 하반기에는 첫 우주여행을 계획하고 있다. 최근 리처드 브랜슨은 폭스FOX와의 인터뷰에서 이런 말을 했다.

"나는 과거에 난독증을 심하게 앓았다. 그래서 도저히 학교 수업을 따라갈 수가 없었다. 하는 수 없이 15살 때 학교를 그만두었는데 그때 난 많은 것을 깨달았고 포기하지 않는 삶을 살겠다는 목표를 갖게 되었다. 그러나 그 뒤에도 난 관심이 생기지 않으면 전혀 배우지를 못하는 사람이었다. 그래서 관심과 재미를 찾기 위해 스스로 행동하기 시작했고 실패도 많이 했지만 절대 포기하지 않았다. 오랜 시간 여러 가지 사업을 하면서 도전을 즐기며 살았을 뿐 한 번도 그냥 돈을 벌기 위해 사업을 한 적은 없었다."

누구든 재미를 발견하고 즐겁게 일하다 보면 돈은 자연히 따라오게 되어 있다. 회사를 세우고 리더가 되고 싶다면, 먼저 당신의 마음에 담긴 도전의 메시지가 무엇인지 찾아야 한다. 당신이 하고 싶은 것이 무엇인지를 정확히 알아야 하는 것이다. 그럴 때 비로소 사람들의 마음을 사로잡기 위한, 총성 없는 전쟁에서 승리할 수 있다.

자신의 이익과 행복을 먼저 추구하지 마라! 오늘날 사람이나 상품이 성공을 거두는 유일한 길은 사람의 마음을 읽는 것이다. 테슬라의 엘론 머스크도 돈을 벌 수 있는 최고의 방법을 찾지 말고, 인류의 미래에 지대한 영향을 줄 수 있는 도전 정신을 고민하라고 했다.

"실패는 당연한 옵션이다. 만약 실패해 보지 않았다면 배운 게 없는 것이다."

유럽 EU나 독일에서는 기업 조직의 최고경영자가 자신의 CEO 리더들을 '챔피언'이라 부른다. 이는 빠르게 변화하는 시장에서 성장률과 수익률, 생존 능력과 기술력 등 여러 면에서 뛰어난 성과를 올리는 CEO들에게 주로 사용하는 말이다.

기업 조직에서 CEO 리더는 회사를 보여 주는 지식 정보 사이트와 같은 것이다. 신뢰와 자존심, 성실한 근무 태도, 부하 직원의 어려움을 기꺼이 이해하고, 윗사람으로서의 자세를 보이며, 지도자의 역할을 제대로 실천할 수 있다면 구성원들이 그를 먼저 알아볼 것이며, 그 조직의 비전은 그로 인해 밝아진다.

페이스북의 최고운영책임자 셰릴 샌드버그, 그녀는 자신의 책 《린 인》에서 "리더의 속도는 곧 직원들의 속도다"라고 말하며, 조직의 상하는 결코 다르지 않음을 깨달아야 한다고 말했다. 그녀의 말대로 리더가 먼저 행하면 구성원들도 똑같이 따라오게 되어 있다는 사실을 믿어야 한다.

중국 고사 중에도 《논어》학이편學而篇을 보면 '절용애인節用愛人'이란 말이 나온다. 백성을 다스리는 지도자에게는 다섯 가지 덕목이 필요한데, 그중 하나가 절용애인이다. 그 뜻은 "일을 공경하고 믿음으로 하며, 쓰기를 절제하고 사람을 사랑하며, 백성을 부리기를 때를 맞추어야 한다"이다. 최근 사회적 신분이 높은 경제인, 정치인, 고위공직자 자녀들의 부정 입학이나 취업 관련 청탁과 같은 비도덕적 행위들이 빈번하게 생기고 있다. 모범을 보여야 할 사람들이 부정부패를 일삼는 것이다.

리더란 모름지기 자신이 하는 일에 분수를 지키며 직원들에게 믿음을 주고 비리를 저지르지 않아야 한다. 한국 속담에 "윗물이 맑아야 아랫물이 맑다"는 말이 있다. 리더는 구성원들에게 큰 영향을 준다. 그리고 리더 또한 구성원들의 영향을 받는다. 이처럼 둘은 하나의 운명 공동체이다. 자신의 이익에 눈이 멀고, 자기편만 챙기면서 다른 사람을 도탄지고塗炭之苦에 빠지게 하는 리더는 조직을 망하게 하는 존재이다. 자기 언행이 모순되는 자가당착自家撞着

에 빠지지 않는 것 역시 진정한 리더가 갖추어야 할 조건이다. 말로 가르치는 것은 하수이고, 행동으로 실천하는 도전의 삶을 보여주는 것이 매우 중요하다.

세상은 점점 개인화되고 자신이 한 말에 책임을 지지 않으려는 몰염치가 만연해 있다. 하지만 리더는 그래서는 안 된다. 리더의 영향력이 그만큼 크기 때문이다. 리더가 살아가는 모습이 조직 구성원들에게 부지불식간에 전파되거나 전염된다는 점을 잊지 말아야 한다. 당신의 일거수일투족이 모든 직원들에게 영향을 미침을 명심하자. 리더가 부정하고 자신의 말을 손바닥 뒤집듯 번복하는 경우 그 사람이 하는 말은 더 이상 신뢰할 수 없게 된다.

'진정 성공한 리더'란 부귀공명을 누리는 사람이 아니라 "저 사람이 있어서 회사 다닐 맛이 난다. 저 사람을 통해 나도 도전받아 좋다"라는 말이 자연스럽게 나올 수 있어야 한다. 다른 사람에게 희망을 주고, 본분을 다해 솔선수범하는 자세로 구성원을 행복하게 해주는 사람이 되어야 한다. 사회적 책임을 다하지 못하고, 자신의 안위와 욕심만을 앞세워 조직 전체의 물을 흐리지 말자. 도전하는 리더의 삶이 조직의 100가지 규율보다 효과가 크다는 사실을 확신하자. 리더는 겉과 속이 일치하고 말과 삶이 일치해야 한다.

커뮤니케이션의 상징인
아마존의 '꿈의 리더십'

내가 아마존의 경영 컨설팅 자문을 맡고 있었을 때의 일이다. 어느 날 제프 베조스 사장이 기업을 대표해 세계로 퍼져 나갈 신임 리더들을 한자리에 모이게 한 후 커뮤니케이션에 대해 이야기하는 것을 들은 적이 있다. 세계적인 억만장자가 자신이 일군 회사를 구성원 모두가 바라는 '꿈의 회사'로 만들기 위해 신임 리더들에게 제시한 새로운 해법은 과연 무엇이었을까?

아마존 그룹의 신임 차세대 리더들은 사업 프로젝트를 설계할 때 더 이상 그 목적이 돈이나 감성이 되지 않도록 객관적이고 냉철하게 소통하고 행동한다. 또한 공식 발표나 사업추진 자료도 구시대적인 감성 경영으로 비치지 않도록 철저히 관리한다. 이처럼 사업의 기본은 준비된 필요와 욕구를 충족시킬 수 있는 '다름 커뮤니케이션 전략'들로 채워져야 한다. 특히 의류, 액세서리, 컴퓨터, 음반 등 다양한 미래사업 분야의 리더들은 자신이 '핵심 브랜드'가 된다는 생각을 가지고 신중한 자세로 임해야 한다. 아마존의 제프 베조스가 말하는 리더의 기본 전술은 미래 친화적인 화법으로 조직 내 구성원들을 격려하고 모두가 맡은 일을 성실히 수행해 나갈 수 있도록 소통의 환경을 만들어 주는 전략이었다. 결국 그가 추구하는 조직 목표의 가치는 리더가 그룹의 핵심 브랜드가 되어야 한다는 것이다. 제프 베조스가 아마존의 최고 리더들에게 전수한

과거와 미래의 아마존 리더십의 차이

과거의 아마존 리더십	미래의 아마존 리더십
자신이 속한 조직 내 사람만을 우선 관리	타 부서에 본이 되도록 직원을 가르치며 자신이 솔선수범하고 소통하여 이끎
위협적인 상사 중심형 분위기를 조성하는 리더	실무자에게 권한을 주고 멘토를 자처하는 리더
'회사 뜻대로 안 할 거면 떠나라'는 협박형 리더	직원의 혁신을 최대한 허용하는 자유로운 리더
단순하고 뚜렷한 근무환경과 예측이 가능한 숫자형 조직을 선호	소통과 계급을 타파하는 조직 환경을 구성하고, 인문학적 사고로 다양한 의견을 나누며 문제를 해결함을 원칙으로 함
기존 시스템을 답습, 매출 확대형 성공 전략 시스템을 선호하는 리더	타 조직의 글로벌된 외부환경을 학습시키고 발 빠르게 차별화 마케팅 전략을 제시하고 먼저 실행하는 리더
명확하고 특화된 안정된 리더십	조직 구성원과 의사결정을 함께하고 연공서열 없이 실력으로 승부하는 분위기를 만들어 주는 리더십
경력 인재를 외부에서 새로 기용	미래지향적 후보자를 교육하고 훈련하여 차세대 리더로 키워 나가는 전략
최종 의사 결정권이 CEO나 주요 임원진에게 있음	중간 관리자의 의사결정권 및 권한을 강화하고 실무자의 의사 결정을 무엇보다도 적극 수용하는 분위기 조성
리더 및 이사회가 주로 남성으로 이루어짐	'유리천장'(여성 및 다문화 가정 출신의 고위직 승진을 막는 조직 내 보이지 않는 장벽) 완전 철폐 내부 이사회의 여성 리더 발탁 및 다양한 여성 인재를 양성하는 특혜 추진안 마련

리더십 원칙은 크게 6가지로 압축할 수 있다.

1. 회사와 리더 자신 간의 구분을 없애야 한다

뛰어난 예술가에게 생활과 작품 활동이 분리되지 않듯이 그룹 리더들은 회사와 늘 하나라고 이야기한다. 내가 하버드에서 강의하면서 아마존의 차세대 리더 전략 스타일을 '삼매三昧 경영'이라고 표현했는데, 이는 독서삼매讀書三昧에서 차용한 말이다. 한국에서는 책 읽기에 몰두한 상태를 가리켜 독서삼매에 빠졌다고 말하는데, 이는 읽는 사람과 책이 하나가 된 상태를 말한다. 즉, 주관과 객관의 구분이 없어진 경지를 뜻한다. 이런 경지에 이르면, 독서 효과는 엄청 크다. 이처럼 리더가 철두철미하게 회사 일에 집중하면 효율적으로 일을 처리할 수 있고, 다른 이보다 한 차원 높은 의사결정을 할 수 있는 통찰력과 지혜를 얻게 된다. 이런 리더의 태도는 다른 직원들에게 희망과 도전정신을 불러일으키고 고객들에게는 신뢰감을 자아낸다. 애사심이 큰 직원들과 회사에 호감을 갖는 고객들의 존재는 곧 회사의 브랜드 경쟁력으로 이어짐을 명심하라.

2. 리더라면 집중적으로 한 가지 목표를 향해 매진해야 한다

경영학의 아버지라 불리는 피터 드러커는 권위 있는 기업 오너들의 파티에서 개인적으로 친분이 있는 아마존 경영진에 대해 다음과 같이 평했다.

"만약 그들을 새벽 2시에 깨워 무엇을 생각하고 있는지 물어 보면 '어떻게 하면 제품을 더 잘 만들어 효과적으로 시장에 내보낼 수 있을지를 고민한다'라는 대답을 들었을 것이다. 위대한 성공에는 반드시 특별한 사명감을 품고 집중적으로 매진하는 리더가 있다. 그런 사람이 반드시 최고경영진이 되는 조직 문화가 조성되어야 한다. 물론 그들이 다른 사람들보다 똑똑하지 않을 수도 있다. 그러나 사명감에 불타서 완전 몰입하는 그들의 경쟁력은 기업 내에서 반드시 막강해질 것이다."

3. 리더에게는 두려움이 없어야 한다

아마존의 경영 리더들은 그들에게 맞춰진 수준 높은 경영자 교육을 의무적으로 받지 않는다. 외국어 구사 능력도 다른 글로벌 기업 경영진보다 약했다. 그럼에도 불구하고 세계 시장을 정복한 것은 참으로 인상적이지 않을 수 없다. 그렇다고 그들이 무모하게 도박판에 뛰어드는 이들은 아니다. 특별히 두드러지는 차별점이 있다면 위기에 대한 두려움이 없다는 것이다. 두려움이 없기 때문에 위험과 맞서는 힘이 강했고, 조직의 핵심 리더의 잠재력을 효과적으로 발휘했다.

두려움을 극복하는 일에는 그 두려움을 있는 그대로 직면하는 것만큼 좋은 방법이 없다. 특히 여러 가지 이유로 선뜻 시작하지 못하는 젊은 벤처 창업자나 중소기업 경영진들은 다음의 방법들을 메모하여 숙지하기를 바란다.

1. "일단 저질러라!"

   아직 일어나지 않은 실패를 미리 걱정할 필요는 없다.

2. "나의 두려움이 무엇인지 파악하라."

   종이나 노트북을 펴고 두려움에 대한 실제 요인들을 최대한 자세

히 적어 보라. 머릿속을 어지럽히던 막연한 두려움을 구체화시킬

필요가 있다.

3. "내가 가진 자원이 무엇인지 파악하라."

두려움의 실체를 적으며 각인했다면 이제 그 문제들을 맞닥뜨렸

을 때 어떻게 대응할 것인가에 대해 계획을 세워 보라. 만일 어려

움이 닥쳤을 때 '제일 먼저 누구에게 도움을 요청할 것인가? 스스

로 해결하기 위해 어떤 자원을 동원할 수 있을까?'를 생각하고 대

응책을 세워라.

4. "시작하라!"

더 이상 주저하지 말고 계획대로 실행하라.

5. "무슨 수를 써서라도, 적어도 한 번은 실패해 보라."

4. 리더는 활력과 끈기가 있어야 한다

조직의 에너지와 활력의 원천은 도전하는 목표와 자신감이 기

반이 되는 일체감 같은 것이다. 인터넷 서점을 일으킨 아마존의

한 임원은 이렇게 말했다.

"분명한 목표나 위대한 목적만큼 개인이나 회사에 에너지를 줄

수 있는 것은 아무것도 없다고 생각한다. 나는 퇴임할 나이가 될

때까지, 아니 그 나이를 넘어서도 여전히 높은 목표를 갖고 부지

런히 도전하는 모습을 보여 주어 주변 사람들을 열광시킬 것이

다. 자신의 내면에서 열정이 불타오르는 사람은 다른 사람들에게

도 열정을 불러일으킨다. 나의 넘치는 활력과 끈기가 직원들에게
강한 동기와 에너지를 분출시켜 주었을 것이라 믿는다."

5. 리더는 조직 내 타인에게 영감을 주어야 한다

예술가는 혼자 구상하고 작업하여 자신의 작품을 세상에 내놓
는다. 그러나 기업은 제품을 혼자서 만들어 낼 수가 없다. 경영 리
더는 많은 사람들의 지원을 받기도 하지만 회사 내부의 수많은 사
람들에게 영감을 줄 수 있어야 한다. 리더의 결정적인 능력은 다
른 사람들이 자신의 사명에 열광하게 하고 최고의 성과를 낼 수 있
도록 움직이게 만드는 것이다. 이런 능력은 풍채나 말솜씨 등 외
적인 것에서 나오지 않는다. 조직 간의 통합과 목표를 공유하고
활력이 넘치도록 보상과 책임 시스템을 확실히 마련해 나가야 한
다. 이 점을 경영 리더가 잘 실천하면 다른 사람을 열광시키고 움
직이게 하는 결정적인 동력이 될 수 있다.

6. 진정한 리더라면 현장 직원을 종업원이 아닌, 파트너로 생각한다

아마존 직원들은 파트타임 직원까지 의료보험과 스톡옵션의 혜
택을 받는다. 2016년 전 직원에게 조건 없이 대학 2년 치 학비도
지원하였다. 2012년 물류 배송 직원이 매일 24km 정도를 걷고 한
시간에 200개 이상의 물품을 취급하다 과로로 사망했다는 소식을
들은 제프 베조스는 그날 밤 바로 텍사스로 달려가 직원의 미망인
이 점포를 운명할 수 있도록 점포 구입비를 지원하고 자녀 교육비

아마존 제프 베조스의 시간에 관한 경영 원칙

1. '생각할' 시간을 내라. 리더의 힘의 근원이 된다.

2. '즐길' 시간을 내라. 젊게 사는 비결을 찾게 된다.

3. '독서할' 시간을 내라. 리더는 지혜가 근간이며 필수다.

4. '기도할' 시간을 내라. 지구상에서 가장 위대한 힘을 얻게 된다.

5. '상대에게 다정하게 대할' 시간을 내라. 결국 나를 행복하게 하는 지
   름길이다.

6. '웃을' 시간을 내라. 영혼을 맑게 하는 음악 같은 존재다.

7. '일할' 시간을 내라. 리더로 성공하려면 치러야 하는 대가이다.

8. '자선을 할' 시간을 내라. 이는 결국 리더의 성공을 뜻한다.

는 평생 지원하기로 약속했다. 그에게 최우선 순위는 직원들이다. 그리고 그다음 순위가 고객 만족이다. 직원이 행복하면 고객도 행복하다. 바로 이것이 아마존의 양심이며 원칙이라 할 수 있다.

범블비의 믿음과
한계 돌파

"믿는 자에게는 능히 하지 못할 일이 없느니라"(마가복음 9:23).

나는 이 성경 구절의 뜻이 좋아서 늘 주변 사람들에게 들려주곤 한다. 세계적인 억만장자 빌 게이츠, 워런 버핏, 마윈, 제프 베조스, 아만시오 오르테가의 경영 컨설팅 자문으로 오랜 시간 일할 때에도 역시 이 구절을 자주 인용했다. 그리고 그들에게 언제나 하나의 원칙을 언급했는데 "당신이 키우는 조직의 리더들에게 자신을 긍정적으로 믿고 일하라는 이야기를 꼭 해주라"는 내용이었다.

미국이나 유럽의 낮은 산지나 수목원 근처에 가면 '미스터 범블'이라는 꿀벌과의 호박벌, 범블비bumblebee를 자주 볼 수 있다. 몸통 무늬의 변이가 심하고 몸길이가 일반 꿀벌보다 4~5배 이상 커서 특히 눈에 잘 띈다. 범블비는 꿀벌과 마찬가지로 맡은 일에 열중하는 곤충이다. 이른 아침 동틀 때 움직이기 시작해서 하루 종일 꽃에서 꿀을 따 모으는 일에 집중한다. 범블비의 행동반경은 꿀벌과는 비교도 안 될 정도로 넓다.

길고 긴 여름날에도 일주일 평균 1,600km 이상을 날아다니는데, 여기에 놀라운 사실이 있다. 범블비는 실제 곤충의 구조적 이론상 날 수가 없는 몸통을 가지고 있다는 것이다. 일단 몸이 너무 크고 뚱뚱한데다 날개가 결정적으로 작아 공기 역학적으로 오래 날 수가 없다. 이런 사실만 놓고 보면, 범블비는 꽃송이 위를 윙윙거리는 정도는 고사하고 아예 나는 것 자체가 불가능하다. 그런데 어떻게 범블비는 그리 먼 거리를 날아다닐 수 있는 것일까? 여러 과학적 추측이 있지만 이 부분은 현재 곤충학자들도 명확한 근거를 대지 못하고 있는 미스터리 중 하나다. 일부 학자들은 범블비가 자신이 날 수 없다는 사실을 전혀 모르고 있거나 환경에 맞춰 진화되었다고 말한다. 실제로 범블비를 채집해 가두면 일반 말벌이나 꿀벌보다 한나절 빠르게 죽는다. 그러니 범블비는 하나의 명제를 온몸으로 증명하고 있는 셈인데, 바로 "믿음이 있다면 불가능이란 없다"이다.

작은 날개에 뚱뚱하고 몸집이 큰 범블비가 날 수 있었던 건 스스로 날 수 있다고 믿었기 때문이다. 당신도 스스로 날 수 있고 성공할 수 있다는 믿음을 가지는 것이 중요하다. 이 세상에는 우리가 아직 이해하지 못하는, 그리고 앞으로도 영영 설명할 수 없는 신비로운 일들이 넘쳐 난다. 과학자, 의사, 심리학자, 사업가, 운동선수들은 대부분 사고방식이나 습관을 바꾸면 결과 값이 반드시 바뀐다고 믿는다. 인간이 훌륭한 결과를 만들어 내겠노라 다짐하고 전력을 다하면 그 결실을 맺게 됨을 증명하는 사례가 많기 때문이다.

가능한 즐기고 경험하고 참여하라! 미국 역사상 최고의 기업인 철강왕 카네기Andrew Carnegie[54]도 일이 잘 풀리지 않을 때면 혼자 조용히 다음의 말을 읊조렸다고 한다.

"시련은 순간이지만 강인함은 오래 간다."

이 말은 결과적으로 "자신의 믿음에 대한 신념을 가져라. 그리고 자신의 내부에 생기는 의심들을 기억하라"는 뜻을 품고 있다.

마음의 힘이란 믿음과 신념을 통해서 반드시 얻을 수 있다. 세계 최고의 조직 리더들에게 긍정적인 생각과 자신을 믿는 힘을 보편적 기준으로 표현해 보라고 하면 "개인의 사리사욕을 채우는 어리석음을 범하지 말고, 긍정적인 믿음을 갖는다면 그 힘은 조직에서 대단한 위력으로 발휘된다"고 공통적으로 말한다. 이처럼 큰 조직의 총수들이 자신의 리더들의 사고방식을 중요하게 생각하는 이유는 리더가 갖는 믿음이 긍정적인 영향을 미쳐 조직 구성원을 하나로 규합하고 불가능한 목표를 달성시키기 때문이다. 이러한 기적 같은 사실들은 세계 여러 지도자와 리더를 통해 마치 전설처럼 회자되고 있다. 한 조직의 리더라면 긍정적인 믿음 안에서 실패의 여지도 있음을 인정하면서 '실패=도전'이라는 기본 공식을 마음속에 넣어 두고 있어야 할 것이다. 세계적인 자동차 기업 '포드'의 창립자 헨리 포드Henry Ford도 "경영 리더에게는 어떤 경우에도 실패를 인정할 수 있는 마음가짐이 필요하다"라고 말했다.

2017년 10월, 한국 기업인 모임 초청으로 서울을 방문할 기회가 있었다. 짧은 일정 가운데 시간을 내어 통역사와 함께 〈인사이트 히말라야〉라는 연극 한 편을 보러 갔다. 주연 여배우의 독백으로 이루어지는 웅장한 장면이 있었는데, 큰 감동을 받아 주인공의 대사를 번역해 달라는 부탁을 했다. 나중에 그 내용을 보니 리더들에게 큰 힘이 되는 문장이라 여기서 잠깐 소개해 본다.

패했다고 생각하면 패한 것이고,

감히 할 수 없다고 생각하면 할 수 없지.

이기고는 싶지만 어렵겠다고 생각한다면

결국 패하는 것은 불을 보듯 뻔한 일.

질 것이라 생각하면 지게 되어 있지.

저 펼쳐진 세상에서

성공은 한 사람의 의지에서 시작되기 때문에,

이 모두가 바로 마음가짐에 달려 있다는 것.

자신이 뛰어나다고 생각하면 그렇게 되지.

위로 올라가려면 생각부터 크게 해야지.

심지어 산을 타기 전에

자신부터 굳게 먼저 믿어야 하는 것이지.

언제나 강한 자와 빠른 자는 있지만

인생의 승리자라는 법은 없는 것처럼

최후의 승자는 언제나 할 수 있다고 믿는 사람이지.

_대한민국 산악인 故 고미영 대장의 대사[55]

결국 '격'이 있는 자가
수평적 사회에서 성공한다

인생에서 진정으로 성공한 승자들은 모두 긍정적인 태도와 도전의식을 가진, 격을 갖춘 이들이었다. 그들은 실패에도 불구하고 자신의 열정을 불태우며 새로운 삶을 향해 다시 일어서는 의지를 보였다. 젊은 시절 월트 디즈니는 창의성이 부족하다는 이유로 신문사에서 해고를 당했다. 거대 제국 디즈니랜드를 만들기 전까지도 여러 번 사업에 실패하여 무일푼 신세가 되었다. 현 월트디즈니컴퍼니 최고경영자인 로버트 아이거Robert Iger 역시 "아는 것을 넘어 실천하는 리더란 실패를 아는 자"라고 말한다.

포드 자동차 회사를 창립한 헨리 포드는 큰 성공을 거두기 전에 무려 다섯 번이나 파산했다. 마거릿 대처는 1950년 의원직에 첫 출마를 했으나 보기 좋게 낙선했다. 좌절하지 않고 이듬해 재도전을 했고 그 결과는 또 낙선이었다. 그러나 8년이 지난 뒤, 1959년에 그녀의 열정은 드디어 당선이라는 결실을 맺었다. 그로부터 20년 후 대처는 영국 최초의 여성 총리가 되었고, 유럽 전역을 통틀어 지금까지도 여성 최고의 지위에 오른 사람으로 유일하다.

때때로 실패나 패배는 성공으로 가는 길을 가로막고 있는 장애물임이 분명하다. 그러나 극복할 수 없는 장애물이란 없다. 장애물이 나의 발걸음을 더디게 할 수는 있지만 여정 자체를 포기하도록 두어서는 안 된다. 스스로 그것을 허용하지 않는 한 말이다. 그러면 어떻게 해야 혁신적 발상의 전환을 가지고 실패나 패배를 지혜롭게 넘길 수 있을까?

1. 실패 속에서 성공을 찾아라

이 세상에 실패를 달가워할 사람은 없다. 누구나 실패하면 낙담하는 것이 당연하다. 실망을 떨쳐 버리려면 내가 실패한 일이 무엇이든 간에 그 안에서 성공 요소를 찾아봐야 한다. 최종 결과는 실패일지라도, 그 안에 건질 만한 보석 같은 경험이 분명 있을 것이다. '그게 뭐였을까?' 곰곰이 생각한다면 어떤 실패라도 그 속에서 잘한 점을 찾을 수 있다. 실패를 분석하다 보면, 그 실패들이 모여 어떤 성공에 가까이 다가가게 된다는 사실을 깨닫게 될 것이다. 명심하라! 실패는 변장한 성공이다.

2. 집착에서 벗어나 객관적으로 바라보라

토머스 에디슨이 세상을 떠났을 때, 책상 위에 있던 서류 사이에서 다음과 같은 친필 메모가 발견되었다.

나는 실패를 바로 그 순간에 평가하지 않는다. 대신 시간을 두고 천천히 생각해 본다. 몇 달 심지어 몇 년간의 시간을 두고 충분히 생각하다 보면 자연스레 실패의 충격에서 어느 정도 벗어나게 되고, 그 실패가 영원한 삶의 방식으로 굳어진 게 아니라 일시적인 좌절에 불과하다는 점을 깨닫게 된다. 그러면 실패를 향한 집착에서 벗어나

객관적인 시각을 갖게 되고 혁신하여 반드시 다시 일어날 수 있게
된다.

실패를 밑거름 삼아라. 어떤 일이든 성공하려면 엄청난 훈련과
연습이 있어야 한다. 실패가 훈련과 연습을 해볼 완벽한 기회를
제공할 것이다. 그러니 그 기회를 잊지 말고 철저히 임하라.

3. 규칙적인 휴식으로 에너지를 충전하라

마음의 중심을 잡고 안정을 찾을 때 일에 대한 집중이 잘되고,
짧은 시간 내에 훨씬 많은 것을 해낼 수 있다. 매일 규칙적인 휴식
을 취하라. 새로운 에너지와 신선한 영감이 채워질 것이다. 그래
야 실천하는 리더십을 구축하여 살아남을 수 있다.

4. 가능한 역경 앞에서 웃어라

인생을 너무 심각하게 받아들이지 말자. 패배의 면전에서 웃을
수 있는 배짱을 키워야 한다. 웃음은 실패가 당신을 쓰러뜨리지
못하도록 하는 가장 효과적인 방법이므로 크게 울고 난 후 웃기 시
작하라. 웃음은 특유의 전염성을 가지고 자연스럽게 퍼져 나간다.
항상 미소 짓는 얼굴로 일한다면 오래지 않아 주변이 환해질 것이
다. 미소는 입꼬리를 올리는 것에 불과하지만 역경을 극복하게 하
는 원천적인 힘이 있다.

새로운 시대의
인재상

불확실한 시대를 이끌 인재들을 발굴할 때 그들에게 꼭 필요한 3가지 기본 조건이 있다. 4차 산업혁명 시대의 미래 전략 마케터와 차세대 경영 리더는 과연 어떤 능력을 갖춰야 할까?

1. 생각과 행동의 힘인 언어 구사 능력

다가올 시대의 인재를 선택할 때 구사할 수 있는 외국어 능력에 따라 승진과 보수가 결정된다는 사실은 이미 오래된 정례이다. 미래에도 외국어 능력에 대한 높은 평가는 변함이 없을 것 같다. 언어의 능통은 미래 성공의 결정적인 요건 가운데 하나다. 그 이유는 상위 계층에 속한 사람들만 갖고 있던 고급 정보가 점점 대중화되고, 글로벌한 사회로 급격히 변화되면서 언어 구사 능력이 결단을 내리는 필수 요소가 되었기 때문이다.

조직 내에서 누구나 인재를 뽑을 때 활동 무대가 넓은 사람을 찾을 것이다. 지구촌 시대에 다양한 언어를 구사하며 소통할 수 있는 자가 전 세계를 상대로 마켓 셰어를 높일 수 있다.

2. 자기 성찰과 윤리관이 확실한 사람

자기 성찰 지수가 높은 사람은 반성적 사고를 통해 자기 이해도가 높은 것을 뜻한다. 회사에서 윗사람에게 핀잔을 들었다고 가정해 보자. 리더가 혼을 냈을 때 반항하고 모든 문제의 원인을 타인에게 돌린다면 그 사람은 자기 성찰 지수가 매우 낮은 사람이다. 그러나 혼나는 과정에서 곰곰이 생각하고 반성적인 태도를 보인다면 자기 성찰 지수가 매우 높은 사람이다. 이런 사람들은 나중에 돌발적인 문제와 갈등이 생겼을 때 자신의 감정과 욕구를 절제하고 올바른 방법으로 문제를 해결해 나갈 수 있다.

모든 일에는 도덕적이며 윤리적인 사실들이 존재한다. 이제 글로벌 시대는 수준 높은 윤리 의식을 요구하고 있다. 왜냐하면 윤리관은 개인의 도덕성이고, 기업 평판의 잣대가 되어 주기 때문이다. 아무리 단체나 회사가 좋은 이미지를 쌓았다 하더라도 개인의 도덕성에 금이 간다면 전체적인 신뢰를 잃을 수 있다. 정보가 넘쳐나면 넘쳐날수록 상대는 진짜와 가짜를 구별하기 어렵기 때문에 더욱 높은 수준의 윤리적 기반과 신뢰성을 요구할 수밖에 없다.

나는 요즘 기업 리더들에게 개인의 윤리 의식을 검증할 수 있는 자체 검사 시스템을 도입하라는 조언을 계속 하고 있다. 개인의 인성이 곧 회사의 경쟁력이 될 수 있는 시대이기 때문이다. 소통을 잘하는 사람은 자기 성찰 지수가 높은 윤리적인 사람일 경우가 높다. 이런 사람은 자신의 감정을 컨트롤하고 상대방의 욕구를 읽을 줄 알며, 다른 사람의 이야기를 경청하고 공감할 줄 안다. 이러한 사람을 통해 조직은 서로 협력하는 문화를 일구어 나갈 수 있다. 공감을 바탕으로 소통하고 협력을 이끌어 내는 것! 이것이 바로 글로벌 시대의 필수적인 인재상이다.

3. 정보 채널의 다양성을 통한 위기관리 능력

앞으로 다가올 미래는 점점 더 혁신을 추구하는 시대로 바뀔 것이다. 빠르게 변화하는 시대인 만큼 실패할 확률도 높아져 정보 채널의 다양성을 통한 위기관리 능력의 유무가 매우 중요해진다. 이러한 능력이 인재로서 갖춰야 할 중요한 '격'이 될 수 있다. 또한 위험에 노출되는 가능성이 높아져 예기치 못한 변수와 위험에 슬기롭게 대처하는 능력은 ICT 발달로 인한 자동화, 지능화된 디지털 시대의 인재로서 갖추어야 할 필수 조건이 될 것이다.

이런 능력은 공세적인 면과 수세적인 면으로 나누어 파악해야 한다. 공세적인 면에서의 위기 관리 능력은 미래를 예상할 줄 알고 자신이 통제할 수 없는 위험을 미리 계산하며 이를 적극적으로 관리해 나가는 통찰력을 말한다. 수세적인 면에서의 위기 관리 능력은 위험이 닥쳤을 때 심리적, 정신적으로 충격을 조절할 줄 아는 강심장과 자신감을 말한다. 무엇보다 세상의 변화에 맞춰진 정보를 충분히 습득하겠다는 자세가 있는지 없는지가 중요하다.

또 다른 발상의 전환,
노블레스 오블리주

현대 사회에 이르러 상위 계층의 도덕

의식은 계층 간 대립을 해결할 수 있는 최고의 수단으로 발전해 왔다. 조직 내 구성원을 통합하고 역량을 극대화하기 위해서는 무엇보다 리더, 즉 기득권층의 솔선수범하는 자세, 즉 노블레스 오블리주noblesse oblige가 꼭 필요하다. 원래 노블레스 오블리주는 높은 사회적 신분에 상응하는 도덕적 의무를 뜻하며, 초기 로마 사회에서는 사회 고위층의 공공 봉사와 기부, 헌납 등으로 나타났다. 이러한 행위는 의무인 동시에 명예로 인식되어 자발적이고 경쟁적으로 이루어졌다.

제1차 세계대전과 제2차 세계대전에서는 영국의 고위층 자제가 다니던 이튼칼리지Eton College 출신 중 2,000명이 자발적으로 참전해 조국을 지키다 전사했고, 제2차 세계대전 당시 미국 루스벨트 대통령의 큰아들 제임스 루스벨트는 고도 근시에, 위를 절반이나 잘랐지만 해병대에 자원 입대해 복무했다. 한국의 유한양행 설립자 유일한 회장도 사원들의 경영 참여와 회사 이윤의 사회적 환원을 실천해 지금까지도 사회적인 존경을 받고 있다. 미8군 사령관 밴 플리트Van Fleet의 아들은 야간폭격 임무수행 중 전사했으며, 드와이트 아이젠하워Dwight Eisenhower의 아들도 육군 소령으로 전쟁에 참전했다. 중국의 마오쩌둥Mao Zedong이 6·25전쟁에 참전한 아들의 전사 소식을 듣고 시신 수습을 포기하도록 지시한 일화 역시 지도층 인사들이 사회적 책임을 외면하지 않고, 주체적이고 적극적으로 실천한 노블레스 오블리주의 모범 사례라 할 수 있다.

이러한 사례처럼 사회를 이끌어 가는 리더들이 공공의 이익을 위해 도덕적 의무를 실천하는 것은 매우 중요한 발상 전환 덕목이다. 투철한 공공정신과 솔선수범하는 자세를 실천하는 것이 국가 발전은 물론 사회 통합의 측면에서 긍정적인 영향을 끼치기 때문이다. 당장의 실리나 눈앞의 이익보다는 명분과 대의를 중시하는 사회적 분위기를 조성하고, 미래에 대한 예측을 통해 가치를 투자한다는 원칙이라 할 수 있다. 이는 특정 계층에 집중된 부의 재분배를 가능하게 하여 사회적 갈등과 대립의 원인을 감소시키는 효과를 가져온다.

최근에는 사회적 지위와 경제적 안정성을 지닌 지도층뿐 아니라 평범한 시민들도 사회적 책무를 실행하는 사례가 늘면서 노블레스 오블리주의 영역이 점차 확대되고 있다. 평생 알뜰하게 모은 재산을 학교나 복지기관 등에 흔쾌히 내놓는 서민들의 노블레스 오블리주는 지도층 인사들에게 경종을 울리고 있다.

리더는 스스로 움직이는 문화를 만드는 존재이다. 사람에 대해서는 따뜻한 마음을 가지고, 숫자에 대해서는 차가운 머리를 가지는 것이야말로 행동하는 리더가 갖춰야 할 덕목이다. 유럽에서는 10년 전부터는 '발상의 전환 conceptual shift'이라는 슬로건을 선포하며 세계적 기업들이 사회 제도적 장치를 마련하고 있다. 이러한 활동이 독일, 영국, 핀란드, 덴마크 등 유럽 전역으로 퍼져나가 현재 유럽 인구의 94%가 노블레스 오블리주를 실천하고 있다. 앞으로 노블레스 오블리주를 향한 발상의 전환이 더 강하게 요구될 것이며, 결국 제대로 된 기업만이 살아남게 될 것이다.

특히 미래 한국은 노블레스 오블리주를 실천하기 위해 각별히 노력해야 한다. 사회 지도층에 대한 신뢰도가 낮기 때문이다. 저소득층 및 소외 계층을 위한 기부가 이루어지고 다양한 기부 방법들을 통해 부의 사회 환원이 이루어져야 한다. 또한 기업의 재능 기부와 자선 행사 참여 및 적극적인 홍보 활동도 실천되어야 한다. 기업에서부터 먼저 이러한 발상의 전환들이 실행된다면 시대적 가치 투자 전략으로 발휘되어 미래 고객층을 확보하고, 공정하고 투명한 기업으로 이미지를 공고히 다지게 될 것이다.

미국의 마이크로소프트 창업자인 빌 게이츠는 약 380억 달러(약 40조 원)를 '빌&멜린다 게이츠 재단'에 기부하였다. 또한 생전에 자신의 재산을 99% 기부할 것이라고 세상에 밝힌 후 그 약속을 그대로 실천하고 있기에 세상의 주목을 받고 있다. 소비자의 수준이 높아지면 기업을 바라보는 시각도 바뀐다. 기업의 이익은 반드시 사회에 환원되어야 하고, 다양한 지원으로 양성되어야 한다. 결국 이러한 사회적 목소리에 귀 기울이고 발맞추어 활동하는 기업은 좋은 이미지를 가지며 글로벌 기업으로 도약할 수 있다. 세계 경제 경영학자들이 입을 모아 말하기를 기업의 사회공헌이 갖는 경제적 가치가 얼마나 중요한지 알아야 한다고 주장한다.

이제 조직의 리더들은 사회복지, 문화, 예술, 체육, 환경, 글로벌 환경 등 모든 분야를 망라하는 나눔을 몸소 실천할 때이다. 그래야 함께 성장하고 미래 인류를 위한 좋은 환경을 유산으로 물려줄 수 있다. 사회 환원 문화를 긍정적으로 정착시키고 실천하여 노블레스 오블리주가 아름다운 현실로 열매 맺기를 기대해 본다.

혁신적 발상의 전환을 통해 성공한 세계 최고의 리더들은 다음에 제시되는 2개의 덕목에 근거해 '능력 있는 리더'가 되기 위한 지혜를 습득하라고 말한다. 그리고 이어지는 4개의 덕목을 통해 '효율적인 행동'을 깨닫도록 해준다. 마지막 2개의 덕목은 '효율성을 전제로 하는 태도'를 유지시켜 주기 위한 방안이다. 이처럼 최고의 리더가 미래의 희망으로 여기는 리더에게 말하는 8가지 원칙과 가치는 불확실성 시대에 대응하는 경영 원칙 전략으로 충분하다.

- 리더는 "무엇을 도전해야 하는가?"라고 스스로 물어야 한다.
- 리더는 "무엇이 구성원을 위한 것인가?"라고 스스로 물어야 한다.
- 리더는 특정한 문제 해결과 목적 달성을 위한 새로운 계획과 결단력에 따라 행동해야 한다.
- 리더는 기꺼이 책임을 떠맡고 가변적인 것을 구별할 줄 알아야 한다.
- 리더는 조직의 효과적인 커뮤니케이션 구조를 마련해야 한다.
- 리더는 기회를 놓치지 않아야 한다.
- 리더는 생산적인 경영시스템을 구축하기 위해 노력해야 한다.
- 리더는 항상 '우리'라고 말하고 생각해야 한다.

리더의 진정한 용기란 '관심을 갖느냐, 안 갖느냐'의 문제라 할 수 있다. 임무의 성공에는 관심을 갖지만, 자신의 이익과 성과에는 관심을 갖지 않아야 한다는 뜻이다. 비겁한 리더들은 정반대로 행동하며 자신의 성공과 안전에만 지대한 관심을 갖고 다른 사람들의 성공에는 별 관심이 없다.

이제부터 용기를 가지고 먼저 나서라. 희망을 만들어라. 사람에게 집중하라. 이것이 진취적인 결단력으로 불확실한 시대를 이겨낼 21세기 리더의 '이니셔티브 전략'이다.

▶▶▶

세계 최고 CEO가 자신들의 차세대 리더에게 던지는 제언

1. 기업의 성공 사례를 자축하는 것은 매우 필요하고 좋은 일이다. 하지만 그동안 우리가 실패를 통해 어렵게 배운 교훈을 조직 내부에 전하고, 그들이 혁신할 수 있도록 도와주는 것이 리더의 가장 중요한 역할이다.

_마이크로소프트 빌 게이츠, 2017년 창립 25주년 기념식 연설 중에서

2. 조직의 윗사람으로 리더의 자리가 중요하다고 느껴진다면 이따금 한 번씩 자기도취에 빠져 있지 않나 체크하라. 조직 내 가장 가깝고 신뢰하는 사람에게 조용히 물어보고 그의 조언을 들으라. 리더도 사람이기에 자신이 행하는 일들이 의도와 다르게 변질될 수 있으니 사람을 중요시 여기고 반드시 조직의 무리에서 가장 박식한 사람을 늘 가까이 두라. 명심하라! 양동이에 물을 채우고 물을 마구 휘저어 놓으면 순간 물결이 커 보이지만 동작을 멈추는 순간 물은 예전 상태로 돌아간다. 한때의 영광이 크다 할지라도 리더는 그 상황이 영원할 것이라 안주하거나 방심하면 안 된다. 리더로서 늘 겸손하라. 그러면 결코 잃을 것이 없다.

_2008년 아부다비 왕가 아버지가 국영 석유 투자 회사 오너인
아들 만수르에게 전한 편지 중에서

3. 리더의 자리에서 회사를 경영하다 보면 아랫사람과 늘 의견 차이나 말다툼 등으로 언쟁이 격해지는 경우가 있다. 신약성경 에베소서 4장 26절에 이런 구절이 나온다. "분을 내어도 죄를 짓지 말며 해가 지도록 분을 품지 말고." 책임자 위치에서 제일 중요한 부분만 망각하지 않는

다면 가끔씩 직원들과의 관계가 틀어지는 건 감수해야 한다. 대신 꼭 먼저 손을 내밀어 화해를 청하라. 자존심을 꺾는다고 죽지는 않는다.

_미국의 석유 재벌 록펠러, 록펠러 아카이브센터 페이스북 내용 가운데
'존 데이비드 록펠러 편지글' 인용

4. 신세대 슈퍼 리더 마크 저커버그는 2007년 연말 경영인 크리스마스 파티에서 처음 셰릴 샌드버그를 만났고, 이후 그는 그녀를 영입하기 위해 6주간 공들여 편지를 썼다. 그리고 늘 마지막에 같은 글을 남겼다. "이 세상에 가장 위험한 것은, 위험을 감수하지 않으려는 것입니다. 저와 함께 우리 회사에서 다른 사람이 가지 않는 길을 함께 가보시지 않겠습니까?"

_셰릴 샌드버그, 《린 인》 중에서

5. 조직 안에서 리더의 요구를 듣는 사람이 많을수록 한번 뱉은 말에 책임감을 가져야 한다. 또한 입장을 철회할 때는 매우 신중하게 생각하고 표현해야 한다. 그래야 신뢰감 높은 리더로 인정받을 수 있다.

_중국 알리바바그룹 회장 마윈의 2015년 영국 상업자문위원회 회의 연설 중에서

감사의 글

이 책이 나올 수 있도록 많은 도움을 준 친구들과 동료들에게 진심으로 머리 숙여 감사한다.

먼저, 기꺼이 지식을 나눠 준 통합적 사고를 가진 친구이자 이 책의 파트너 저자인 크레이그 맥클레인(홍승훈)과 예일대 석좌 미니아 멀디비아누 교수에게 고마움을 전한다. 이들이 없었다면 이번 책은 세상의 빛을 보지 못했을 것이다.

처음에 내가 이 책을 쓸 수 있을지 고민할 때 현명하고 실질적인 도움과 조언을 준 제니퍼 론렌스와 테레사 코벤 댄 머스큐 그리고 대니얼 큐브에게도 감사의 마음을 전한다. 이들은 그 가치를 매길 수 없는 엄청난 통찰을 나누어 주었다.

2년 전 케임브리지 볼튼 세미나장에서 우연히 이 책의 아이디어와 영감을 준 하버드 엘빈로스 교수에게 깊은 사랑과 존경을 전하며, 그의 선견지명과 전문성이 이 책의 형식과 기능을 크게 향상시키는 데 도움을 주었음을 밝힌다.

바쁜 일정에도 초고를 읽고 식견 있는 피드백을 해준 세계적인 작가 마이클 샌델 교수와 스탠퍼드 대학교에서 제임스 마치와 엘리엇 아이즈너 교수 그리고 동료이자 원고를 준비할 때 힘을 보태 준 힐러리 오스틴과 하버드 케빈 존슨의 박사논문 자료까지, 이 책을 위해 내어 준 비즈니스 전략 저널 〈Journal of Business Strategy〉의 브로넌스에게 감사한다. 그들 모두가 이 책을 저술하는 데 결정적인 역할을 했다.

또한 이 책에 등장하는 많은 리더들과의 대담 시 인터뷰에 도움을 준 워싱턴포스트 디온 주니어와 텔레그래프 뉴스의 찰스 샌더스 퍼스, 앤도안 앤드루스 밥카라스, 특히 자신의 일처럼 해당 인사들에게 일일이 연락하여 인터뷰 일정을 잡아 준 뉴욕타임스의 마크 톰슨에게 큰 도움이 되었다고 말하고 싶다. 이 시대 21세기 세계적인 기업가들을 만나면서 나는 세상에 대한 새로운 시각의 변화를 몸소 체험할 수 있었다.

스코틀랜드 에든버러 지역 사회의 리더로, 교사와 교장으로 활약해 온 나의 조부 하비 D. 아이흐와 조모 마마 딘이 내게 아낌없이 쏟아 준 사랑과 헌신에 감사를 드린다. 나에게 타인을 섬기는 일의 중요성을 일깨워 주신 월턴, 조앤아이흐 신부님에게도 감사한다.

또한 한국 도시재개발 건축가 이병준 대표, 대림건설 정명원, 우리은행 상계점 정진영 점장, 한국평가원 김경식 대표, 사회기업 김기수 대표, 전 국회의원 김동환 위원장, 자동차 AS 기업 박천복 대표, 부천 헬스메이트 신왕균 대표, 경희대학교 장영철 교수, 고려대학교 강성학 교수, 서울대학교 장소원 교수 등 한국에서 도움을 주신 많은 분들께 다시 한 번 진심으로 감사드린다.

마지막으로 이번 한국어판 출간을 위해 한국을 방문했을 때 여러 후원 행사를 열어 주고, 따뜻하게 맞아 준 한국 친구들에게 고마움을 전하며, 그들의 이름을 하나하나 거론하지 못하더라도 너그럽게 이해해 주길 바란다. 부디 이 책을 통해 많은 사람들이 성공을 향한 새로운 계획과 결단력을 제시하는 '이니셔티브' 리더가 되기를 기대해 본다.

토머스 맬나이트

참고자료

프롤로그

World Economic Forum(Creating a Shared Future in a Fractured World)

베니오프 듀크대학 HAL(Human and Autonomy Lab) 2018. 1. 25.

1장

마이클해머 tashongs 15:24 | twitter But I tell you to love your enemies and play for anyone who mistreats you. http://t.co/v9XC8IpoyXtashongs

John Kenneth Galbraith Professor "the art of human plan" 2015.

Allen, Judy. Event Planning, Etobicoke, Ontario: John Wiley & Sons, 2003.

Bennis, Warren. On Becoming a Leader. Reading, Mass: Addison-Wesley, 2009. facebook Blake Chandlee Interview(March 30, 2017).

Bennis, Warren and Burt Nanus. Leaders. New York: HarperCollins, 1985.

Bennis, Warren and Robert J. Thomas. "Crucibles of Leadership." Harvard Business.

Review on Developing Leader. Boston: Harvard Business School Press, 2016.

Harvard Business Review 『What to ask the person in the mirror』, 2017.

2017 IGE / 삼성전자 Global business forum Save Globalization and Multilateralism? 삼성경제연구원 보고서(seri)

Peter Ferdinand Drucker, What Peter Drucker Knew About 2020, 2017.1.19. Why Read Peter Drucker 인용.

Henry David Thoreau, The Descent of Man and Selection in Relation of self -interest Collins, Jim. Good to Great. New York: HaperCollins, 2017.

Erick Schonfeld, "The High Price of Research: Caveat Investor: Stock and Research Analysts Covering Dot-Coms Aren't as You Think," Fortune. Copyright 2000. First Published by Fortune magazine. Reprinted by permission.

Margaret Thatcher, "Crash Course: Black Monday's Biggest Lesson-Don't Run Scared," Washington Post. Copyright 2008. Reprinted by Permission of the author.

2장

The Matsushita Institute Government and Management

松下政経塾ソーシャルイノベータープログラム～社会起業を通じて、地域をつくり、国をつくる, 2018.

How the Mighty Fall. New York: HarperCollins, 2018.

Drucker, Peter F. "The American CEO." The Wall Street Journal, December, 2014.

The Effective Executive. New York: HarperCollins, 2002.

Managing The Non-Profit Organization. New York: HarperCollins, 2010.

John F. Kennedy on Leadership The Lessons and Legacy of a President

Barnes, John A. Faults and failings : how JFK nearly destroyed himself 12장.

Tim Brown "Psychology, idea technology, and ideology TED," 2014.

Eich, Ritch K. "Business Lessons for the Family." Costco Connection 26, no.3(2011):15.

"Your Wellbeing Blueprint: Feeling Good & Doing Well at Work," Michelle

McQuaid Pty Ltd., 2017.7.17.

"Giants Manager Baker Bats a Thousand in Prostate Cancer Treatment," Stanford Report(September 25, 2002).

James fowler and Nicholas Christakis(2017, PNAS), "Leadership WAKE-UP : Millennials are Coming."

Konosuke Matsushita, まつした こうのすけ / neoangle, 2012. Ventura County Star(February 21, 2016) 인터뷰.

"Marching to the Beat of a Different Drum Major."

MillerMcCune.com(March 13, 2011).

Charles Kingsley(June 12, 2015) was a broad church priest of the Church of England, a university professor, social reformer, historian and novelist.

"Your Reputation Precedes You." Trusteeship 14, no.3(2006):13~17.

3장

Eich, Ritch K., and William E. Wiethoff. "Toward a Model of Hierarchical Change." Communication Quartely 27, no.1(1979):29~37, and Taylor & Francis Group Ltd.(www.informaworld.com) on behalf of the Eastern Communication Association.

Shiono, Nanami, 1937-しおのななみ 논문. From Library of Congress Name Authority File.

안젤라더크워스(Angela Duckworth) 논문등정보공유. Samsung Economics Research Institute.

4장

[NOUN] An initiative is an important act or statement that is intended to solve a problem.

[PHRASE] If you take the initiative in a situation, you are the first person to act, and are therefore able to control the situation.

Roald Engelbregt Gravning Amundsen(Norwegian: ['ruːɑl^{2}ɑːmʉnsn]; 16 July 1872–c.18 June, 1928) was a Norwegian explorer of polar regions. As the leader of the Antarctic expedition of 1910–12.

Roald Engelbregt Gravning Amundsen, 16 July 1872, Borge, Østfold, Norway Disappeared 18 June 1928(aged 55), Barents Sea.

The World Economic Forum, committed to improving the state of the world, is the international organization for public-private cooperation. Anabel Gonzalez 12 Feb 2018.

U.S. President, Donald Trump, left, shakes hands with German Klaus Schwab, Founder and Executive Chairman of the World Economic Forum, WEF on the last day of the annual meeting of the World Economic Forum, WEF, in Davos, Switzerland, Friday, Jan. 26, 2018(Laurent Gillieron/Keystone via AP).

5장

Tim Brown is the CEO of the "innovation and design" firm IDEO—taking an approach to design that digs deeper than the surface.

"We need more executives like Brown who understand how creativity works." Ginger Grant, comment, TED.com 인용.

Michelle Mcquaid 서신 및 이메일 교환(July 1, 2017).
Get your evidence-based, step-by-step blueprint for measuring your wellbeing,
Erwin, Dan. Why Is Defense Secretary Gates So Successful?
Bolg, February 9, 2101. http://danerwin.typepad.com/
my_weblog/2010/02/why-is-defense-secretary-gates-successful.html.
Farnham, Alan. Forbes Great Success Stories. New York: John Wiley & sons, 2002.

Sevier, Robert A. Byilding a Brand That Matters. Hiawatha, Iowa: Strategy

Publishing, Inc 2002.

Sutton, Robert I. Good Boss, Bad Boss, New york: Business Plus, 2010.

The No Asshole Rule. New York: Warner Business Books, 2007.

http://www.segye.com/Articles/NEWS/CULTURE/Article.asp.

Marcus Aurelius[Meditarions] 1909~14, Harvard Classics.

Adam Grant, Jane Dutton, and Brent Rosso, "Giving commitment: Employee support program and the prosocial sensmaking process"(2008, Academy of Management Journal).

Maria Finkelsrein, Louis Penner, and Michael Brannick, "Motive, role identity, and prosocial personality as predictors of volunteer ativiry"(2005, Social Behavior and personality), and Adam Grant, "Giving time after time: Work desing and sustained employee participation in corporate volunteering"(2012, Academy of Management Review).

Mark Levine, Amy Prosser, David Evans, and Stephen Reicher, "Identity and emergency intervention: How social group membership and inclusivenss of group boundaries shape helping behavior(2005, Personality and social Psychology Bulletin).

John Davidio, Samuel Gaertner, Ana Validzic, Kimberly Matoka, Brenda Johnson, and Stacy Frazier, "Extending the benefits of recategorization: Evaluation, self-disclosure, and helping"(1997, Journal of Experimental Social Psychology).

Wayne and Cheryl Baker, "Paying is Forward: How reciprocity really works and how you can create it in your organization"(2016, University of Michigan newsletter).

6장

WEB & BLOG(참조 웹사이트 및 블로그)

브랜드 전문가 아커 Aaker on brands(www.prophet.com/blog/aakeronbrands)

데이비드 아커의 블로그. 글로벌 전략 브랜드 마케팅 컨설팅 기업 '프로페트prophet'의 부회
장인 그는 브랜드 관련 저술가로도 유명하다.

하버드 비즈니스 리뷰 블로그 네트워크(Harvard Business Review Blog Network,
http://blogs.hbr.org).

비즈니스와 경영 및 리더십 전문가들의 블로그
2017년 하버드 비즈니스 리뷰 학술지 참조(직급간 직무기본역량 교육계획)

아이흐 어소시에이티드 Eich Associated(www.eichassociated.com)
전략 브랜딩, 마케팅 커뮤니케이션 및 경영 코치 컨설팅 회사

헤이그룹(www.haygroup.com/ww/Index.aspx)
글로벌 경영 컨설팅 회사 / 세계 경제 비즈니스 최고상 수상기업, 방대한 온라인 정보 제공

직장 리더십 /하버드 비즈니스 리뷰Leadership At Work/Harvard Business
Review(http://blog.hbr.org/baldoni)
리더십과 컨설팅 전문가 겸 저술가인 존 발도니(John Baldoni)의 블로그

맥킨지 쿼털리McKinsey Quarterly(http://www.mckinseyquarterly.com/home.aspx)
경영 전략 기사와 여론 조사 및 맥킨지 & 컴퍼니에서 실시한 인터뷰를 게재한 인터넷 비즈니
스 저널.

한국 고용노동부 여성기업 국감조사 연구 자료(고용노동부 홈페이지 참조/www.work.
go.kr/www.keis.or.kr)

세스의 블로그 Seth's Blog(http://serthgodin.typepad.com)
베스트셀러 작가 겸 마케팅 리더십 전문가인 세스 고든(Seth Godin)의 블로그

워크 매터스Work Matters(http://bobsutton.typepad.com)
스탠퍼드 대학에서 경영학을 가르치고 있으며 비즈니스 및 경영 심리학의 전문가이기도 한
로버트(밥) 서튼(Robert<Bod> Sutton)의 블로그

7장

The James Dyson Foundation is dedicated to inspiring young people in science and engineering by offering resources and bursaries to schools, to university students and to post graduate researchers. 2017 Against the Odds 참조.

American poet and educator whose works include "Paul Revere's Ride," The Song of Hiawatha, and Evangeline. He was also the first American to translate Dante Alighieri's Divine Comedy, and was one of the five Fireside Poets from New England. Henry Wadsworth Longfellow(February 27, 1807-March 24, 1882).

Longfellow's early collections Voices of the Night and Ballads and Other Poems made him instantly popular. 김영사, 2006. 11.

8장

Heart to Heart: The Real Power of Network Marketing by Scott Degarmo, Louis Tartaglia.

To see what your friends thought of this book, please sign up. Reader Q&A.

To ask other readers questions about Heart to Heart, please sign up. Be the first to ask a question about Heart to Heart.

Jeff Bezos, founder and Chief Executive of Amazon.com and owner of The Washington Post, participates in a conversation during the event "Transformers: Pushing the Boundaries of Knowledge," May 18 in Washington, D.C. The Post hosted the event focusing on "breakthroughs in artificial intelligence, commercial space travel, education and health care."

주
(용어 및 인물)

1 구루(Guru) : 힌두교, 불교, 시크교 및 기타 종교에서 일컫는 스승으로, 자아를 터득한 신성한 교육자를 지칭한다.

2 브리지트 트로뉴(Brigitte Trogneux) : Par Julie Mazuet | Le 01 mars 2017 인터뷰 내용 인용.

3 신시아 샤피로(Cynthia Shapiro)의 《회사가 당신에게 알려주지 않는 50가지 비밀》의 저자, http://www.cynthiashapiro.com

4 마이클 해머의 BPR(Business Process Reengineering) : 기업의 활동과 업무 흐름을 분석하고 이를 최적화하는 것으로, 반복적이고 불필요한 과정들을 제거하기 위해 업무상 여러 단계들을 통합하고 단순화하여 재설계하는 경영혁신 기법이다.

5 칼튼 피오리나(Carleton Fiorina) : 워싱턴 D.C.의 리츠칼튼 호텔 주변을 함께 산책하며 자신의 과거와 현재, 그리고 미래를 털어놨다. 휴렛팩커드(HP) 최고 경영자 출신 포춘(FORTUNE)이 선정한 미국 최고의 여성 기업인 리더.

6 피터 드러커(Peter Ferdinand Drucker) : 오스트리아계 미국 경영학자. 현대 경영학을 창시한 학자로 평가받으며 경제적 재원을 잘 활용하고 관리하면 인간생활의 향상과 사회발전을 이룰 수 있다고 생각했다. 그는 이런 신념을 바탕으로 한 경영관리 방법을 체계화시켜 현대 경영학을 확립했다.

7 로렌스 콜버그(Lawrence Kohlberg) : 미국의 심리학자로, 피아제(Piaget)의 인지발달 이론에서 영향을 받은 6단계의 도덕 발달 이론 창시.

8 존 바네스(John Vanesse) : 저술가, 저널리스트, 텔레비전 시사 해설자로 활동해 왔다. 그의 칼럼은 〈보스턴 헤럴드〉, 〈디트로이트 뉴스〉, 〈뉴욕포스트〉 등에 게재되었다. 또한 그는 《율리시스의 리더십》의 저자이기도 하다. 현재 뉴욕에 거주하고 있다.

9 퀸티센스(quintessence) : 미국, 영국 경제 공통어. (무엇의 완벽한) 전형, 진수, 정수.

10 가타다 다마미(片田珠美) : 일본의 정신과 의사 겸 베스트셀러 작가. 불안, 우울, 무기력 등 현대인을 지배하는 마음의 병을 폭넓은 시각과 냉철한 분석으로 파헤친다.

11 앙겔라 메르켈(Angela Merkel) : 1998년과 2000년 여성 최초로 기민당 사무총장과 당수 자리에 올랐으며, 2005년에는 동독 출신으로서, 또 여성으로서 최초 독일 총리가 되었다.

12 영국 이튼에 있는 명문 사립교에서 열린 세계여성경제포럼에서 한국 신사임당을 주제로 강연 진행(Thomas Eden Malnight 교수).

13 테리사 메이(Theresa May) : 영국의 정치가. 2016년 브렉시트 후 보수당 대표에 당선되어 7월 13일 마거릿 대처 이후 두 번째 여성 총리에 취임하였다.

14 아놀드 조셉 토인비(Arnold Joseph Toynbee) : 역사가, 문명비평가. 1889년 영국 런던에서 출생, 옥스퍼드 대학교에서 고대사를 전공했다. 제1차 세계대전을 겪은 뒤 '제 문명의 철학적 동시대성'에 관한 연구를 시작한 그는 그 성과를 《역사의 연구》에 고스란히 담아냈다.

15 컨테이너 스토어(Containner store) : 2017년 세계에서 일하기 가장 좋은 회사 100개 기업 중 10위 업체로 선정되었다. 미국 댈러스에 소재하고 있으며, 소매업계에서는 급료가 가장 높은 수준으로 알려져 있고, 다양한 복지 서비스를 자랑한다.

16 제럴드 윌킨슨(Gerald Wilkinson) : 세계 최초로 박쥐의 생태계를 연구해 발표한 미국 메릴랜드 주립대학교 교수이다.

17 레지옹 도뇌르(Legion d'Honneur) : 프랑스 최고 권위의 훈장 5계급(슈발리에·오피시에·코망되르·그랑도피시에·그랑크루아)으로 나뉘며, 200년 동안 약 100만 명에게 수여되었다.

18 시오노 나나미(Shiono Nanami) : 일본 여류 작가(1937~) 이탈리아 로마 거주. 1963년 가쿠슈인(學習院) 대학교 철학과 졸업. 《르네상스의 여인들》(1968), 《체사레 보르자 혹은 우아한 냉혹》(1970), 《로마인 이야기》 제1권 출간(1992), 2006년 12월 전15권 완간.

19 프레드 그린슈타인(Fred I Greenstein) : 프린스턴 대학교의 정치학 교수이며 동대학 우드로 윌슨 스쿨(Woodrow Wilson School) 지도자학 최고의 석학이다. 미국 대통령에 관해 8권의 저서를 집필했는데, 이중 《아이젠하워의 막후정치(The Hidden-Hand Presidency)》는 Louis Brownlow Book Award를 수상한 명저이며 이코노미스트 지는 리더에게 가장 필요한 책이라고 극찬한 바 있다.